创业公司股权设计指南

DESIGN FOR
STOCK RIGHTS

徐　雳◎编著

法律出版社 LAW PRESS · CHINA

图书在版编目(CIP)数据

创业公司股权设计指南 / 徐霁编著. -- 北京 : 法律出版社, 2021
ISBN 978-7-5197-5480-8

Ⅰ. ①创… Ⅱ. ①徐… Ⅲ. ①公司-股权管理-研究-中国-指南 Ⅳ. ①F279.24-62

中国版本图书馆CIP数据核字(2021)第053271号

创业公司股权设计指南
CHUANGYE GONGSI GUQUAN SHEJI ZHINAN

徐 霁 编著

责任编辑 董 昱
装帧设计 汪奇峰

出版发行 法律出版社
编辑统筹 法规出版分社
责任校对 张红蕊
责任印制 张建伟
经　　销 新华书店

开本 710毫米×1000毫米 1/16
印张 22.25　**字数** 290千
版本 2021年8月第1版
印次 2021年8月第1次印刷
印刷 中煤(北京)印务有限公司

地址:北京市丰台区莲花池西里7号(100073)
网址:www.lawpress.com.cn
投稿邮箱:info@lawpress.com.cn
举报盗版邮箱:jbwq@lawpress.com.cn

销售电话:010-83938349
客服电话:010-83938350
咨询电话:010-63939796

书号:ISBN 978-7-5197-5480-8　**定价**:78.00元

凡购买本社图书,如有印装错误,我社负责退换。电话:010-83938349

序　　言

在大众创业,万众创新的背景下,全国各地纷纷出现各种创业企业,创业者目的在于实现自己的价值,笔者在从业中见过各种类型的创业者,有成功的有失败的,而这些创业者成败的关键就是股权架构的设计。

刚刚创业的公司都会遇到股权架构设计不合理的问题,导致利益分配关系混乱,而外部市场竞争激烈,内部权利和利益无法合理分配,常常有导致创业失败的巨大风险。创业者知道股权是其实现价值的手段和工具,但创业合伙人之间的股权安排是复杂的,它涉及各方对贡献的认知和评估,涉及对收益和风险的不确定性的承担。

近年来,诸如阿里巴巴、百度、小米等上市公司"批量生产富翁"的新闻已屡见不鲜,究其原因在于股权的力量。很多成功人士的第一桶金,就是通过所投资企业上市来获取几倍甚至几十倍的高额回报。因此,股权投资也被称为改变个人财富命运的好通道。但从根本上来说,股权投资的高收益是源自信息不对称,表现在专业投资对价值的发现与创造,以及对流动性损失的补偿。

在创业公司里,股权的合理分配是公司不断稳固发展的关键所在,一个良好的股权分配方案能够充分激发合伙人的主观能动性,减少分红与责任分担不均带来的矛盾。人是最具有能动性的因素,同时人心又最难驾驭和管理,因此创业者想创造自身在未来的高价值,需要在创业初期对公司的股权架构设计做到合理合法且有利于企业未来发展规划。

曾经的市场投资者们是用利润为自己创造财富,随着社会经济的发展,如今衡量投资者的价值变成了股权。在股权投资市场中,持有公司股权的投资者并不是通过交易去赚钱,而是通过企业成长性去赚钱,对于投资者来说要关注的是影响公司长期发展的管理团队、商业模式、核心竞争力、运营效率以及未来发展空间等因素。投资者着眼于创造公司的股权价值和公司的整体价值，但市场中存在的风险与利益是成正比增长的，这说明投资者需不断关注其中的商业风险。但投资者自身的经验和水平是不足以防控市场中的风险的，需要专业的律师为企业防范经营活动中层出不穷的风险，为企业发展保驾护航。本书即是笔者作为专业股权律师以自身经验、知识为创业者呈现的科学合理的股权架构方式。

目　录

合伙机制

股权融资

股权激励

股权并购和众筹

公司治理

股东纠纷

其 他

合伙机制

创业的道路上，孤勇的人往往很难成功。同行的路上，有着相同目标的人会慢慢互相接近。每个人都应当找到属于自己的那个合伙人，一起为共同的目标努力奋斗。而有效的合伙机制，不论在事实层面还是在法律层面，皆为每一群有着共同目的的创业者们提供了强有力的保障。了解合伙的模式、厘清合作的方式、提前规划预测其中风险、懂得如何运用合法的手段去规划自己的创业道路，将是成功路上披荆斩棘的一把利刃。

场景一

创业“菜鸟”
如何避免合伙公司股份上的那些坑?

在这大众创业的时代,很多人都想通过创业改变命运。不过很多“菜鸟”创业时为了降低风险,会选择合伙的方式进行创业。

林莽是历阳市某建筑公司的设计师,业务能力突出,经验丰富,其设计的房屋多次获得了各级别的奖项。今年年初,林莽之前的一个客户李军突然找到他,询问他是否想要跳槽出来自己当老板。他想邀请林莽作为自己的合伙人开一家建筑设计公司,条件十分优厚。

说实话,林莽有些心动了。不过,林莽转念一想,自己在经济方面一窍不通,而且这个邀请他合伙的顾客他也不是很熟,突然的邀请让他措手不及,纠结万分。

此时,他还想起了他的一位表哥。他的表哥就是因为与人合伙开餐饮店,最后被人坑了,结果导致负债累累。但他再三斟酌后还是答应了。

李军除了邀请林莽合伙外,还邀请了张俊入股。李军说,他自己在管理方面强,林莽在设计方面强,而张俊的人脉非常广,这样分工合作就非常完美了。

不过在股权分配上,李军的建议是均分股份,不设置“老大”,这样有事大家一起商量,公平又公正。林莽觉得这建议好像不错。不过,后来公司开起来了,却问题重重。

因为大家股权一样,所以在商议决策时,只要有一人否决,事情就办不成。而且各股东之间的权利和义务关系也没有通过具体的书面协议写清楚,导致公司难以发展。

其实,这个问题很好解决。正所谓,亲兄弟明算账。当合伙开公司后,合伙人之间不要出现模棱两可的状况,要把一切事情都摆在明面上来说。

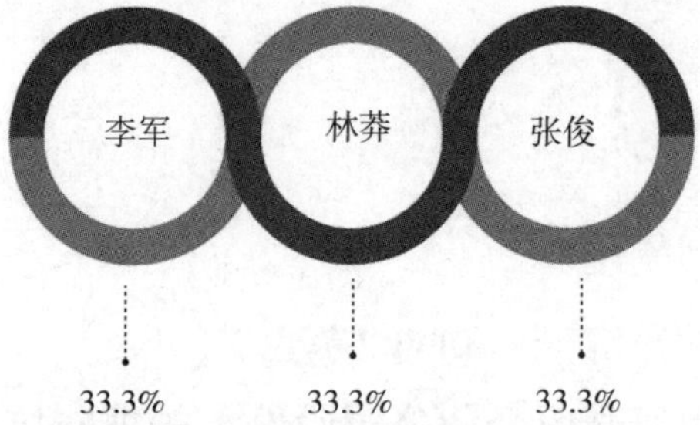

图1-1 场景一:林莽项目股权关系图

场景 TIPS:如何进行股权分配?

1. 比例要合理。李军提出的股权均分的建议是不正确的。合伙公司股权千万不能均分,不然谁都不能拍板,难以形成有效的决议。要以每个人的分工来合理分配,也可以考虑设置股权动态调整机制。

2. 表决权和分红权可以分离。

3. 股权分配可以跟出资比例不同,要根据自身情况进行设置。

4. 明确股权性质,有实股、虚拟股的区别。

5. 公司成立后,李军、林莽、张俊三个股东各自的权利和义务要在章程和合作协议中写清楚。

6. 在企业的不同阶段,股东之间的股权比例调整需要有一个动态调整机制。这样如果林莽后期在公司发展的过程中贡献最大,那么就可以适当提高自己的股权占比。

场景二

关系好，合伙创业就可以不签订合同吗？合伙创业合同如何拟定？

现实生活中，亲朋好友合伙创业的并不少见。可是最后关系闹掰的也并不少见。究其原因，和最初拟定的合同有一定的关系。

蒋欣是一名大学生，大学毕业后她不想出去打工，想自己开一家餐饮店。不过，初出茅庐的她，无奈资金不足，所以一直未能如愿。

今年年初，蒋欣在大学同学群里说出了自己的想法，然后寻找有意向的合伙人。其中，有几位同学私下联系了蒋欣，并对蒋欣的创业理念给予了肯定。之后，他们一拍即合，达成共同创业的想法。经过了几个月的筹备，大家决定在年中开业。

既然是合伙创业，蒋欣认为应该拟定合同，不过其他两个股东表示“大家关系好，不拟定合同也可以”。

最后，蒋欣也不好坚持。蒋欣的两个合伙人一个叫姜武，另一个叫王达。姜武是公务员，王达是鞋厂工人。他们答应分别出资 20 万元。

不过餐饮店开起来后，他们俩的资金并没有到位，而且他们也不参与经营管理，一切事物都扔给了蒋欣。

姜武对蒋欣说：“我刚结婚买了房子，20 万元资金我会给的，但是要过两年了。另外，因为我要上班，所以不参与经营。所以目前，可以给我少量的公司股份。”而王达说好出资 20 万元，也只到位了 10 万元，另外 10 万元，他说借给了别人，要等他人归还后才能资金到位。

餐饮店预计投资 60 万元，3 个股东各自出资 20 万元，结果最后只到账 30 万元。没有办法，后来蒋欣只好找朋友借款。

蒋欣没想到合伙创业这么麻烦。后来在微信上向自己的表弟抱怨。他的表弟有一个朋友是股权专家，于是建议蒋欣去咨询他，看问题如何解决才好。

对方一听说蒋欣与他人合伙开餐饮店居然没签合同，在微信视频里把头摇得像拨浪鼓一样。合伙开店，签订合同是常识。而且签订合同还要着重体现一些条款。

蒋欣听了股权专家的建议，立即就和姜武、王达商议要签订合同。另外两方还是以模棱两可的态度敷衍。这个时候蒋欣态度强硬起来了，她表示，如果不签订合同，那么合作没办法继续。姜武、王达见蒋欣态度坚决，面面相觑，最后无奈，只好签订了合同。

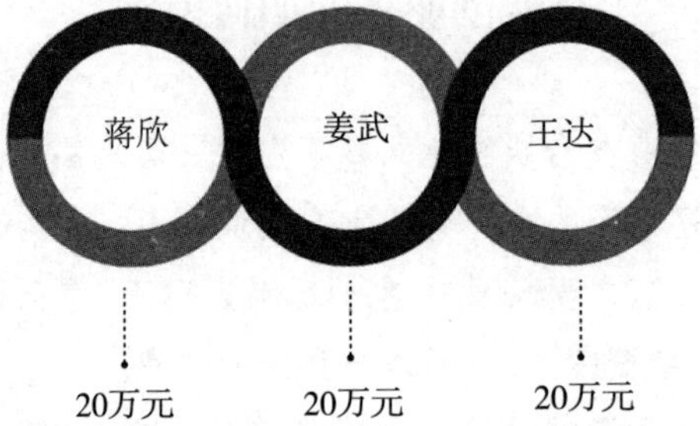

图1－2　场景二：蒋欣项目投资关系图

场景 TIPS：

一、在拟定合同时，应着重关注以下五点

（一）公司出资情况

在股东合伙协议中要明确各股东认缴的注册资本金额、出资方式以及实际缴纳注册资本时间。对于出资金额、时间、形式都应当做出明确约定，同时还应当约定到期未能出资的违约责任和变通措施。

（二）表决权

表决权是股东参与公司事务的主要途径。《公司法》规定公司股东可以在章程中约定表决权分配，该分配可以不同于股权分配，也可以不同于认缴和实缴注册资本的比例。

（三）利润分配比例

利润分配是股东投资企业的最终目的。如果没有特别约定，企业利润分配的比例应当与股权比例一致。但很多时候公司为了体现股东的贡献，让公司股东的管理能力、渠道资源参与分配，对利润做出不同于股权比例的约定就是一个不错的解决方式。如果公司有类似不同于股权比例的利润分配方案,在股东合作协议中要予以明确。

(四)明确股东协议

股东协议可以对股东身份的继承做出约定。通常来说,公司股权可以由股东继承人继承,但是基于有限公司的人合性,股东也可以通过股东协议和章程的方式做出特别约定,例如只能转让股权而不能继承。

(五)约定明确的退出条款

该条款的意义在于初始股东离开后保持公司股权稳定以及公司正常经营。公司的股权价值是所有创始股东持续、长期服务于公司而赚取利润。当创始股东退出公司后,其所持有的股权应该按照一定的形式退出。这一方面对于继续留在公司的其他创始股东更公平,另一方面也有利于公司的持续稳定发展。一般约定,退出公司而需回购股权的价格可以在当时公司估值的价格基础上适当溢价。同时为了防止创始股东退出公司却不同意公司回购股权,可以在合伙协议中设定高额的违约金条款。

二、合伙协议和公司章程两者之间起冲突了怎么办?

先有合伙协议,再有公司章程。公司章程是有备案的,在市场监督管理局可以对外查询。而合伙协议是内部协议,不可对外披露。

1. 如果合伙协议在前,公司章程在后,毋庸置疑,后面的肯定优先于前面的,因为有备案的协议的效力肯定优于内部合伙协议。因此,有备案的优先使用。

2. 如果公司章程已经交上去了,后来又签了一个合伙协议,这种情况下若两者有冲突,后签的合伙协议效力更高。

补充提示

章程与协议的区别

合伙协议是指在公司设立过程中,由出资人为明确各方之间的权利义务以及关于公司设立事项而签署的协议。而公司章程是公司的宪法,公司、股东、高管等的所有行为规范都必须遵守这个最高的规则。《公司法》第11条规定:“设立公司必须依法制定公司章程。公司章程对公司、股东、董事、监事、高级管理人员具有约束力。”综上可知,公司章程是公司必备文件,而合伙协议则是任意性文件,但建议公司还是要签合伙协议,因为协议的内容和公司章程的内容是不一样的。

小 结

合伙创业一定要签订合同,合同条款一定要清晰。另外,建议公司要先有一份合伙框架协议。公司设立时,需先提交公司章程,之后股东之间再签一份正式合伙协议,这样就把合伙协议生效的时间后推了。约定如有冲突,效力会优先于公司章程。

场景三

情伤"王子"入股朋友公司该走的流程有哪些？需要注意的问题有哪些？入股后的权利和义务又是什么？

人如果走运，想啥就会来啥。当人人都把创业、赚钱当理想时，人们自然希望有个像马云或者刘强东一样的老同学。刘蒙竟然梦想成真了。

刘蒙和李雪峰是大学舍友，4 年同窗加上趣味相投，很快他们成了要好的哥们儿。不过大学毕业后，两人就各奔东西了。

刘蒙毕业后，像其他大学生一样，在一家企业上班，过着朝九晚五的生活。两年过后，日子变得平淡如水，毫无激情。

最让他受打击的是，自己的女朋友居然嫌弃自己没有出息，跟着一个大她十岁的老板跑了。

说实话，刘蒙 180cm 个子，皮肤白皙，为人幽默，还是挺受女生喜欢的。不过，他女朋友比较现实，喜欢做老板娘，所以就无情地抛弃了刘蒙。

刘蒙郁郁寡欢了一阵子，那些天，他日日对酒当歌，不知人生是几何。他同李雪峰说起自己的遭遇时，一把鼻涕一把泪，完全没有了男人的尊严。

说到李雪峰，他并没有像刘蒙一样帮别人打工，而是选择了自己创业。在家人的资助下，他的公司从一个小公司慢慢步入正轨，两年就在业内"独领风骚"，并开了第二家公司。

颇有成就感的李雪峰在开第二家公司时，想到了落魄的刘蒙。起初，刘蒙以为李雪峰是在刷存在感，是在可怜他，是在炫耀。但是当他真正了解了李雪峰的计划后，他由衷地佩服他，也有了强大的入股意愿。

不过，刘蒙在入股时就考虑了一系列问题：比如入股注意事项、入股流程、入股后各自的权利和义务。虽然他一窍不通，但仔细了解后他慢慢懂了。

如今，刘蒙和李雪峰的公司市值达到了 5000 万元以上，刘蒙身价也在 1000 万元以上。

图 1-3 场景三:刘蒙项目入股关系图

场景 TIPS:股东入股方式

股东入股方式包括股权转让和增资扩股两种方式。

股权转让是指公司股东将其拥有的股权或股份,部分或全部转让给他人。

增资扩股是指公司向社会募集股份、发行股票,新股东投资入股或原股东增加投资扩大股权,从而增加企业的注册资本,增强企业的经济实力的一种方案。

根据《公司法》第 71 条的规定,有限公司的股东对外向非股东方转让股权,适用的是股东人头决,而非资本多数决,转让股权事宜无须召开股东会表决,只需出让股权的股东以书面方式通知其他股东,其他股东在接到该股东的书面通知后 30 日内,过半数同意转让则新股东进入;过半数不同意转让则应当购买该股东的股权;既不购买也不同意转让的,视为同意转让。同时,股东个人转让股权的,对于股权转让的获利收入,还要缴纳 20% 的个人所得税。

而增资扩股属于公司重大决策问题,因此《公司法》第 37 条明确规定,由股东会对公司增加或减少注册资本做出决议。且《公司法》第 43 条第 2 款进一步规定,股东会会议作出修改公司章程、增加或者减少注册资本的决议,以及公司合并、分立、解散或者变更公司形式的决议,必须经代表 2/3 以上表决权的股东通过。

补充提示

以上针对的是一般有限责任公司,如果是一人公司情况又会有所不同。一人公司是指只有一个自然人股东或者一个法人股东的有限责任公司。因为一人公司只有一名股东,因此不设立股东会和董事会,因此作出股权转让或增资扩股的决定只需采用书面形式,并由股东签名后置备于公司即可。同时由于一人公司只能容纳一名股东,因此在通过股权转让或增资扩股的方式增加股东后应当变更公司形式为有限责任公司。

李雪峰的公司此前是一人公司,所以刘蒙入股公司只需要采用书面形式,并由股东签名后置备于公司即可,但是公司形式要变更为有限责任公司。

场景四

合伙创业初期，股份占比怎么分配？

西方市的大学生罗志武想要创业开奶茶店，找了林平之作合作伙伴，之后向老师岳群咨询。老师建议罗志武和林平之自己众筹项目并且自主决策项目进程。

其中罗志武对众筹项目的股权占25%；林平之占5%；老师岳群投入资金，并且占股70%。罗志武在项目发起的时候觉得没啥问题，毕竟老师出资这么多，担的风险也大。但随着自己奶茶店在学校销量的火爆，众筹项目开始有了高额的盈利。

在利益面前，人很容易被熏心。岳群老师这个时候就被熏心了。他提出各自投资的钱要从利益里收回，同时，他占利润分成比依旧是70%。

该项目总投资40万元，老师出资28万元，罗志武众筹到10万元，林平之筹到2万元。经过3个月的经营，如今奶茶店总收益额达到100万元。按照老师的提议，老师首先要收回28万元本金，另外他还要获得42万元分红。

林平之对于这些问题一窍不通，刚开始，他甚至答应了这种分配方法。但罗志武可不是傻子，虽然岳群老师在促成店成功开业的问题上功不可没，但他提出的股份占比方案却错得离谱。

老师岳群咄咄逼人，他认为罗志武竟然不同意自己的占股方案，接着他质问罗志武，让他提出恰当的分配方案。

罗志武虽然知道老师的分配方案有误，但他自己却不懂如何分配，被质问时，脸涨得通红，尴尬至极。最后，还好他姐姐认识股权专家，继而轻松解决了问题。

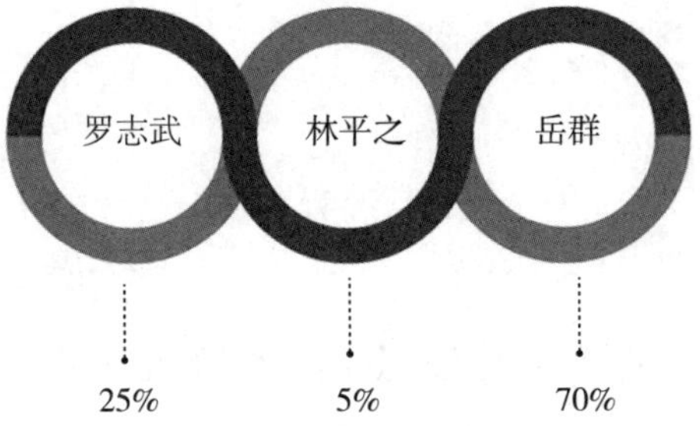

图1-4　场景四：罗志武项目股权关系图

场景 TIPS：如何进行利润分配？

第一，作为一个股东，投入公司的钱是不能收回的，回本的方式只能是分配利润。

一般情况下，利润的分配是按照实缴的出资比例进行的。《公司法》第 34 条规定：股东按照实缴的出资比例分取红利；公司新增资本时，股东有权优先按照实缴的出资比例认缴出资。但是，全体股东约定不按照出资比例分取红利或者不按照出资比例优先认缴出资的除外。

所以，老师投入公司的钱不能从利益中收回。另外，如果老师要优先分配红利，需要全体股东同意。如果股东觉得这样不合理，可以协商重新确定分配方式。

第二，利润不是想分就能分的，必须按照《公司法》的相关规定。

根据《公司法》第 166 条的规定，分配利润的顺序是：产生利润→弥补亏损→提取利润的 10% 列入公司法定公积金（累计额为公司注册资本的 50% 以上的，可以不再提取）→提取任意公积金（可以不提）→分配利润。

第三，如果小股东觉得自己的分红权被侵害怎么办？

1. 连续 5 年不分红：如果公司该 5 年连续盈利，可以请求公司按照合理的价格收购其股权。

2. 未开股东会或未经全体股东以书面形式一致表示同意就分配利润，损害自己分红权的，可以损害股东利益责任纠纷为由，以其他股东为被告，公司为第三人，要求其他股东承担赔偿责任。

3. 若召开了股东会会议，召集程序、表决方式违反法律、行政法规或者公司章程，或者决议内容违反公司章程的，股东可以自决议作出之日起 60 日内，请求人民法院撤销。

场景五

伤脑筋，创始人对公司贡献程度大小不好抉择，股权分配比例该如何计算？

10 年前，你因有一台电脑沾沾自喜，但如今几乎每个家庭都有了小车，有了车，自然要有驾照。就连很多家庭主妇都开始考驾照了，大学生怎能不考驾照。就这样 3 个大学生看上了驾考事业。不过好的开始，并不一定迎来好的结果。

南华市应届大学生张福建、李磊和韩梅梅 3 人响应学校号召开始创业。他们 3 人成立了一家互联网中介服务企业，主营学生驾考服务。

韩梅梅是公司的主要出资人；李磊则为公司带来驾校资源；张福建因为人脉广，所以公司主要的业务由他支撑。

如此说来，公司的正常运营发展离不开他们的共同努力。正因为他们 3 人都为公司的发展做出了重大贡献，所以 3 人都认为自己是公司的功臣，应该占有大股份。而事实上，他们 3 人确实为公司发展做出了不同的贡献，只不过在贡献程度上没办法量化，也没办法区分出谁的功劳大。

韩梅梅说："如果不是我出资 10 万元，驾校都开不起来，所以我占股应该大。"

李磊则提出反对意见，他说："如果光开了驾校，没有驾校资源，谁给考员培训？所以我应该占大股。"

不过，在张福建看来，驾校投资金额不大，最重要的还是资源问题。而且驾校成立后，韩梅梅工作重心都放在了与男友你侬我侬上，完全没有心思工作。

而李磊最开始工作确实挺卖力。不过他找了几家驾校资源后，就认为自己的任务完成了，工作起来也非常懈怠，平时在公司，总是抱着手机打《王者荣耀》或者《刺激战场》。

张福建因为人缘好、人脉广、嘴巴甜，所以驾校的业务都靠他。他每天忙得团团转，几乎连喘息的机会都没有。所以从这方面来说，张福建应该占大股。

公说公有理婆说婆有理，这可怎么分配 3 个人的股权呢？

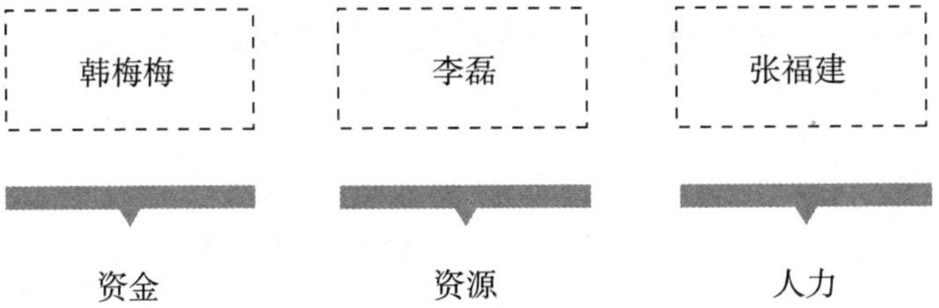

图1-5　场景五:韩梅梅项目投资类型图

场景 TIPS:

一、要弄清楚企业的类型

首先要知道你们要创办的企业是什么类型的,即明确自己的企业定位,主要是做什么业务的?大致上可以分成资金驱动型、资源驱动型、人力驱动型3种。对于资金驱动型企业,肯定是资金股占大头,资源驱动型的则是有资源的人占大头,人力驱动型的则是人才占大头。对于你的企业,什么是最关键的要搞清楚。

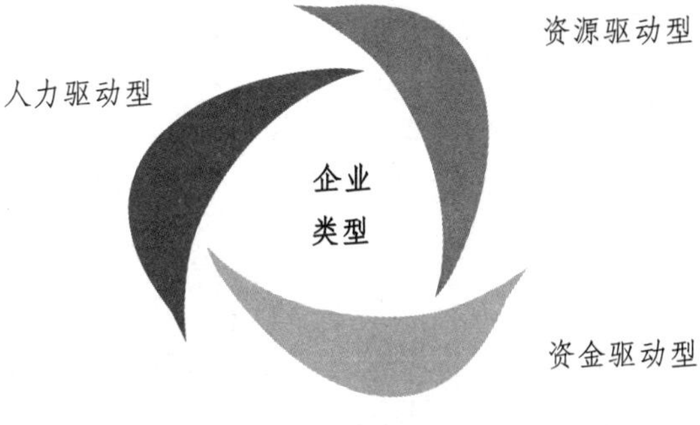

图1-6　企业类型

我们可以先将股权分为资金股和人力股两大块,假设对于某企业来说,前期资金较为重要,占70%,人力股占30%。然后再将人力股进行细分,可以分为技术团队、运营团队和销售团队,根据重要性安排比例。将资金股和人力股两大块的比例相加,就是某个股东所持有的股权比例。

二、要根据公司的发展规划，制定不同阶段的动态股权调整机制

股东的贡献值衡量指标不是绝对的，在不同阶段也是不一样的。可以从以下几个方面进行考虑：专业技术、运营管理、业务拓展、人脉资源、财务运作、策划宣传，等等。每个类别之中可以再细分，根据当前的需要设计百分比。

接下来，要根据公司的发展规划，制定不同阶段的动态股权调整机制。股东的贡献值衡量指标不是绝对的，在不同阶段也是不一样的。

小 结

该驾校应该分为资金股和资源股两大块。因为驾校重在资源，因此要以资源股为主。所以 3 个股东占有资金股和资源股两大块相加，就是各自的股份了。当然，为了促进公司进一步发展，公司最好制定不同阶段的股权调整机制。

场景六

一边是创业者，一边是干股股东，公司股权如何分配？

创业的道路上从来不会缺少伙伴，同时创业的路上也总会出现一些只出资，不“干政”的干股股东。这不下文就出现了这些角色。只不过，这些角色该占有多少公司股权呢？

中关市政府年初发起了面向全市的创业扶持计划，悦来酒馆的老板王天河趁此机会开了一家餐厅企业，并且在旗下开设数家风格餐厅。

在1个月内，王天河完成了整份创业计划书，选址也已经选定了。

他于是找来了自己的两个朋友，和他们说明了自己的情况，两个朋友听后表示十分看好，希望能够全职参与。

同时由于资金问题，王天河需要去游说投资人，对于投资人出让干股，只拿分红不参与运营管理。这样一来，公司不仅出现了几个一起创业的合伙人，还出现了干股股东。

王天河的企业旗下有3家风格餐厅。

一家法式风格的餐厅叫rouge，里面装饰浪漫非凡，以粉色系为主，伴有舞池。夜幕降临，餐厅里灯光闪烁，美女池中尬舞，好不欢乐。

这家餐厅由王天河的朋友王启管理。王启鬼点子多，而且善于经营，所以店里生意火爆，利润也非常可观。

一家澳式餐厅叫布朗奇。这家餐厅生意也不错。餐厅以冷色系为主，环境优雅。客人还能边吃饭边听钢琴曲。很多白领下班后，喜欢来这里消遣。

该餐厅是王天河的朋友小资在管理。小资责任心强，她奉行少言多做。所以布朗奇在她的努力经营下，也是“高朋满座”，回头客颇多。

还有一家餐厅则是另外一番景象。该餐厅是中式餐厅，这家餐厅由某位干股股东推荐的小舅子在管理。最初，王天河不同意干股股东的做法，因为说好的干股股东不参与经营，只拿分红。奈何干股股东太强势，王天河只能妥协。结果那位小舅子根本不是管理的料，导致餐厅经营不善，不赚反赔。最后，还好王天河力挽狂澜，救餐厅于水火，如今餐厅在王天河管理下生意也算红火。

后来另外一位干股股东在经营过程中又参与表决权，使王天河烦恼不已。或许他之前的均分股权的做法是错误的。

后来他咨询了股权专家，终于提高了自己的股权占比，同时也弱化了干股股东的重要性，最后让公司有序地发展壮大。

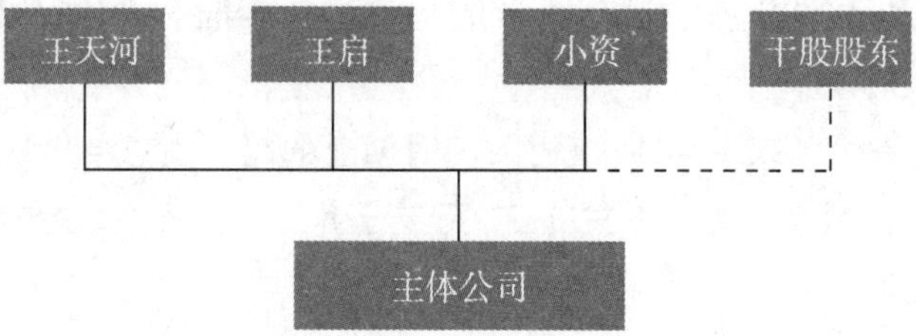

图1-7　场景六：干股股东如何分配股权

场景 TIPS：

一、王天河要提高自己的股权比例

从上文的描述来看，3个股东当中，王天河投入的资金最多、经验最丰富，对于公司的发展起着最关键的作用。那么在股权分配当中，他应该提高自己的比例，使自己拥有企业的控制权。

二、避免以下几种股权比例设计

33.3%：33.3%：33.3%，均分型；

50%：40%：10%，博弈型；

95%：3%：2%，大股东独食；

40%：40%：20%，三股东绑架大股东和二股东；

49%：47%：4%，三股东绑架大股东和二股东。

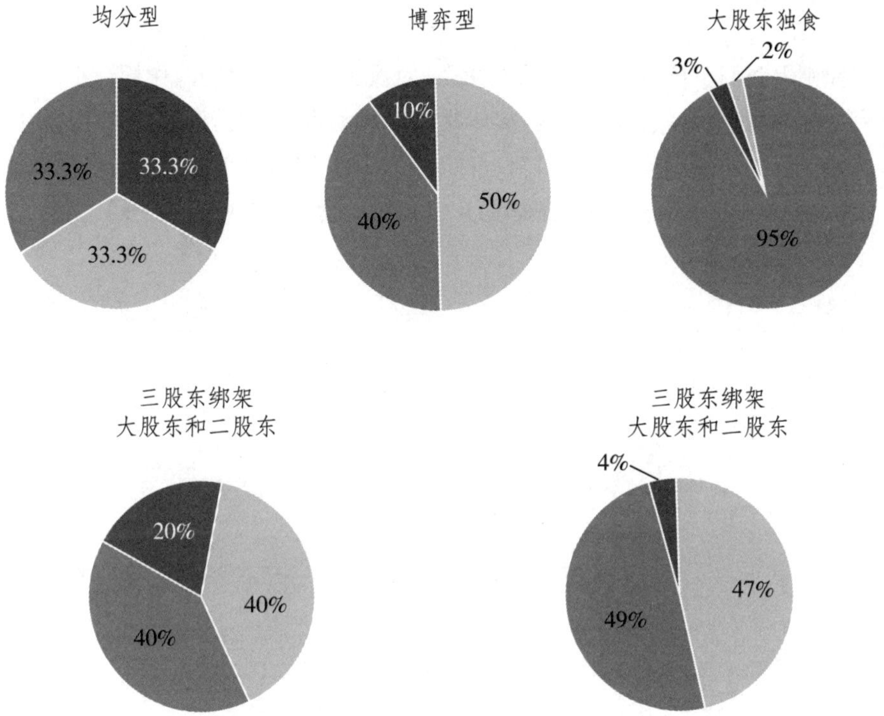

图 1－8　股权比例设计

三、干股股东股权分配需要注意的问题

资金在企业发展前期肯定是非常重要的，但在企业发展壮大之后，重要性就会减弱。

所以，在招募干股股东的时候，要约定明确，前期股权分配可以多一些，后期慢慢减少，直至退出。

另外，还要明确约定不享有表决权等条款，避免对公司经营产生不良影响。

另外干股在不同层面具有不同的概念。在法律上，干股是指股东未出资（包括未认缴出资）而获得的股份，一般以有效的赠股协议为前提，但干股不是指真正的股份；在管理学、股权激励学角度，干股是指不清不楚的股份。

小　结

原则上我们不认可干股,因为未出资,对员工起不到激励的作用。干股本身不是个法律概念。一般股份分为:实体股(认缴+实缴)、代持股和虚拟股,其中股权代持具有一定的风险性,代持协议可能是无效的,实际股东的显名会受到《公司法》相关规定的限制,还有就是显名股东擅自转让股权或者股权质押的风险。

场景七

股权本来已经分配好了,可是新人的加入又打乱了

海天市天方互联网科技教育有限公司由教育学教授王方领头与另外两个合伙人一起组建成创业团队对公司进行管理。

经过1年的经营,天方在互联网教育领域有了一定的基础,业绩如日冲天。这时,有部分领域的资深人士看好天方,想要加入天方的团队。其他两个合伙人并不想他人加入天方团队。因为他们不想别人打天方这只"肥羊"的主意。其中一个合伙人说:"天方如今进入正轨,业绩一天比一天好。这个时候别人想加入我们,无非是想分得一杯羹。"把自己养肥的羊同别人一起分享,王方多少也还是有些不愿意的。

不过,转念一想,如果有其他领域的"大佬"加入天方,这对于天方未来的发展是极有好处的。所以最后综合考虑,还是同意了他们的加入。

但这个时候,又出现了纠结的问题,那就是公司股权分配问题。因为公司的股权在此前就已经分配好了,如今又加入了新人,这些人自然想拥有公司的股权。股权分配问题难倒股东。

海天市天方互联网科技教育有限公司最初没有自己的股权动态调整机制,所以王方希望其他两个股东同自己一起让出部分股权给新加入公司的资深人士。其中一个股东只占公司18%的股权,他认为自己股权占有量本来就少,如果让出部分股权,那么他占有股份就太少了。另一个股东的说法是:"我也只占有公司30%的股权,也没办法让出。"按照另外两个股东的说法,王方只能一个人让出股权。但是如果王方让出股权太多,那他就没办法继续掌控公司"经济命脉"。

王方为此事烦恼不已,没有办法,他才找到了股权专家吐苦水。在股权专家的帮助下,他的问题才得以解决。

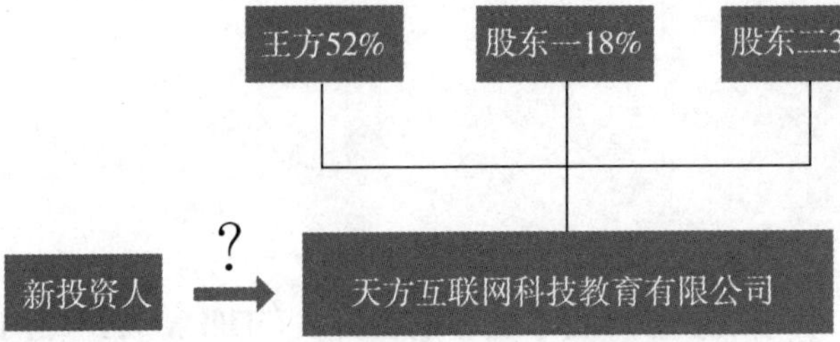

图1-9 场景七:新投资人如何入股

场景 TIPS:

一、创业公司股权需要能够动态调整

创业公司在复杂多变的环境中探索,固定的股权分配方案是无法适应这样的环境的,所以股权必须是能够动态调整的。在适当的时候邀请新的合伙人加入,对于公司的发展是很有必要的。如果在股权设计中没有预留出股权,那么有新的合伙人要加入,势必要从其他人手中分出股权。新合伙人的技能、带来的资源是否符合公司的需求?能为公司带来多少利益?根据新合伙人的价值来确定分出的股权多少。

二、如何给新加入股东股权?

这需要分情况对待,如果是原各股东股权较平均,则建议各股东同比例进行稀释。如果原股权结构中,某个股东有绝对的股权比例优势,则建议这个大股东个人进行转让,此时大股东的股权就会被稀释,通常出现这种情况大股东不是很情愿。这个时候,大股东可以用虚拟分红股的形式转让给新加入的股东,或者大股东将自己的部分股权设置成合伙企业形式的持股平台,自己担任唯一普通合伙人,上面提到的这两种情况下,大股东控制权都不会受到影响。

小 结

在此种情况下,如果王方是大股东,那么王方可以用虚拟分红股的形式转让给新加入的股东,或者将自己的部分股权设置成合伙企业形式的持股平台,自己担任唯一普通合伙人。这样王方对公司的控制权依然不会改变。

场景八

饭店老板黄金龙与侄子合伙创业,股权合作需要注意什么?

别人都说三百六十行,行行出状元。这不,曾经班上的差生黄金龙高中毕业后,凭借个人拼搏,当起了老板。不过书到用时方恨少,当他侄子邀请他合伙创业时,关于股权合作要注意什么事项,他一窍不通。

黄金龙是家中的独子,父母望子成龙心切,在他学生生涯期间倾注了很大的心血。父母给他请私人家教、报各种培训班,奈何朽木不可雕也。黄金龙就像扶不起的阿斗,成绩永远是他难以启齿的一抹伤痛。

高中毕业后,他没能考上大学,最后父母合计着让他去当学徒。只不过黄金龙志不在此,他一直都有"燕雀安知鸿鹄之志"的志向。

他喜欢烹饪,做得一手好菜。最后,他放弃了学徒的工作,让父母出资开起了饭馆。如今,他是临州市一家五星级饭店的老板,日子过得有滋有味。

这个时候,他的侄子马泽斌找到他,希望他拿出 20 万元支持其创业。黄金龙如今可谓创业先锋,他视觉敏锐,判断精准,所以他自然不会瞎投资。

侄子马泽斌最后出动"杀手锏",把自己的创业计划书和自己学校的创业扶持政策都和盘托出。毫无疑问,这戳中了要害,让黄金龙心动不已。

这些年,他开饭店确实赚了不少,区区 20 万元对他来说犹如九牛一毛。所以最后,他决定出资。

作为回报,侄子拿出一定的股权给黄金龙。

不过,黄金龙在经营饭店上是能手,可碰到股权合作问题,他丈二和尚摸不着头脑,懵了……

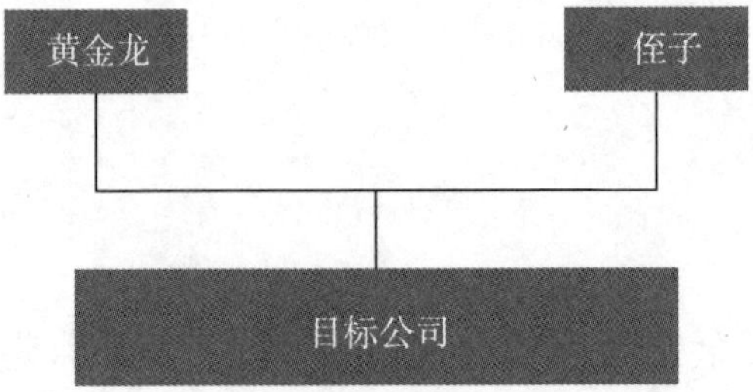

图1-10 场景八:黄金龙项目的股权关系图

场景 TIPS:股权合作需要注意的事项

首先,各合伙人对于股权的分配方案要达成一致,结合公司的具体业务和合伙人的任务分配来制定合理的股权比例。

其次,一定要落实到书面上,约定好退出机制,以及项目失败后的责任归属。分红也是根据实缴金额来的,但是章程可以另行约定。如果项目失败,要看你这20万元资金有没有实际缴纳,有没有用于偿还公司债务。

通常来说,股权合作最基本的要求是有进入规则、账目规则、退出规则。

因为通常会遇到请神容易送神难的问题,所以选择合伙人一定要谨慎,对于创业早期的资源承诺者不应该直接给股权,对这部分人可以考虑设置项目提成;

对于技术厉害的兼职人员,因为其不全身投入所以不能叫作创始合伙人,其风险承担的程度完全不一样,所以最好以雇佣形式参考顾问标准给薪酬;

而对于那些只出钱不出力的天使投资者也不适合做合伙人,投资者入股通常要比合伙人高的价格购买股权;

对于早期员工,不适合直接做股权激励,因为一是股权会很快被稀释,二是员工也可能会觉得大股东是在搞忽悠,从而会起到负面作用。筛选适合合作的股东,通常标准就是要排除那些人品差、能力不行的人。

一般公司运作过程中,人事权、财务权非常重要,而股东间的财务账目规则在股权合作中也需特别留心注意。

账目规则就是要公开监管,各个股东都应有权限查看账目,但对查看账目的权限也应作出相应规则的限制,比如说损害公司利益,同业竞争之类的。

既有进入规则,当然也必须要有退出规则。

公司发展过程中创始合伙人退出,尤其是核心人员的退出,必然会给公司的正常经营造成重大影响,如何设置才能避免呢?

1. 提前约定退出机制,管理好合伙人预期。就是要约定好什么阶段退出,退出股权和形式如何确定。

2. 股东中途退出,股权可以溢价回购。退出时可以按照当时公司的估值进行回购,价格可适当溢价。

3. 为了防止合伙人退出了公司,却拒绝公司的回购股权,就可以事先在股东协议中设定高额的违约金条款。

场景九

项目总负责人韩蕾不知如何向好友开口提高自己的股权占比

东华市的李梅梅在朋友那里拿下了一个互联网代理项目，初期投入是 50 万元，做了半个月，项目溢价到 100 万元。

本着有钱大家赚的心态，李梅梅让自己的好朋友韩蕾投入了 10 万元，占 10%，按月参与分红。

韩蕾加入后，投入了大量精力，并且成为项目总负责人。

项目至今运转了半年时间，所有业务、规划、人员招聘等全部是由韩蕾在负责，李梅梅除了出资拿下项目基本没有负责过项目其他事情。

在韩蕾的负责下项目基本每月都在盈利，现金流一直为正。

韩蕾觉得该项目类型为代理类项目，团队组建管理、运营、销售、开拓都是项目成败的关键。横向对比同期其余城市类似项目，80% 以上都是亏损。

这么一想，只占股 10%，并按月分红，韩蕾觉得自己分少了。

另外，李梅梅对于韩蕾的投资一直没签订书面的协议，投入产出不成比例，对团队也不公平。这个时候的韩蕾很是苦恼，却又不知道如何向好友提出诉求。

而且李梅梅总觉得自己有恩于韩蕾，有次同学聚会，她还把韩蕾当下手一样对待，仿佛公司是她一个人的。

而且李梅梅有时候又喜欢不懂装懂，偶尔喜欢指手画脚。

可是因为她自己的决策导致出现问题时，她就责怪韩蕾，说韩蕾当初没有阻止她的决定。

有了钱的李梅梅，天天不是去韩国旅游，就是去美容院做 SPA……

而韩蕾仿佛成了她手下赚钱的“奴隶”，分红时，韩蕾却只获得 10%。

虽然韩蕾不是斤斤计较的人，但是她也不是圣人，不会对钱不感兴趣。

所以韩蕾该怎么办呢?

这个例子中，韩蕾是前期投入 10 万元作为入股资金，占比 10%，后面运营中却做了大部分贡献，如果仍以 10% 的股权比例来分红，她就觉得不公平。这种情况在现实中很多，如果处理不当，往往后面会导致股东间冲突激化，积极性降低，甚至最终导致公司死亡。

图 1-11　场景九：韩蕾项目的股权关系图

场景 TIPS：

上述情况采用动态股权调整的方案无疑是最好的方案：

这种机制同时平衡了前期资金投入的贡献和后面资源投入运营投入的贡献。其中调整的股权既可以是实体股也可以是虚拟分红股。

实体股就需要去工商局备案登记，每年或者每阶段变更一次，这种方案能明确股东间的权利关系。

虚拟分红股，就是股东间私下签订协议，对内有效，省去了工商登记的麻烦，但也有可能会产生风险，因为如果最初的大股东逐年减少了分红权，其将股权转让给善意第三人后，那么另一股东的权利就不能进行对抗，只能向原股东追究违约损害赔偿。

具体调整的方式有两种：

一种是按时间，比如说每年一调整，这种往往适用于小公司；

另一种是按发展阶段，比如说以门店的数量作为衡量标准，或者以融资阶段，如融资 A 轮调整一次，B 轮、C 轮接着调整。

小　结

这里，韩蕾应该当机立断地向李梅梅提出动态股权方案。不然，闹到最后，可能会一拍两散，不仅毁了项目，还毁了友情。

场景十

成不了科技人才的小徐与别人合伙创办了科技公司

是人，谁没有个爱好，就好比野兽爱美女；就好比徐志摩爱林徽因；就好比鲁迅先生爱好医学；就好比小徐爱好科技……可是，爱很容易，想得到爱就没那么容易了。

小徐从小没有大志向，作为普通人的他，认为酒足饭饱就是最大的乐趣。不过，他却有个小秘密，那就是他对科技的热爱。

曾几何时，有老师问他有什么理想吗？他说："我想当一名科技人才。"

结果，班上的同学哄然大笑，甚至有人调侃："小徐如果能当上科技人才，母猪都能上树了。"

如此一来，小徐再也不敢随便透露自己的那个远大的理想了。可他一直不曾忘记。

正所谓，理想还是要有的，万一实现了呢？

这不，多年后，小徐虽然没有成为科技人才，可是他却成了科技人才的老板。

小徐把自己多年挣来的钱，与朋友小军合伙开了一家科技有限公司。

不过，对于公司的经营，他显得力不从心。

而小军则是管理运营型人才，为人幽默风趣，不仅把公司管理得井井有条，还超得人心。

公司里的员工对小徐则又是一副嘴脸。大家有什么事都不和小徐商量，都找小军商量。而且背地里员工们还会嘲笑小徐是光杆司令。

这个时候，小徐慌了。他开始自我反省，首先在学识上，他认为自己太不思进取了，以后如果想成为好的老板，那么至少要成为一个爱好学习的人。正所谓："长得不好看的人，总得多读两本书吧！"另外，在情商方面，小徐觉得自己也要多加把劲，多学习。

不过，最关键的是，他觉得自己应该牢牢掌控股权。但他不知道公司股权的顶层设计如何才对自己有益。

图1－12　场景十:小徐项目的股权关系图

场景 TIPS:

首先,小徐要知道公司创办的企业是什么类型的,即明确自己的企业定位,主要是做什么业务的? 大致上可以分成资金驱动型、资源驱动型、人力驱动型3种。

对于资金驱动型企业,肯定是资金股占大头。

资源驱动型的则是有资源的人占大头。

人力驱动型的则是人才占大头。

对于你的企业,什么是最关键的要搞清楚。

另外,需要注意的是,股权设计要建立在确保控制权的基础之上,同时要打造良好的合伙人机制,合伙人的贡献值得得到合理体现。将合伙人的贡献值进行量化。合伙人的贡献值衡量指标不是绝对的,在不同阶段也是不一样的。可以从以下几个方面进行考虑:专业技术、运营管理、业务拓展、人脉资源、财务运作、策划宣传,等等。每个类别之中可以再细分,根据当前的需要设计百分比。

好的股权设计可以融人才、融资、融资源。在操作过程中,要预留股份给人才、给后续进入的资本,这些可以通过建立持股平台来实现。总体的布局可以参见图1－13:

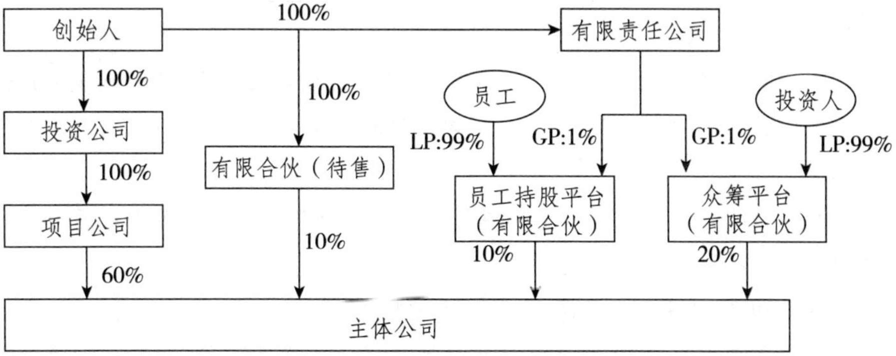

图1－13　股权布局

场景十一

复员军人合伙创业，如何合理分配合伙企业股权？

王铁军复员回到老家南华市。复员后的他发现找工作不容易。要知道，如今的女孩子找对象很看重男人的事业状况。

王铁军五官端正，肌肉发达，在外貌上算是上乘，可他家庭条件一般，自己又没事业，很是发愁。

怎么办？难道复员后，当个啃老族吗？自尊心非常强的王铁军自然不会这么做。

人们都说借酒消愁愁更愁，但一时不知道如何是好的王铁军还是邀了战友一起喝闷酒，各自吐槽生活的无奈。

在夜宵摊上，龙虾几乎是必备菜品。王铁军看着桌子上红彤彤的龙虾，突然拍了下脑门，大笑："哎呀，我以前不是跟着父亲养过龙虾吗？"

王磊也喜上眉梢，因为现在的人都喜欢吃龙虾。无论是晚上三五好友聚会，还是各种宴会都少不了龙虾，所以这就是发家致富的一条好路子。

王铁军和王磊一拍即合，两人决定一起去乡下承包池塘养龙虾。

来到乡下，山青水绿，空气清新，景色迷人。王铁军和王磊心花怒放，怡然自得。

不过，在关键时刻，王铁军想到了一个重要问题：自己和战友该怎么分配池塘的权利？

在出资时，王铁军比战友少出了5万元，但是在管理过程中，王磊则像是孙悟空口中的"呆子"一样，一问三不知。所以管理池塘的事只能由王铁军自己一个人亲力亲为。

王磊家境比较好，最初家人让他去当兵就是为了锻炼他。王磊复员后就露出了本来面目。他吃不了苦，受不了累。

王铁军知道，和王磊合伙后，自己一定要扛大旗了。从这方面考虑，王铁军认为自己应该多得一些股权，但是王磊毕竟比自己多出资5万元，一时不知道如何是好。

后来，在经营过程中，有一次池塘出现了亏损。

这个时候，王磊居然扬言，他没有参与到小龙虾实质性的管理中，所以他不该承担这个损失。

王铁军听了王磊的话，气得腮帮子鼓鼓的，他一拳打在墙壁上，手指顿时鲜血直流。

他只冷冷地瞪了王磊一眼，没有再说一句话，就走了。

那一眼道尽了沧桑，也注定了他们终将分道扬镳。

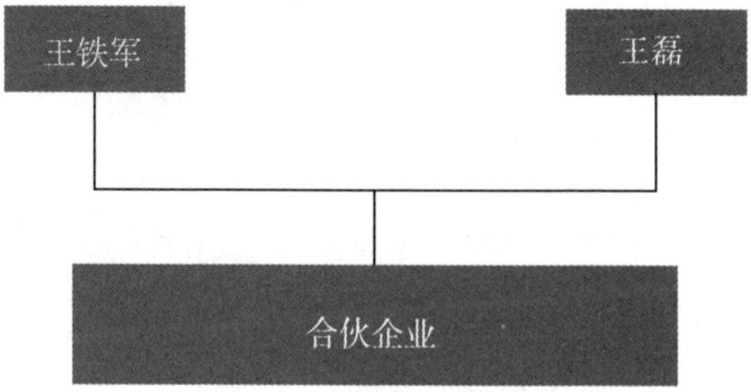

图 1－14　场景十一：王铁军项目合伙关系图

场景 TIPS：

合伙企业具有高度的人合性，是一个共同出资、共同经营、共享收益、共担风险，并对企业债务承担无限连带责任的营利性组织。所以，合伙企业的利润分配问题是非常灵活、自由的，以约定优先。

《合伙企业法》第 33 条规定：合伙企业的利润分配、亏损分担，按照合伙协议的约定办理。

合伙协议未约定或者约定不明确的，由合伙人协商决定；协商不成的，由合伙人按照实缴出资比例分配、分担；无法确定出资比例的，由合伙人平均分配、分担。合伙协议不得约定将全部利润分配给部分合伙人或者由部分合伙人承担全部亏损。

小　结

综上,合伙企业可以完全自由约定分配比例。至于如何分配更合理,可以综合考虑出资和人力两个要素,充分考虑合伙人的贡献值,多劳多得。另外需要注意的是,在普通的合伙企业中,合伙人可以以劳务出资。以劳务出资的,其评估办法由全体合伙人协商确定,并在合伙协议中载明。但是有限合伙企业中的有限合伙人不得以劳务出资。同时,要注意的是,合伙企业中,双方要共担风险。所以王磊在池塘出现亏损时表示不担风险,这是不符合法律规定的。

场景十二

赚了钱想做生意，却不知道选择什么经营形式

改革开放后，很多人都外出务工赚钱，吴伟就是其中的一个。

他因为没有什么手艺，又没有学历，所以只好进了一家鞋厂，当了一名普通员工。

每次过完年，他就特别纠结，因为又要外出务工了，又要远离孩子们了。

他的小女儿还在读幼儿园，特别喜欢爸爸。

每次吴伟外出，孩子都会抱着爸爸的大腿，一边哭一边撒娇："爸爸不要走，爸爸不要走。"妻子也在一旁抹眼泪。

此情此景，让吴伟心如刀割。但最后也没别的办法，只能狠心推开孩子，上了开往远方的汽车。

从那以后，吴伟发誓要更加努力工作，赚点钱回家创业。

后来，他的勤劳得到老板的赏识，他成为车间管理员，工资翻了一倍。

为了攒足够的钱创业，他也省吃俭用，从不乱花一分钱。就这样过了 5 年，他有了点积蓄。

自己做点小生意，一来，可以照顾父母孩子，一家人生活在一起，享受天伦之乐；二来，在家乡做生意，不用再劳累奔波，按理说一举两得。

而且吴伟的家乡，山水围绕，风景如画，水质更是优良。所以，吴伟打算利用优质水，投资养殖产业。

他的一个好朋友，听说他要创业，也想入股。这个时候，吴伟就不知道该怎么办了，他不知道选择什么经营方式才好。

经营方式有个人独资企业、个体工商户、个人合伙、合伙企业、有限公司等形式。从没创业过的吴伟根本不知道这些形式之间的区别。

不过因为是第一次创业，害怕失败的吴伟其实是想找人合伙的。因为有了合伙人，这样才可以共担风险。

后来吴伟真的与朋友一起合伙养殖青蛙。养殖青蛙回本速度没有那么快，到第

三年才有了微薄利润。第四年,青蛙染病,损失了1/4的青蛙,赔了差不多20万元。

如果当时没有朋友与吴伟一起撑着,估计吴伟早就放弃了。正因为他们是合伙企业,共担风险,所以他们只能相互扶持。到了后面几年,利润翻了几番。如今吴伟可是养殖界的"翘楚"。

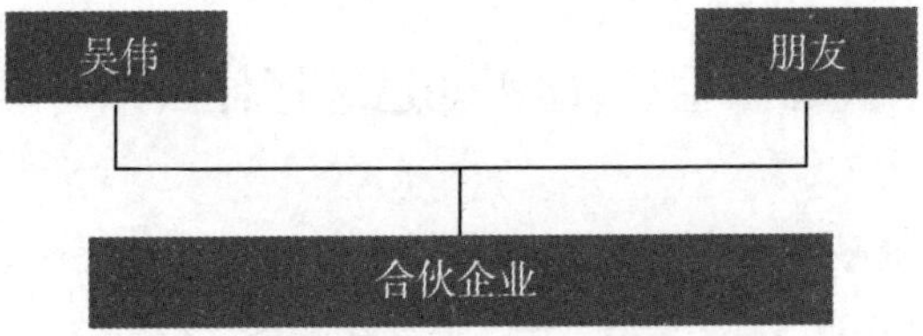

图1-15 场景十二:吴伟项目合伙关系图

场景TIPS:

一、个体工商户

个体工商户是指公民个人或家庭依法经核准登记,以个人财产或家庭财产为经营资本,在法定范围内从事工商业经营的一种特殊民事主体,适用《个体工商户条例》。

二、个人独资企业

个人独资企业是指个人出资经营、归个人所有和控制、由个人承担经营风险和享有全部经营收益的企业,适用《个人独资企业法》。

三、个人合伙企业

《民法典》第967条、第968条规定,合伙合同是两个以上合伙人为了共同的事业目的,订立的共享利益、共担风险的协议;合伙人应当按照约定的出资方式、数额和缴付期限,履行出资义务。个人合伙关系主要由《民法典》第27章合伙合同调整。

四、合伙企业

合伙企业是指依照《合伙企业法》在中国境内设立的由各合伙人订立协议,共同出资、合伙经营、共享收益、共担风险，并对合伙企业的债务承担责任的营利性组织。《合伙企业法》第2条规定，本法所称合伙企业，是指自然人、法人和其他组织依照本法在中国境内设立的普通合伙企业和有限合伙企业。普通合伙企业由普通合伙人组成，其合伙人对合伙企业债务承担无限连带责任。有限合伙企业由普通合伙人和有限合伙人组成，普通合伙人对合伙企业债务承担无限连带责任，有限合伙人以其认缴的出资额为限对合伙企业债务承担责任。

公司包括有限责任公司和股份有限公司。股份有限公司一般规模比较大，我国所有的上市公司都是股份有限公司。但是有限责任公司是经济生活中最常见的组织形式，也是初创企业选择最多的组织形式。

五、有限责任公司

有限责任公司简称有限公司，是指股东以其认缴的出资额为限对公司承担有限责任，公司以其全部资产对公司债务承担全部责任的经济组织。股东只以其出资额为限承担公司的经营风险，出资额以外的财产不受影响，有限公司对风险的隔离对于创业者具有天然的吸引力。此外，有限公司财产所有权与经营权的分离，有利于企业扩张和保持连续性，能够保证公司经营的稳定和长远发展。

六、非公司制组织

非公司制组织因为不具有法人资格，也就是说它们不能独立承担责任，它们的责任是与创业者绑定在一起的。当非公司制组织资不抵债时，创业者(有限合伙人除外)仍需承担无限连带责任，从这个意义上来说，创业者设立非公司制组织面临的风险更大。但尽管如此，相比公司而言非公司制组织仍然存在一些优点。

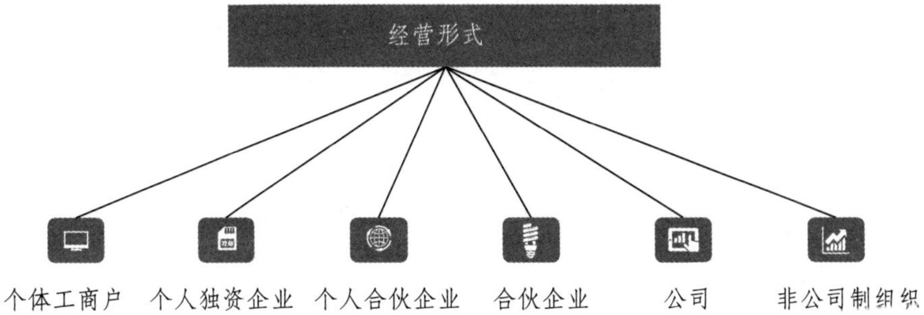

图1-16 经营形式

补充提示

非公司制组织的优势:

一、降低税负

公司在能够有效降低风险的同时,也存在一个巨大的问题,即双重征税。公司盈利后须缴纳企业所得税,股东在取得分红时还需被征收个人所得税,而非公司制组织盈利后,创业者只需要缴纳一次个人所得税即可,税负较低,这就是不少VC、PE都采取合伙企业制的原因之一。

二、组织架构简单,降低管理成本

一般来说,非公司制组织内部架构比公司制组织简单,无须设立股东大会、董事会、监事会等,决策效率更高。除此之外,非公司制组织的成立、注销程序也相对简单。对于业务模式单一、经营风险较低且未来无扩张计划的组织采用非公司制的形式可能更为适合。例如,我们常见的商铺,绝大多数采取个体工商户的形式,就是因为成立、经营管理、注销程序等都相对简单,管理成本较低。

三、经营管理需要

私募股权投资等创投企业一般采取有限合伙制,除了降低税负之外,能给普通合伙人提供较好的激励机制也是一个非常重要的原因。这样的制度让有能力的普通合伙人投入少量金钱、承担无限责任,更好地绑定自身目标和企业发展目标;有限合伙人投入大量金钱、承担有限责任,在不干涉普通合伙人经营管理的同时,更放心地向合伙企业投入大量资本。

小　结

第一次创业时,如果自己经验不足,财力又不雄厚,这个时候可以考虑合伙企业这种创业形式。

场景十三

出让51%公司股权的王添福,还能掌控公司吗?

如今虽然是创业的美好时代,但并不是人人都能创业成功。这不王添福创业路上就困难重重,还出现了大量负债,最后为了让公司存活,居然还打算出让51%的股权。

王添福在广佛市成立了一家名为天柱家居有限公司的企业。公司在国内有一些市场,但国外市场一片空白。虽然多年来,公司一直致力于打通外销之路,可一直未能如愿。

近几年,公司利润不佳,再加上开拓海外市场开销巨大,导致公司负债累累。

怎么办呢?王添福只好忍痛割爱,打算通过出让股权的方式来获得资金,以帮助公司渡过难关。

这个时候,一家国际家具企业联系了王添福,并表示对天柱家居有限公司很感兴趣,并很看好公司在国内市场的脉络。

王添福像落水者抓住了救命稻草一般,十分欣喜。只不过,后来对方提出的要求又让他心里拔凉。

原来多次磋商后,对方提出收购51%股权的要求。虽然对方公司对股权的估值超出了王添福的预期,可是对方收购的股权比例却让王添福疑虑再三。

"如果对方控股51%,是不是对方就一手遮天了?是不是自己对公司就没有话语权了?"王添福想到这儿不禁唉声叹气。

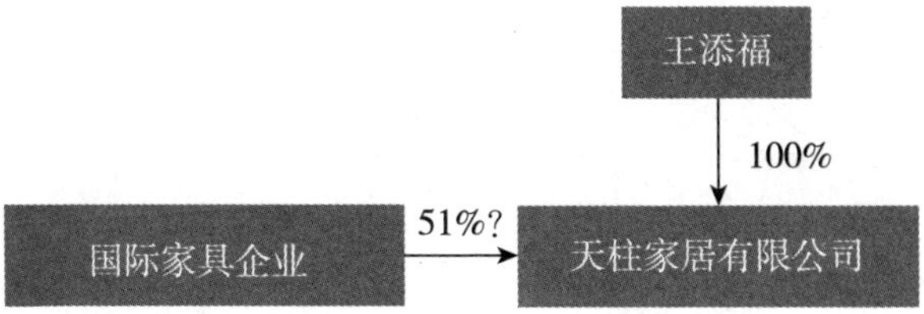

图1-17 场景十三:51%的股权该不该出让?

场景 TIPS：

首先，要看这51%的股权对应多少的表决权，股权与表决权是可以不一致的。《公司法》第42条规定，股东会会议由股东按照出资比例行使表决权；但是，公司章程另有规定的除外。

其次，《公司法》第43条第2款规定，股东会会议作出修改公司章程、增加或者减少注册资本的决议，以及公司合并、分立、解散或者变更公司形式的决议，必须经代表2/3以上表决权的股东通过。所以，即使占了51%的表决权，也不是可以一手遮天的。

占股51%我们一般称为相对控股，另外占股67%是绝对控股，除了作出修改公司章程、增加或者减少注册资本的决议，以及公司合并、分立、解散或者变更公司形式的决议，必须经2/3以上表决权通过外，其余一般事项，如分红方案，董事选举等占51%表决权即可通过。

但51%这个比例很危险，因为刚好是临界值，如果后面公司要进行股权激励或者融资，极容易稀释到不足50%，失去了对公司的控制权，所以建议创始大股东初期须占56%、57%以上的股权比例。

场景十四

对股权认知不多的小老板刘先科，集资建厂后，如何规避股权分配上的陷阱？

在三川市养殖界说起刘先科，大家都会竖起大拇指夸赞。原来，刘先科是小龙虾养殖场老板。他为人勤恳、踏实，也非常有生意头脑。做的小龙虾生意红火，赚的钱也越来越多。

别人都认为，男人有钱就变坏。然而，刘先科根本不是他人所说的别人，因为他变富后，不仅没变坏，反而比以前更加谦和，更加努力了。

人脉广了，经验多了，闲钱多了，空余时间也多了。这个时候的刘先科没有飘飘然，他认为自己的事业同马云、刘强东来比，还差了一大截，所以他更加勤奋。

刘先科不满于现状，他想继续扩大厂子规模，进一步扩大市场。不过扩大规模后，风险也就大了，这个时候刘先科就希望找几个人合伙。

他找了几个小龙虾养殖户，并把自己的规划告诉了大家。其他人对刘先科非常信任，对他的规划也非常满意。所以磋商过后，大家决定集资建厂，合资建立一个公司来运营。

刘先科作为发起人，股权划分的问题也一并由他负责。

小老板突然间身兼重任，如何规避股权分配上的陷阱呢？

刘先科觉得大家都信任自己，所以在分配股权时就比较平均。他心想，“股权平均了，这样谁都没有意见了”。

不过，他万万没有想到，正是因为股权太过平均，公司发展起来举步维艰。

因为公司股权平均，所以在遇到问题或者决策时，谁都没办法决策。

有一次，刘先科想引进新的龙虾品种，丰富产品类目。可是另外两个合伙人却不同意了。他们认为公司没必要去冒险，因为本地天气是否适合龙虾生长，他们不知道。

就这样，引进新品种的事情不了了之。而他们公司的竞争对手则引进了新品种，该品种的龙虾个头大，肉质鲜美，剥壳简单，赢得了顾客一致好评，也为商家带来了巨额利润。

之前反对刘先科引进品种的合伙人现在才大叫后悔。可为时已晚，没办法抢占先机，只能眼睁睁看着别人赚钱。

另外，合伙之后，公司里有一位股东不务正业，异想天开，巴不得龙虾一天就可以长大，然后就可以卖出赚钱。后来，他上了当，买了一些假的龙虾食物，不但没让龙虾健康成长，反而成片死亡，使公司损失不小。

但因为公司没有退出机制，刘先科和其他股东只能哑巴吃黄连，有苦难言……

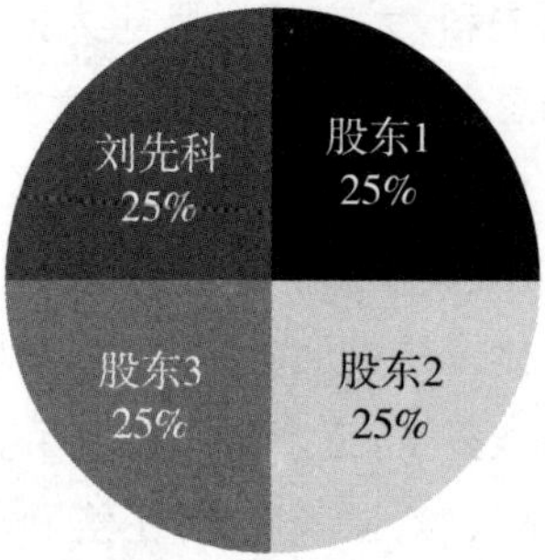

图1-18　场景十四：刘先科项目股权关系图

场景 TIPS：如何规避股权分配上的陷阱？

1. 股权过于平均。平均股权的弊端大家已经很清楚了，没有带头大哥，决策效率低，不利于公司的日常经营。

2. 没有退出机制。一旦进入公司，如果该股东损害公司利益怎么办？如何让该股东离开？如果没有事先约定好就会出现赖着不走的情况。

3. 创始人股权过少，失去控制权。盲目地引入投资人，没有对控制权进行设计，导致创始人最后被赶走的案例并不少见。

4. 轻易给股权，没有计划。有的公司想搞股权激励，但是一来就给实股，且一次性就给完，没有计划。员工拿着股权却不干事的情况也比比皆是。

5. 完全按照出资比例分配股权。资金是很重要的，但是对于不同的企业来说，可能重要程度不一样。应当考虑其他的因素合理分配股权。

6. 没有动态调整机制。公司是在不断发展变化的，股东对于公司的贡献也是不同的，可以根据实际情况设计动态调整机制来确保公司的活力。

小 结

所以，刘先科在分配股权时不能平均股权比例；要制定好退出机制，当有些股东损害公司利益时，便于让该股东离开；刘先科要让自己占有大部分股权，让自己对公司有控制权；不能轻易给员工股权，要有计划；股权分配时不仅考虑出资情况，还要考虑其他多个因素；在股权分配方面要有公司的动态调整机制，这样便于根据不同的时期，股东贡献的不同，调整股权占比。

股权融资

当事业刚开始起步的时候，资金周转是每个创业者都会遇见的问题，或大或小。如果说人合性是一个公司所具备的基础保障，那么资合性应该是一个公司发展的动力保障。股权融资是解决资金问题的一大法宝，而融资的方式却多种多样，风险也各不相同。面对股权融资中的各种疑难杂症，懂得如何有效利用事先的股权设计防范未知的风险，学会如何在保障自身股权利益的前提下进行股权融资， 是创业路上为创业者保驾护航的关键。

场景一

我是拼命三郎式的员工，团队负责人要代持我的股权

我叫何方，来自一个偏远的农村，家境贫寒。我知道，我人生唯一的出路就是“好好学习，天天向上”。别人都说，寒门难出贵子，但我不信命。国际巨星李冰冰就家境贫寒；褚橙大王褚时健也出自寒门。还有很多人都是通过自己的努力，达到人生的顶峰的。或许这就是“天将降大任于斯人也，必先苦其心志，劳其筋骨，饿其体肤，空乏其身……”的最好解释。

因为有远大的理想支撑，所以即使上学期间，经常以馒头和开水度日，我也激情澎湃，信心满满。不过，有时候我们不得不信命，因为无论我怎样努力，我还是没办法名列前茅，在我们班上，我总是中等生。高三第一次模拟考时，我哭了。因为我仿佛觉得自己的人生一片黑暗，而我的清华、北大梦完全破碎。

当时，我们的班主任姓王，是一个有责任心，对待学生又一视同仁的好老师。她看出了我的茫然，并找我谈话。最开始我以“此时无声胜有声”的态度对待她，完全沉默。后来，她担忧的眼神打动了我，我也发现她是真的关心我，所以把自己的彷徨、抑郁和自卑全盘托出。别人都说一位好老师犹如黑暗里的一盏灯，可以照亮你前行的路。

王老师了解了我的心声后，不断地安慰我，不断地鼓励我，还表示，在她心目中我是非常棒的学生。而且她还说：“三百六十行，行行出状元。只要自己拼尽全力，便不用在乎结果。而且读书也并不是唯一的出路。”在老师的帮助下，我又看到了人生的希望。在之后的学习中，也做到了全力以赴。高考时，发挥正常，虽然没有中榜清华、北大，但也考了一个不错的二本。

在我国，往往是进入大学难，但是毕业却很容易，这和国外的相反。进入大学后，很多人都感觉日子过得很轻松，谈恋爱的谈恋爱，混网吧的混网吧，睡大觉的睡大觉……不过我从来不会这样，进入大学后我也同样绷紧神经，每天三点一线，寝室、教室、图书馆。而我的努力也终于有了回报，年年拿奖学金，并顺利毕业。

毕业后我进入了历阳市的一个创业团队中工作。我们团队的老总为了激励

我们,采取了"股权分配指标"的决定。也就是说,我们的业绩如果非常突出,那么就可以占有公司的股份。我当时一听,高兴得一宿睡不着,要知道,成为股东,就表示自己也是老板了。

在团队中,我主要负责洽谈与超市合作的业务。我需要跑遍我们市区的大超市,然后与其负责人商谈,并放入我们的产品。只要我出马,没有谈不成的项目。因为在摸爬滚打中,我已经练就了好酒量+厚脸皮+幽默感,一身的"盖世武功",所以项目自然手到擒来。

就这样,我因为业务非常突出,所以我们老总找到我,表示愿意给我7%的股份。不过,有一个问题就是,这7%的股份要由老总代持。说实话,我挺郁闷的,既然股份给了我,为什么要代持呢?不过老总的话就是圣旨,我也没办法提出异议。

我一个朋友提醒我,如果让老总代持股权,那么至少要签订一个股权代持协议。我也不知道这个股权代持协议到底有没有用。

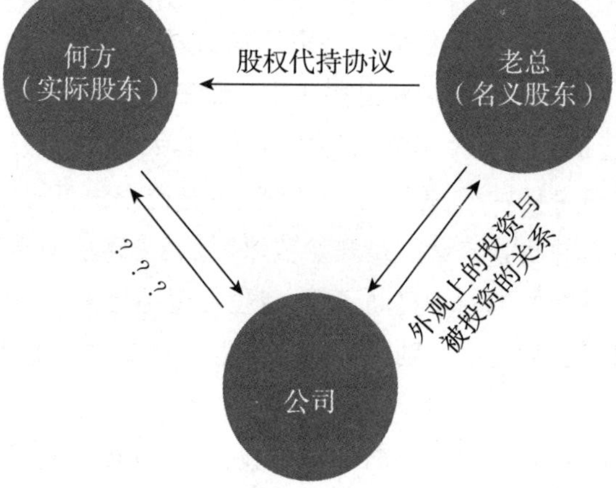

图2-1 场景一:何方项目的股权代持关系图

场景TIPS:股权代持协议到底是否有效?

股权代持即指实际出资人与他人约定,以他人名义代实际出资人履行股东权利义务的一种股权或股份处置方式。依据《民法典》第144条、第146条、第153条、第154条列出的民事法律行为无效的情形,股权代持安排的协议在实际出资人和名义出资人双方自由意志下签署,没有损害国家利益和社会公共利益,为正常的商业交易行为,也不是恶意串通损害第三人利益的情形。《最高人民法院关于适用〈中华人民共和国公司法〉若干问题的规定(三)》第24条规定:有限责任公司的实际出资人与名义出资人订立合同,约定由实际出资人出资并享有投资权益,以名义出资人为名义股东,实际出资人与名义股东对该合同效力发生争议的,如无法律规定的无效情形,人民法院应当认定该合同有效。因此代持协议有效。

但在实务操作过程中,股权代持涉及的股权转让合同因违反《公司法》第71条规定(股东向股东以外的人转让股权,应当经其他股东过半数同意)而存在瑕疵,其他股东可以依前法条规定主张股权转让行为损害了其优先购买权,请求撤销代持协议,所以股权代持形式的股权转让在实际判例中有风险存在。

所以在实务操作中,前期就涉及股权转让的方案设计,应根据具体情况采取相关技术措施,弥补股权转让程序上的瑕疵,防范后期法律风险。另外,公司准备上市时,证监会规定禁止有任何股权代持情形,一旦发现有代持情况,公司将无法进行上市。

小 结

何方与老总签订的代持协议从法律上来说是有效的。不过为了规避日后出现各种风险,在代持协议中需要明确各项条款。比如股权转让时,应该如何处理?

场景二

我是初创企业老板，融资过后险失公司控制权

我叫谢霆峰，但大家别误会，我不是明星谢霆锋，我只是九江市贡想互联网有限公司的董事长，一个样貌平平，却心比天高的创业者。在我们九江这个南方城市，雨水量一般来说比较充沛，所以我的企业就主营共享雨伞。

刚开始公司业务不怎么样，因为很多顾客用伞但是不爱护伞，甚至当倾盆大雨来临时，一时情急的顾客就会把我们的锁撬开，把伞直接带走。其实，共享单车也发生过这样的事情。那么该如何处理这样的事情呢？我知道不能以暴制暴，或许柔和的处理方式会更好。所以我们会在营业点写上一些小标语，比如"心心好，爱我就别毁我""爱可以让我为你遮风挡雨"……不过这样的暖心提示语根本不起作用，无奈之下，我们在营业点装了监控，还别说这个方法好多了，因为大家都知道，营业点装了监控，如果破坏了物品，轻则赔偿，重则可能要遭到起诉。

后来，我们在伞的样式、外观、开启方式等方面都做出了改善，比如雨伞有可爱风、爷们风、中式、西式，只要市面上有的我们就有，市面上没有的我们也开发出来了。根据不同的天气我们也设计了不同的伞，有太阳伞、普通雨伞，根据阴雨天和晴天的不同，雨伞的厚度、雨伞的防紫外线程度都会不同。

除了把产品做精致外，在推广上我也非常重视。因为如今是互联网时代，想要赢得市场，必要的推广不能少。在我们当地，无论是纸媒还是网络媒体我都有利用，很快市场打开了，每天雨伞供不应求，赢利非常可观。

谢霆锋在美食上是我的偶像，他如今很少出现在影视剧中，但做出的美食却是杠杠的。或许这就叫干一行爱一行，干一行就要精一行。在我的不懈努力下，我的公司慢慢进入了正轨。

虽然我们是一家刚起步的小企业，但"麻雀虽小五脏俱全"，公司未来发展前景不可估量。这个时候，我们本地的一家风投企业找到了我，并表示要对我们企业进行融资。

说实话，我虽然有个明星的名字，但我本人并没多大名气，所以别人想融资，

无非看中了我们企业有利可图。怎么办？肥羊拱手相让吗？我万分不舍。不过，作为一家新企业，如果要做大做强，要扩大市场，融资是不错的选择。

在深思熟虑之后，我答应了融资。但接下来对方却又狮子大开口，表示要我让出30%的股份。我知道，以后我们公司可能还会有A轮、B轮、C轮融资，如果第一次我就让出30%股份，那之后我一定会失去公司的控制权。但说实话，我又需要他人来融资，那么具体让出多少股份才合适呢？

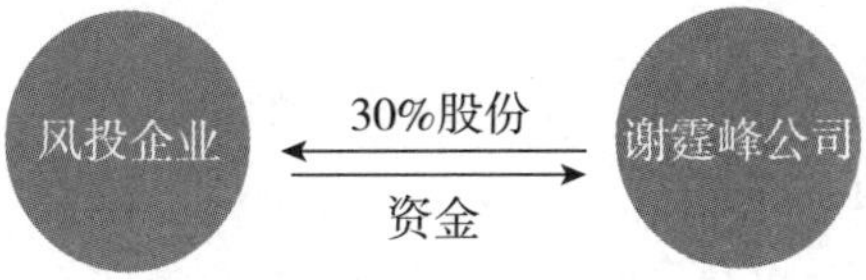

图2-2　场景二：谢霆峰项目融资关系图

场景TIPS：对于初创企业，首次融资额怎么确定，出让股份怎么衡量？

一般来说，首轮融资的占股比例不能超过15%，以10%以下为佳。对于IPO前的融资，行业内分为天使轮、A轮、B轮、C轮等不同融资阶段。天使轮融资时，公司处于初创期；A轮融资时，公司处于成长期；B轮融资时，公司处于高速发展期；C轮融资时，公司处于成熟期。如果创业公司在天使轮融资后发展不错，根据创业企业的资金需求，接下来一般会引入VC进行A轮融资，B轮融资等。天使轮融资阶段的企业仍处于初创期，企业在用户积累、数据流量、收入规模上仍然比较有限，后续仍很有可能还需经历几轮股权融资，因此，该阶段股权结构设计需立足长远，充分考虑创业团队对公司的控制权、创业团队的积极性以及融资成本。

小　结

融资是小企业发展的一个不错的选择。但是，对方提出要30%的股份，这对公司创始人谢霆峰来说是非常不利的。因为如果首次融资，谢霆峰就出让这么多股份，那么在后期融资中，谢霆峰的股权就会慢慢被稀释。所以，谢霆峰不能答应对方出让30%股份。在此，谢霆峰可以提议让出15%以内的股份，这样谢霆峰日后对公司还有掌控权。

场景三

我是凤姐，决定下海养龙虾顺便“捡了”个丈夫

说到凤姐，很多人都认识她。因为2009年的征婚广告，让她成为家喻户晓的网红。而我的小名也叫凤姐。

说实话，其实我也想出名，也想赚很多钱，但我很明白自己是个什么样的人，我脸皮太薄，除非像《还珠格格》中尔康说的那样“山无棱天地合”。

在我们那个小山村的村民眼里，女人到了结婚年龄，就该乖乖找个男人结婚生子，过着柴米油盐的日子。但我可不这么认为，我认为女人同样可以闯事业，不说像格力董事长董明珠一样出色，但至少也可以拥有自己的事业。

因为家境贫寒，高中毕业后我就到了武义市打工，在一家夜宵摊帮忙。现在的人夜生活特别丰富，到了深夜一两点还是灯红酒绿，而我们的夜宵店几乎每天都要忙到凌晨两点。虽然工作太辛苦，每天忙完到家瞌睡得要命，有时候没有洗漱就不自觉地倒在床上睡着了。但想着可以赚钱，赚了足够的钱可以去做自己想做的事，这样一想，我就释然了，工作起来也特别开心。

在工作过程中，我发现街面上开的小龙虾店越来越多，而且生意也都非常火爆，喜欢吃龙虾的人特别多。后来我还发现这里的小龙虾绝大部分是从外地进的货，因为本地没有上规模的小龙虾水产养殖场。知道了这件事情后，我眼前一亮，仿佛中了大奖一样。毫无疑问，这将是我的奋斗方向。

那一年我24岁，工作了6年，省吃俭用存了18万元。我打算用这些钱开一个小龙虾养殖场。不过，从资本以及从经验来说，我知道单打独斗是不行的。一来，大规模的养殖场需要的资金会超过18万元；二来，我没有养殖经验。所以这个时候就需要找合伙人。

我要找人合伙开小龙虾养殖场的事情不胫而走，在我们老家掀起大波浪。家人纷纷劝我不要冲动，他们都苦口婆心地说：“凤姐啊，你老老实实地找个好男人嫁了吧！不要成天想着创业，想着发财。”我爸妈更是一把鼻涕一把泪，搞得我好像是阶下囚似的。

不过，我这人比较有主见，现在都 21 世纪了，谁还规定女人不能创业了。这个时候，有一些人也找到了我，有些是熟人，有些是从其他渠道打听到我要招募合伙人。前前后后有十来个人表示了合伙意向，其中有两个人的综合条件非常不错。

在这些人中有一个是我的表哥，叫春生。他以前在广州开灯场，不过后来不知道为什么拆股了，他被踢了出来。我父母知道胳膊扭不过大腿，所以后来并没有反对我创业，但他们希望我和表哥春生合作，因为熟人知根知底。春生表哥为人老实、勤奋，从这点来说，他是不错的人选。但是他不懂养殖小龙虾的技术，而我也不懂。而且他思想比较保守，做事瞻前顾后，没有魄力，从这些方面考虑，他就不是十分理想的人选了。

另外一个人是我同学的表哥，叫阿军。我和他并不熟悉，不过从我同学的评价以及见面时的谈吐来看，他幽默风趣，想法独特，更重要的是他自己养过小龙虾，也有一定的资本。考虑再三后，我决定和阿军合作。后来春生表哥还因为我没和他合作而赌气，我表嫂甚至诅咒我生意亏本。

因为有太多双眼睛看着我，所以我行事更加小心。好在天可怜见，我和阿军志同道合，想法一致，后来小龙虾生意越做越大，如今阿军还成了我的丈夫。

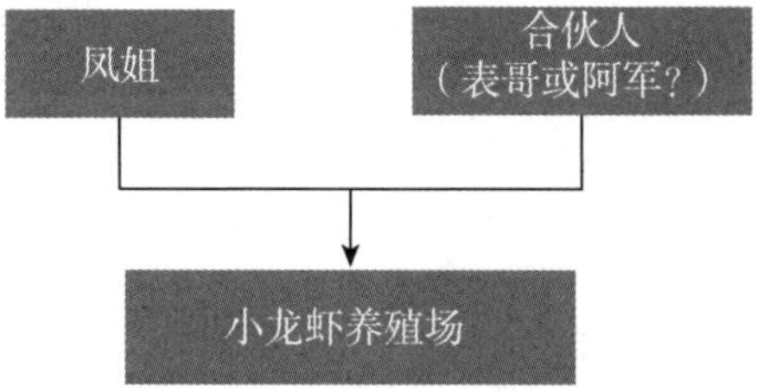

图 2－3　场景三：凤姐项目合伙选择关系图

场景 TIPS：创业要和谁合作，和熟人还是陌生人？

创业时选对合伙人是非常关键的，如何选择合伙人呢？其实熟人与陌生人不应该成为唯一的标准，有些人虽然是熟人，但是在利益面前，哪怕是亲兄弟都有可能反目成仇。当然，从熟人当中开始考虑人选是大部分人的选择，我们可以选熟人，也不必排斥陌生人，但是标准一定要明确。

在选择合伙人时要考虑的要素主要有：

价值观相近、性格互补、资源互补、能力互补,等等。你要做一件怎么样的事情,对于这件事情来说,什么要素是关键的,什么人可以帮到你?这都不是熟悉或陌生这一个标准可以解决的问题。熟人在一开始容易沟通,但是遇到要公事公办的情况可能碍于情面不好说,反而容易成为阻碍。陌生人一开始有着防备心,但是熟悉之后也会尽力而为。所以,首先,要对这个人有基本的认识,性格方面非常重要。其次,要有一套明确的制度规范大家的权利和义务,明确做事的规则。

小 结

凤姐选择了陌生人阿军当合伙人,而没有选择表哥春生,她的做法是对的。因为考虑合伙人熟悉与陌生并不是唯一的评判标准,从价值观、性格、资源、能力等因素来考虑,阿军才是合适的人选。

场景四

我是职场“新贵”，虽然穷却成功下海经商

我叫福贵，今年 25 岁，本来是职场“新贵”，家境不好的我，居然下海经商，也算是传奇。

听我父母说，我的名字来源还有一段渊源。1994 年，那时候人们生活还不富裕，把看电视当成人生的一大乐趣。当时由张艺谋执导，由巩俐和葛优主演的电影《活着》上映。

那时，我家算是村里的首富，买了村里第一台黑白电视机。为了看电视，邻居们都会往我家跑。有的端着饭碗，有的刚从外面做完农活，有的在给孩子喂奶，还有的手里摘着菜……总之，我们家像个小电影院似的，被挤得水泄不通。

我妈生我时，大家正看《活着》。突然间，我妈嗷嗷大叫，原来是开始阵痛了。刚好一个媒婆也在我家看电视，就这样我出生了。在取名字时，我爸就想到了《活着》里面的主角福贵。于是，我就有了这么一个名字。上学时老被别人取笑。除此以外，因为我有体臭，所以倍感自卑，感觉我的生活没有一丝“福”和“贵”的迹象，我爸给我取这个名，纯粹是让我难堪。

正因为个人形象不佳，然后又有自卑作祟，所以一直以来很少与人来往，也鲜有朋友，于是我成了书迷，学习成绩也不错。高考时，正常发挥，还考取了一所知名的 985 大学。录取通知书到的那天，我爸笑得“贼眉鼠眼”，我妈笑得前仰后合，他们一致认为都是“福贵”这个名字帮助了我，让我开启福贵之路。只有我尴尬地愣在那里，感觉不到欣喜。

进入大学后，没有女生喜欢我，没人和我恋爱，既然如此，我还是去啃书吧。大学 4 年，我涉猎的书籍非常多，对政、史、地、经商、心理学、幽默类书籍等都有钻研，而且一看便懂。这个时候我慢慢发现了自身的优点，也决定接受这样的自己。因为年年得奖学金，然后又学习了一些幽默“技能”，没想到居然还赢得了少许女孩的青睐。那时，我尝到了自信和爱情的味道。不过，天有不测风云，后来，其中一个心仪我的女孩不介意我的体臭，却嫌弃我的口臭。罢了，就这样吧，我还是去

读书吧。

我因为从小成绩优异，而且聪明异常，其间还跳级了，所以 24 岁我就研究生毕业了。本来我还可以读博士，但我想快点进入社会，所以打算进入职场。

我情商低，为人老实又其貌不扬，在职场整天低头苦干，默默付出，但依然无法赢得领导赏识。也因为，我们公司是销售类型的公司，再努力没业绩一切都是枉然。几经波折后，我觉得还是自己创业吧。

不过，如今我们家再也不是村里首富了，而我自己又没有存款，如何是好？

我这人虽然奉行沉默是金的行为准则，但是信用度还是挺好的。所以最开始，我试着找亲戚朋友借钱，奈何在别人眼里我是像"董永"一样的书呆子。他们认为我不适合经商，如果借钱给我，一定会竹篮打水一场空。面对这样的境遇，心里拔凉。好在，后来还有几个朋友借了钱给我，总金额有 13 万元。

当时我准备做的是螃蟹养殖业务，因为经过一番调查，我发现有利可图，市场空间大。但做这个启动资金至少要 35 万元。这样一算，还差 22 万元。怎么办呢？之后我想到了贷款，但贷款需要有资产抵押。好在我父母之前给我在县里买了一套 80 平方米的小房子，就这样我用房子抵押，贷了 30 万元，开始了我的创业之路。

因为我看过类似的养殖书籍，而且我个人喜欢动脑筋，所以养殖场在第二年就开始回本。到了第三年，我居然把债务都还清了。如今业务也步入正轨，生意一天比一天好。不过，我认为，人不能骄傲，不能自大，即使富裕了也要有一颗平常心。如今回想，我的成功，还是在于当初没有钱时，我并没有放弃。

图 2－4　场景四：福贵创业筹资图

场景 TIPS:想创业,没钱怎么办?

创业开始必须要有启动资金,这通常是自有资金,最开始这个时候什么风险投资之类的也不会给你投钱。最开始启动的时候首先看自己是否有存款,然后还可以向父母兄弟姐妹借,接着向亲戚朋友借。亲戚朋友再穷,如果你人品好,别人信任你,多找几个人,凑个10万元左右通常也不难。

接着可以找银行贷款,但银行贷款通常要求借款方有资产抵押或者信用度比较高,个人信用贷款门槛比较高,而且贷款期限只有1年。在此绝对不建议借高利贷。首先,高利贷是违法行为;其次,创业开始盈利能力通常会比较差,万一催债,创业失败不说还会欠一笔巨债。

如果不想自己一个人创业,可以找几个志同道合的朋友一起创业,朋友可以选择只投钱不出力,也可以既投钱又出力,朋友在这里就叫作创始合伙人。但创始合伙人关系再好也强烈建议要"明算账",要确定好分红分配机制、权利义务关系、退出机制等合伙机制。

创业启动后,接下来可以找天使投资、风险投资人,但前提是要有成功的迹象。投资人拿钱出来也不想打水漂,也希望投资的项目成功然后获取高额回报。投资人的好处就是资金很稳定,而且会长期投资。如果创业能成功,投资人后续也愿意追加大额资金投入。

小　结

在这里,福贵虽然没有钱,但他向朋友借钱,而后又用房子抵押贷款,这些方式都是不错的筹资渠道。当然,福贵其实还可以采取与他人合伙创业的方式,这样可以获得更多启动资金,降低创业风险。

场景五

别人叫我“葛朗台”,我也想去创业

我叫李梁河,是一个公司的小职员,月收入不多,为了攒房款、车款,所以我必须好好攒钱。我个人认为,男人不乱花钱、朴素是好事,可是在别人眼里,我却成了现代版本的“葛朗台”。

最初,别人笑话我是葛朗台时,我还莫名其妙,后来才知道,原来他们在变相说我抠门。巴尔扎克的小说《欧也妮·葛朗台》中的葛朗台是一个有钱、有威望的人,所以从这一点来说,我和他完全不像。不过他的吝啬、自私、贪婪也是非常显著的。我觉得我和他真的不像。

我们公司经常搞派对,一周一次,而且费用是 AA 制,一次就要耗费 100 元。要知道 100 元我可以吃 50 个烧饼、100 个包子、200 个馒头,这样一合计,我当然觉得不划算,所以我经常不参加聚会。难道因为这样就说我像“葛朗台”?

和我前女友交往的过程中,我是一个非常懂得浪漫的人。每次她生日,我会给她雕刻出好看的石头,剪出好看的纸张艺术,做出美味的佳肴。奈何,我的浪漫她不懂,她居然想要我送她 200 元的衣服,300 元的化妆品,还抱怨我从来没给她发过 520 元的红包……

所以后来我向她提出了分手。我很庆幸自己做出了这样的决定。和一个消费观不合的人分手难道就是抠吗?

在对待父母的问题上,其实我也非常孝顺。过节时,我会打电话给我父母,嘘寒问暖,我会叫他们吃好点,穿好点。不过我倒没给他们发过红包,因为我父母自己能养活自己,他们也有存款,完全不需要我给他们钱花。我如此体贴孝顺更不可能像“葛朗台”。

我的名声就这样被一些喜欢八卦的人败坏了。不过“平生不做亏心事,半夜不怕鬼敲门”,我行得正坐得直,所以走自己的路就让别人说去吧。

正因为我平日里会生活,懂得理财,所以我在 28 岁的时候就已经攒了一大笔钱,看着银行卡上 6 位数的存款我心花怒放,激动得泪眼汪汪！有了钱后,我想把它用在有意义的事情上。对我来说,这个有意义的事情就是创业。

后来的某一天,我参加了同学聚会。说实话,我真不是蹭吃蹭喝的人,不过当时我们的聚会由我同学小意买单,因为他是大老板。我是给他面子,所以才出现在聚会上。在聚会上,我狂吃海喝,好不快乐。之后,大家都在吹牛,有的吹自己老婆漂亮,有的吹自己事业成功,而小意则一直在说他的区块链项目。其实,对于这样的项目,我早有了解,知道前景非常广阔。

谈话中,小意表示,他们的项目进行了半年,而且前期投资也有了回报,不过现在他们需要开拓市场,需要资金,所以需要投资人。

其实我一直认为自己是干大事的人,只要找到机会,我便会毫不犹豫,立马下手。我觉得这是个不错的机会。最主要的是,我对小意和这个项目非常满意,而且我预计项目一定会赚钱,所以我当下决定投资这个项目。不过,合伙投资项目,是以个人名义去投资好还是以组建合伙公司以公司名义去投资好呢? 虽然以前我对股权知识也稍微有所涉猎,但却不精,后来找了股权专家才把这个事情给解决了。解决办法就是与合伙人一起组成有限合伙企业。半年后,企业发展迅速,很快再次盈利。如此一来,我和"葛朗台"又有了共同点,那就是——有钱有威望的商人。

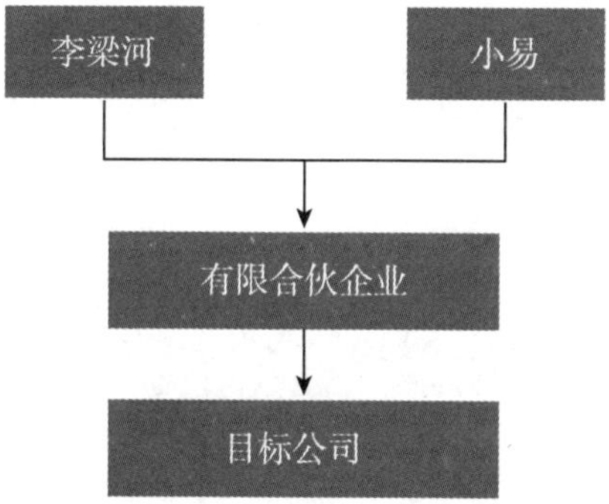

图2-5 场景五:李梁河项目投资关系图

场景 TIPS:合伙投资项目,是以个人名义去投资好还是以组建合伙公司以公司名义去投资好?

与合伙人一起合伙投资某项目的,建议组成有限合伙企业进行投资。有限合伙企业相较于以个人名义进行投资有优势,可以避免许多风险,譬如自然人承担的无限责任与在有限合伙企业中有限合伙人的有限责任。相较于公司制,有限合伙企业在税务上具有天然的优势,有限合伙企业仅需缴纳一次税收,法人缴纳法人所得税,自然人缴纳个人所得税。且在决策上,公司制度虽然完善,但决策程序复杂,而有限合伙企业决策方式更为灵活,组织结构也更为简单。并且从设立难度上来说,合伙企业的解散与设立比公司更容易。

小 结

在这个场景中李梁河是“葛朗台”无疑,但他努力、勤奋、当机立断、有商业头脑,所以综合来说还是个不错的合作伙伴。后来,他采用了正确的合伙形式,与小意合伙组成有限合伙企业,让公司获利。

场景六

我是打工者，书写勤奋比圆滑更重要的励志故事

有一部电影名字叫《狗十三》。如果单从名字上来说，大家可能会觉得是个很俗气的故事，但很多时候，“人不可貌相，海水不可斗量”，往往看着名字很普通的人、事或电影，却有其不普通之处。当然，今天我们要讲的并不是电影，我之所以提及它，是因为我有个外号，也叫狗十三。

名字的由来就是，我小时候特别爱吃辣，吃了后，就像小狗一样吐舌头、流口水，然后我爸爸又认为他的幸运数字是十三，所以我就有了这个响当当的外号。

不过，我的学名也不好听，叫方圆。从这个名字可以看出，或许家人希望我进入社会后，不要吃亏，要懂得圆滑。但事与愿违，我的老实、木讷，完全就是遗传我的父亲。别人都说圆滑比老实重要，但就是因为我这份老实，才让我赢得了事业上的进步。

其实，大学毕业后，我有参加我们县里的公务员考试，后来在政府上班，每天过着朝九晚五的生活，日子也算惬意。但突然有一天，天降横祸，我的父亲突发脑溢血不幸去世。亲人的离世，让我倍感痛苦，同时，突然间我也领悟到了一个道理，“人生在世，不过短短几十年，不应该只是为了柴米油盐而活，应该做自己喜欢做的事情”。从小我就喜欢服装设计，我经常给自己的玩具做衣服，做出来的效果也非常不错。所以我离开了政府单位，到了一家服装设计公司上班。

大家都说，兴趣是最好的老师。虽然我没有接受过系统的设计训练，更没有到相关学校学习，但因为一直以来我从来没放弃过自学，所以设计出来的东西还是颇有灵魂，有些甚至还赢得了顾客的青睐。

当然，我知道，在设计行业，想要混出名堂，需要不断地学习。古语说：“师者传道授业解惑也。”所以我不仅要自己勤奋学习，还要向他人虚心请教。

在我们公司，有个业界比较牛的前辈姓王，不过他为人傲慢，颐指气使，颇不得人心。可我觉得，他的设计集时尚、美感、独特于一身，所以他傲得起。

平时，王老师总是叫我跑腿，把我当成他的打杂小弟。早上他会叫我帮他买

咖啡、买早点;中午他会叫我帮他叫外卖;晚上他可能还叫我当他的司机。我为人老实,他的所有要求,我全部做到。后来,公司里其他同事也学王老师,都把我当跑腿的。这下,我就每天忙得团团转。

有一次,我送王老师回家,他正色地告诉我:“小方,做人要懂得拒绝,不然你会很累。”我只傻傻地笑。我以为“做人难得糊涂,有些事情也无须计较”。

正因为我的憨厚,感动了王老师,他居然收我为徒。要知道,在业界,他是顶级的代名词,成为他的弟子我日后前途不可限量。在老师的指点下,经过一年半的勤学苦练,我的设计作品独具风韵,为公司接了不少单。

这个时候,公司老总找到我,表示要给我公司6%的股权。当时我震惊地张大嘴巴,一时不知道如何是好。要知道,我们公司估值有一个亿,6%的股权,那是多少钱来着?我心里居然一下子蒙了,算不出个结果来。不过,股权虽然归我,但却还是由我们老总代持。

我心想,股权如果让我自己持有,我确实也不知道如何处理,让老总代持也是可以的。后来老总和我签订了一份代持协议。协议的内容非常简单,那就是由老总代持股权,并全权代替我处理公司6%的股权。但正是因为我的疏忽,导致后面出现了问题。

后来,我们公司接了一个几亿元的项目,现金流出现了问题,这个时候老总拿公司作为抵押到银行借款,不过老总并没有通知我这个事。我还是从同事的口中得知这件事。

我有一个朋友是股权专家,一次聚会中,我把这件事告诉了他。他很惊讶,然后询问我是否和老总签订了代持协议,我把头点得像拨浪鼓。但是当我把协议给他看后,他又很同情、很鄙夷地看着我。后来我才知道,签订代持协议一定要注意一些事项,而且有些条款必须明确。不然,后果不堪设想。

在朋友的股权知识科普下,后来我和老总又重新签订了一份代持协议,协议中的条款比以前规定得更加明朗。

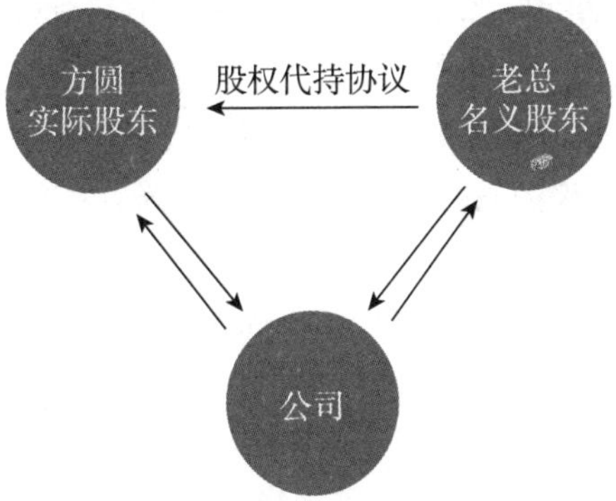

图 2－6　场景六：方圆项目股权代持关系图

场景 TIPS：股权代持协议条款设置

1. 受托方仅作为名义股东，不享有任何实质性的股东权利，因代持股权所产生的所有收益均归委托方所有。

2. 受托人未经委托人同意擅自处分（转让、设定质押）代持股权的法律责任承担。比如约定出现未经委托人同意的处分股权行为，委托人可以立即解除代持协议，并有权追究受托人因处分股权造成的委托人的所有损失。

3. 因受托人原因导致代持股权被执行的，受托人要承担法律责任。比如约定因代持股权被执行的，代持股权价值按照代持股权的公司估值由受托人赔偿委托人。

4. 不予配合委托人行使相关股东权利所产生的法律责任。此时可以约定委托人立即解除代持协议，并有权追究受托人因处分股权造成的委托人的所有损失。

5. 中途解除代持协议的处理方式。此时可以约定最好取得公司其他股东的书面同意，发生解除股权代持情形的，其他股东有义务配合委托人指定的任何他人代持股权的工商变更登记。

补充提示

股权代持如何破解存在的法律风险：

第一，名义股东损害实际股东的权益。防范的措施有：(1)尽量找亲人或者可信赖的朋友代为持股；(2)在合同中规定，行使股东权利时必须通过实际股东书面同意；(3)实际股东可通过保管公司公章、执照等方式来约束名义股东行使股东权利；(4)签署股权代持协议的同时办理代持股权的质押手续；(5)在股权代持协议中约定高额的违约金。

第二，股权代持可能无效。有关代持合同效力的问题，《最高人民法院关于适用〈中华人民共和国公司法〉若干问题的规定（三）》给出了答案，如无法律规定的情形，应当认定代持合同有效。因为实际出资人通常由于各种原因不方便出面，所以如果符合法律规定的合同有效的情形，代持可能无效。

第三，实际股东想要"显名"时，名义股东不配合。可以在代持协议中约定，如不配合转让，名义股东需要支付违约金。也可以在签署股权代持协议时，同时签好日后办理股权变更所需的材料和文本，消除名义股东不配合办理相关手续的风险。

小 结

在这个案例中，方圆与老总最初签订股权代持协议，但是协议的内容过于简单，关键性的条款都没有涉及，很容易出现风险。股权代持协议具有法律效力，签订时上面的一些条款一定要注意。

场景七

我是公司老板，借公众的钱用于公司发展

2018 年黄轩和 baby 演的电视剧《创业时代》热播。剧中郭鑫年在创业的道路上可谓历经千辛万苦，但他在一次次的失败中都挺过来了，后来赢得了事业，也赢得了爱情。不过，现实生活中的创业比电视剧中的更艰难。

我叫王子文，和职场女性剧《欢乐颂》中的曲妖精饰演者王子文的名字一样。不一样的是我们的性别不同，我们的性格也不同。我没有曲筱绡的自信，没有曲筱绡的傲娇。我在大都市中想要赢得自己的席位，我想创业。

最初创业时我手上的余钱不多，所以向我姐姐和哥哥借了点钱，创办了汶水海商贸易有限公司。公司创办后，我姐姐和哥哥也到公司帮我。因为是初创企业，所以发展起来还是有点困难的。最开始因为受到资金的限制，所以很多项目我们都没办法接手。只能做一些本地业务。

不过我向来不是井底之蛙，我知道，如果长此下去，我们公司将得不到发展，所以我必须要有更多资金来扩大市场。后来，我再次向我哥哥和姐姐借钱，不过这次，他们回绝了我，并表示他们心有余而力不足。他们那么说，我也能理解，毕竟他们有自己的生活要过。没有办法，所以我又向几个同学借款。

但是，生活真的非常现实，以前玩得很好的兄弟，一提钱就尴尬了。大家都表示“没有”。其中有一个朋友，我借过 5 万元给他，但他一直没有还我。我前阵子听人说他混得不错，所以就打算让他把钱还我。但他知道我的来意后，居然说：“要钱没有，要命一条。”他的一句话，算是让我彻底认清了他。

借钱借不到，这个时候怎么办？我想到了银行。不过，第一次开公司时，虽然我向哥哥和姐姐借了钱，自己也有 10 多万元余钱，但资金还是不够，所以又向银行贷了 20 万元，现在还没还清。如果要再次借贷，就比较难了。

在我非常愁苦的时候，我哥哥提议“你可以利用城市合伙模式开拓自己的市场”。原来我哥哥的一个朋友就是通过当地会员缴纳会员费获得合伙资格，按照缴纳比例以及发展会员的数量对会员返利，快速吸纳资金用于下阶段公司发展。

如果公司前景广阔，很多人都会乐于缴纳会员费。

我们汶水海商贸易有限公司虽然不是国际性公司，在全国也没什么权威性，但在当地还是很有名气的。加上我个人口碑好，有担当、有责任、有生意头脑，所以很多人都愿意成为我的合伙人。

不过，在我吸纳资金时，我哥哥的朋友却因为非法吸收公众存款罪遭到起诉。这个时候我哥哥急匆匆地跑到公司告诉我，他怕我也会被起诉，甚至叫我立即停止项目。不过，我却非常冷静地告诉他“没事”。因为我是合法民间借贷。

我哥哥非常纳闷，还以为我之所以没事是因为我打通了什么关系。但事实上是，我已经获得了工商部门的直销经营许可证，而且在集资时我如实陈述公司情况，没有欺骗合伙人。我还与潜在合伙人面对面交谈，向他们如实陈述公司的现状、前景等，这样获得合伙人投资，所以我是合法民间借贷。为什么同样是吸收公众存款，我哥哥的朋友出了事，而我没事呢?

场景 TIPS：合法民间借贷和非法吸收公众存款罪的区别?

非法吸收存款罪其实是为了防止扰乱社会、金融秩序才需要打击。定罪的主要要素是向社会公众(单位和个人)吸收资金，主要认定的标准是不特定对象，这样就和银行的性质比较接近，而风险却是银行的几十倍、几百倍，扰乱金融秩序不说，债务清偿不了还会引起社会不稳定。最高人民法院《关于审理非法集资刑事案件具体应用法律若干问题的解释》第 1 条规定，同时具备下列 4 个条件的，除刑法另有规定的以外，应当按非法吸收公众存款罪定罪处罚：

(1)未经有关部门依法批准或者借用合法经营的形式吸收资金；

(2)通过媒体、推介会、传单、手机短信等途径向社会公开宣传；

(3)承诺在一定期限内以货币、实物、股权等方式还本付息或者给付回报；

(4)向社会公众即社会不特定对象吸收资金。

因此，为了避免被认定为非法吸收公众存款罪，一定要注意上述4 点，规范经营。

补充提示

除此之外，案例中的经营模式还会涉及集资诈骗罪、非法经营罪。

集资诈骗罪是以非法占有为目的，违反有关金融法律、法规的规定，使用诈骗方法进行非法集资,扰乱国家正常金融秩序,侵犯公私财产所有权,且数额较大的行为。案例中的经营模式是缴纳会员费快速吸纳资金,如果没有实体业务来支撑公司的偿还能力,很容易被认定为公司存在非法占有的故意。

非法经营罪侵犯的是市场秩序,违反国家规定擅自经营需要国家批准许可的业务。案例中的公司运用此种经营模式如果没有获得工商部门的直销牌照,会有被认定为非法经营罪的风险。

小 结

如果想通过民间借贷的方式促进公司发展,那么一定要通过合法的程序进行借贷,千万不要非法吸收公众存款。

场景八

我是投资人，前景良好的公司突然破产，要我还债

我叫江天，5 年前，我投资了一家灯厂。当时，我表弟想开灯厂，但是资金不到位，他又不甘心，所以叫我投资。其实，当时我已经在本地投资了一家小酒店，所以即使我投资了灯厂，我也没办法参与管理。

表弟和我协商，他表示，我出资后，不需要我参与管理，我只需要坐等分红。他在做生意上确实比较有头脑，而且嘴巴也能说，最重要的是酒量也非常不错。我们老家的白酒，他一次可以喝一瓶。

就这样，我出了 20 万元现金给表弟，占股 25%，每年享受 30% 的分红，不参与公司管理。

厂子在表弟的经营下很快正常运转。无论是在生产，还是在谈顾客方面都是由表弟负责。之后他还把他几个亲戚叫到厂子里当管理人员。第一年公司就赚了 80 万元，相当于第一年就把本赚回来了。之后第 2 年、第 3 年、第 4 年、第 5 年业绩都非常不错。之后 4 年，我总共赚了 120 万元。而今年，表弟赚的则差不多有 300 万元。至此，我对表弟钦佩不已，还经常和他聊经商的问题。因为我自己经营的酒店，生意不怎么好。

表弟给我的意见是，我的酒店装修过于古板，一点都不时尚。而现代人对于美学特别讲究，酒店的装修风格特别重要。在表弟的指点下，我把灯厂赚来的 120 万元用来装修，而酒店的风格从以前的中式变成了欧式。精致的装潢，配上高大上的酒店用具，确实给人耳目一新之感。换风格后的酒店住客络绎不绝，生意异常火爆，我个人也非常感激表弟。

可过了不久，表弟却在微信上和我说："哥，灯厂要倒闭了，还欠了外债，这些外债你也要承担哦！"刚开始，我还以为表弟在开玩笑，但后来才知道，他说的是真的。

经过一番调查，我发现公司经营到第 5 年时，因为在当地算小有名气，所以表弟开始沾沾自喜，并且这个时候他也开始飘飘然起来了。他慢慢地开始不管理工

厂,而是把厂子丢给他的大舅子去管理。而他大舅子虽然是个勤恳的人,但在做生意上却完全没有经验,生意一落千丈。据说,表弟还把公司引流的钱拿去外面吃喝玩乐。他自己赚的钱已经被他拿来买豪车豪宅了,所以为了填补这个窟窿,他居然以公司的名义又去外面借钱。他微信中和我说的欠外债就是他借的钱。

人,在多重诱惑下,想要保持初心,或许真的很难,但只要你身子正,却也不会走上歪路。后来,我找到表弟,我劝他不要再放任下去了,要重新振作起来。但是我也明确表示,他以公司名义借的钱没有用在公司发展上,所以我不会承担这个债务。

表弟当时气得脸色通红,还骂我忘恩负义。他表示,如果没有他,我在灯厂得不到 120 万元分红,我的酒店也赚不了大钱。可做生意,亲兄弟明算账,我自然也不会吃哑巴亏。但我也明确表示,如果表弟能够重新振作,我愿意再次当他的合伙人。

后来,公司清算的时候,除了表弟借的 60 万元外,公司并没有欠什么外债。自然我也没有帮表弟承担那 60 万元的欠款。后来表弟到法院起诉,最后他也败诉了。好好的兄弟,最后闹成这样,我也挺伤心的。也有不懂公司法的人说我做得不对,认为我作为股东应该分担公司债务。

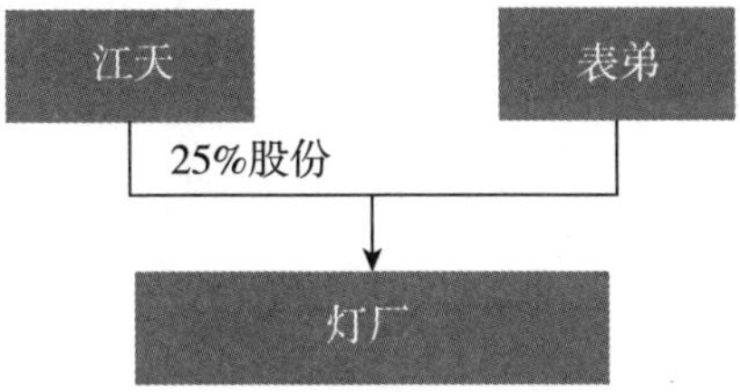

图 2-7 场景八:江天项目的股权关系图

场景 TIPS:投资人只投资不参与公司管理,公司破产欠其他人的钱,投资人需要负责吗?

一般有限公司股东以其认缴的投资额为限对公司承担相应的有限责任,如果股东在入股时已经实缴了出资额,在没有其他过错的情况下,对超出认缴出资额范围的公司债务则不承担责任。但当投资者出现虚假出资、出资不到位、抽逃出资、股东未在法定期限内清算、股东怠于履行义务致无法进行清算,公司解散后恶意处置公司财产,在公司清算或注销过程中有过错、过度控制公司,滥用公司法人人格等情形,对公司债务也要承担连带责任;一人有限公司的股东不能证明公司财产独立于自己的财产的,也应当对公司债务承担连带责任。

作为原投资人,更应该积极参与到破产程序当中,一方面在公司财产有剩余的情况下参与分配,另一方面可以追查其他股东在之前的公司运营当中有无侵害自己权益的情形。

小　结

在这个案例中,江天作为灯厂的合伙人、投资人,他并没有参与公司管理。而且他前期的出资也是实实在在地拿出了20万元投资灯厂,而且他并没有抽回本金。另外,灯厂后来倒闭,欠的外债都是因为表弟管理不善,而且公司欠的债务都是表弟以公司的名义借的,借的钱也不是用于公司的发展,而是用在了自己的吃喝玩乐上。所以在这里,江天不应该承担公司欠下的所谓的债务。

场景九

我是老板，有投资者说只有签订“对赌协议”才肯投资我们公司

我叫王健林，但大家别误会，我不是万达集团的董事长，我更没有几百亿的身家。我只是很多叫王健林这个名字中的一个。我一直把万达董事长当自己的偶像，还是少年时便立志要做一个商人，要通过创业实现自己的人生价值。

我家虽然不是十分富裕，但是也不穷。我父亲就是一位商人，他经营着一家宾馆。每年收入虽然没有几千万元，但是让家人过上小康生活绰绰有余。

在我们市，很多人还是把我当成公子哥，以为我是那种扶不起的阿斗，整天就知道挥霍我父亲的钱。但事实上，我是个非常独立的人，大学毕业后我就想创业。在当时，互联网行业算是非常吃香的。所以我成立了一家互联网社交平台开发的企业，公司叫合川市东海科技有限公司。

公司创办后，我把大部分时间和精力都花在了经营上。同时，我还打造了一支属于我们的精英队伍。公司发展3年后，势头非常好，在业内口碑也非常好，盈利也非常不错。这个时候，有很多风投企业抛来橄榄枝，表示要投资。

与此同时，我大学时的一个室友王林也表示要投资我们公司，要入股。王林是真正的富家公子，大学时，我和他睡上下铺，感情非常好。从学校毕业后，他一直赋闲在家，吃香的、喝辣的，滋润得很。在微信朋友圈，我经常可以看到他晒出周游世界的美图。用他爸的话说就是：“儿子，你就负责玩耍，我养你。”所以，他一直打算过拼爹的日子。奈何，有一天，他遇到了真爱。那个女孩子叫希诺，是一名俄语翻译。有一次王林去俄罗斯游玩时，希诺就是他专门请的翻译员。王林打算一天支付5000元翻译费。不过，说来也奇怪，希诺居然拒绝了，她只按照市场行情价，收了他800元。

那时，王林就觉得她与众不同。回国后，王林几次约希诺，希诺都以忙为借口打发他。再后来，王林甚至扬言：“你只要做我女朋友，以后不用出去工作。”不过希诺无情地拒绝了他。王林问她为什么不喜欢他。她虽然没有说，但是他却从她

朋友口中打听到，原来希诺不喜欢“花花公子”，更不喜欢啃老族，他喜欢上进、有闯劲、有担当的男人。

以前，别人总说红颜祸水，但听了王林的故事，我倒觉得女人还是男人励志的催化剂。所以后来王林才想入股我的公司，和我一起发展。

我担心“江山易改本性难移”，他之所以找我合作，一是看中我们公司的前景；二是他只想当甩手掌柜，不参与公司经营。

我们公司处于发展期，想要赢得更大的市场，确实需要更多的现金流，所以最后我需要在风投公司与王林间选择一个合作伙伴。

另外一家风投公司实力雄厚，管理人也非常有经商头脑，他们投资的项目或者企业98%都在盈利。所以从他们选择与我们合作的角度来看，我知道我们公司未来前景还是非常不错的。只不过，这家风投公司投资我们公司有一个条件，要与我们签订“对赌协议”。在“对赌协议”中，对方提出公司复合年增长率不能低于40%，如果低于40%，那么我需要拿出5%的股份给对方；如果达到了这个增长率，那么对方公司将把入股我公司的其中5%的股份给我。

当时，我们公司处于快速发展时期，我预估复合年增长率是不会低于40%的。所以综合各方面考虑，我最后选择了与风投公司合作，并赢得了大量投资资金。最后，公司也确实在我的努力下，经营得当，增长率翻几番。自然在对赌协议中，我也赢了，也获得了对方公司入股我公司的其中5%的股份。

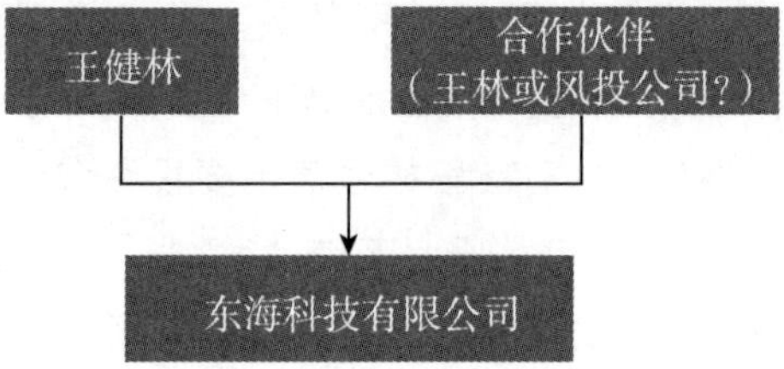

图2-8　场景九：王健林项目合作伙伴选择图

场景 TIPS：什么是对赌协议？

对赌协议，乍一看跟赌博有关，但其并不是赌博。它的真实含义可能不好理解，看它的英文就比较清晰：Valuation Adjustment Mechanism。其直译意思是“估值调整机制”，就是指投资人在投资企业的时候，与企业家的估值不一样，一般是投资人估值低，企业家估值高。那么就签订一个对赌协议，来平衡两者之间的分歧。如果企业达不到协议约定的业绩就要给投资人补偿。

通过条款的设计,对赌协议可以有效保护投资人利益。在国外投行对国内企业的投资中,对赌协议已经应用。对赌协议就是收购方(包括投资方)与出让方(包括融资方)在达成并购(或者融资)协议时,对于未来不确定的情况进行一种约定。如果约定的条件出现,融资方可以行使一种权利;如果约定的条件不出现,投资方则行使一种权利。所以,对赌协议实际上就是期权的一种形式。而广义上它也是一种附条件或附期限生效的合同,该条件可以包括:业绩、估值、时间、利润、状态(如取得某项技术突破),等等。

小　结

在这个场景中,王健林在选择合作股东时并没有任人唯亲选择自己的同学王林,而是综合考察选择与风投公司合作,这点值得肯定。另外,风投公司要求签订对赌协议其实也是为了确保自己的利益。王健林在合理分析后,认为公司复合年增长率不会低于40%,最后与风投公司签订协议。事实证明,他的决定非常睿智。

场景十

我是公务员，是该端着铁饭碗还是去创业？

我叫林微音，不过我没有历史中那个堪称“人间四月天”的女子那样博学、优雅、美丽。我身高168cm，奈何我的身材五五分，完全没有按照黄金分割点来分割。虽然我仗着身高的优势，却完全没有别人眼中“沉鱼落雁、闭月羞花”的美。不过，我完全不把自己的缺点放在眼里，从小学到大学，都是一副没人比我美的姿态。很多人背地里都喜欢笑话我，但我觉得人自信总比自卑好。

我可以不美，但我不可以懒。因为家里家境不好，所以大学时我需要勤工俭学。大学时，因为我自己也喜欢美食，所以我在一家夜宵店打工，每到周末或者第二天没课时，我都会到店里帮忙。还别说，这样的机遇，让我不仅蹭吃蹭喝，还让我慢慢地学到了很多美食的独家秘方。比如，我们店里的小龙虾、螺蛳、炒粉、油炸、烧烤等做出来的味道都特别棒。而我与店里的厨师十分熟稔，加上我勤奋好学，不过半年，我的手艺就非常不错了。记得有一次，我们店里的大厨有事外出，还是我掌勺。出锅的美味和大厨手艺没什么两样，味道也是一流。

那个时候，我就经常做美梦，等我毕业了也去开一家夜宵店。但是我父母不乐意了，他们说：“我们辛辛苦苦送你读大学，你居然毕业后想开夜宵店？那你上大学干嘛？”在重压之下，我考了公务员，在我们县里当了一名公职人员。

做公务员，对于我来说轻松就能胜任。我性格外向，和同事们也能打成一片。按理说，公务员是非常好的职业。但开夜宵店的想法时不时冒出来，而且做公务员也不是我的本意，所以也就没有动力，甚至有时候人会非常茫然。这个时候，我大学时那个开夜宵店的想法又像“洪水猛兽”般向我袭来，让我夜不能寐。

经过一段时间的挣扎，我还是决定辞职去开夜宵店。我知道自己不能瞒着父母，毕竟这么大的事。但是，果不其然，我刚把想法告诉父母，父亲就火冒三丈，让我滚出家里。因为这个事，我和父母“大战几百个回合”，大约1个月后，我的父亲终于冷静下来了。他不再表示反对，但也表示以后不再管我。而我母亲则一把鼻涕一把泪，还在辛苦地劝说。可奈何，当时我心意已决，十匹马都拉不回来。

不过，开夜宵店说容易也容易，说难也难。容易是因为它的启动资金不多，难是因为开始创业需要做一系列准备工作，如要选址，要装修，要懂得进货渠道，然后手脚还要麻利。

其实，在准备创业时，我就考虑过各种各样的问题。因为创业不能盲目，需要必备一些条件。只有条件允许了，才可能为后来的创业成功埋下伏笔。

我上班时攒了 2 万多元，然后我父母又资助我 6 万元。就这样我在夜宵街租了一间 50 多平方米的房子，作为我的运营场所，然后我的母亲当我的服务员，我自己当大厨。从店面装修到正式营业花了不到半个月时间。开张第一天，我店里的生意就非常火爆，后来连我父亲都来帮忙了。

如今，我开了几家分店，年收入 100 万元。我父亲虽然对我当初的决定已经释怀了，但是他现在又担心我太辛苦了。因为几家分店都需要我掌管，我还需要培训主厨，需要进货……但我觉得和家人一起做自己喜欢的事情，就是最幸福的事。再说，职业没有高低贵贱之分，只要你努力，同样可以闯出一片天地。

当然，在最初创业时，一定要具备一些创业条件。那么这些条件是什么呢?

图 2-9　场景十：林微音的职业选择

场景 TIPS：首次创业，创业者需要具备哪些条件?

一、个人因素

首先，要有良好的心理素质，一般创业者失败率很高，而首次零经验的创业者就更加容易失败，因此要有失败的思想准备，还要有不惧艰险、无畏的勇气。

其次，身体要好，所谓年轻人身体是本钱。创业的人比企业内的普通员工会更辛苦、劳累等。身体素质如果不够好，就会觉得疲于奔命，身心匮乏，创业也很难坚持下去。

再次，你要有该行业的专业知识储备，所谓创业者基本都是自己当老板，什么都不懂那创什么业呢?

复次，创业者还需要懂得一些经济知识、法律知识、管理知识等，这都是有益无害的。

最后，创业者需要有足够的资金。这些资金可以是自己的，可以是借的，但是项目启动前，资金一定要到位。

二、商业因素

创业初始，创业者便要有清晰的战略定位，在规划每一个项目时都要有战略定位。然后加上较为落地的商业模式，以便更快地打开市场。同时还要具备前瞻性的股权架构，在一开始就分配好良好的股权比例，确立主心骨，对需要投融资和股权激励的股份比例做好预留。最后再加上高效的组织架构和优秀的分配机制，以保证公司的可持续发展。

只有具备以上两个因素，才具备创业成功的可能，当然创业成功还有最重要的因素就是趋势。

小 结

创业不能急于求成，需要具备一些因素。在这个场景中，林微音的个人条件和商业条件都比较成熟，比如她的启动资金还是充沛的，因为开夜宵店所需要的资金不大，而且资金回笼快；另外，她拥有开夜宵店的能力，因为她在夜宵店上过班，学习到了一些特色菜的烹饪方法；再者，她头脑清醒，懂得分析，这是她创业成功的关键因素。所以如果你想创业，一定不要盲目，一定要看看自己在个人条件和商业因素上是否成熟。

场景十一

我叫范进，不知道购买公司股权后会不会“中”

记得上学时，学过一篇文章叫《范进中举》。因为我的名字和书里的他一样，大家都起哄，闹得我怪不好意思的。在古代，或许加官晋爵都是读书人的梦，而在现代，很多人想的就是发家致富吧。

我有时候想，种什么样的因就会得什么样的果，在我父母给我取名范进时，可能我就注定会遇到像“胡屠户”一样的岳丈。在《范进中举》中，范进的岳父最初看不起一事无成的穷书生范进，可是在范进中举后却又是一副巴结的模样，好一个世态炎凉。

很不幸，我也遇到了这样的岳丈。我妻子是一个秀外慧中，贤良淑惠的女子，可不曾想，岳丈却看不起来自农村的我。说实话，如果家境优越的我养了个闺女，让她跟着乡下穷小子生活，我也不乐意。所以很多时候，我也挺能理解我岳丈的。虽然他经常挤对我，骂我没出息，给我脸色看，但为了我媳妇，我都会忍。

每次过年去岳丈那里拜年，岳丈都会对二姐夫特别好。因为二姐夫自己开公司，赚得多。看着二姐夫开着几十万元的宝马车，我确实流露出了嫉妒羡慕恨的表情。也难怪岳丈不喜欢我了。

我只不过是一个小公司里的一名小小的业务员，拿着月入几千元的工资，想要买宝马也不知道要等猴年马月。还好我这人有一个优点，过自己穷苦的日子，不攀比，继续努力奋斗就是了。

这个时候，来了一个机遇。我们公司向所有员工的邮箱都发送了一篇《2017－2020×××公司三年上市规划暨2017×××公司股权内部认购计划书》，通知了公司3年内上市的预期，并且号召员工参与本次公司的内部股权认购活动。

在公司美好预期的促使下，许多员工或多或少地购买了一些公司的股权。这个时候，我也心动了。说实话，如果过几年公司估值真的从2000万元到8000万元再到3亿元，而我买了一些股权，到那时候，是不是我也会摇身一变成为我岳父的“金龟婿”？但我也明白，一个初创企业，想通过3年时间，实现华丽逆袭，还是有一定难度的。但不经历风雨，怎能见彩虹？没有风险，又哪里来的成功？为此，我焦虑不已。想成功又怕失败的心理被妻子看得明明白白。后来，我把这个事情告诉了妻子。妻子表示支持我的决定。

有了妻子的支持，加上我自己对我们公司非常有信心。就这样，我把存下来准备买房的20万元，还有另外找我二姐夫借的10万元买了公司股权。在购买股权前，我就对购买股权后自己的权利和义务，以及其他相关的一切都已经弄得非常清楚了。

可我岳丈知道我把预备买房的钱买了股权，劈头盖脸地就骂我，骂我没出息，骂我不知道天高地厚，骂我不长进。我只一个劲儿地嘿嘿着赔笑。

后来，公司发展到第3年，估值并没有3亿元，但估值也到了8000万元。我只能安慰自己，凡事都要慢慢来。所以在别人再次转让股权时，我又入手了10万元股权。就这样，又过了3年，公司估值又翻了一番。又3年过去了，我的身价就翻了好多倍。这个时候，还别说，整个人有那么一点点飘飘然了，但最后我警告自己，不能骄傲，要保持云淡风轻的态度，要把精力放在公司更长远的发展上。

现在，我房车都有了，孩子也有了，岳丈对我也越来越客气了。但我知道，自己还是不能松懈，应该更加努力上进。或许有人说我认购公司股权，之所以成功是运气。其实不是，因为我是在仔细分析之后才决定认购的。关于股权认购的可行性，员工都需要注意些什么呢？

图2-10　场景十一：拟上市公司内部员工股权认购图

场景TIPS：关于股权认购的可行性员工都需要注意些什么？

第一，作为员工来说首先要判断的是这个公司的发展前景和实力。这么高的估值有没有基础支撑？公司的估值是不是随便估的，最好的参照依据是同类公司的市场价，或者是风投进入该公司时的估值。所以，要对公司给出的估值有个基本的判断。

第二，如果有意向入股，要特别关注权利与义务条款。即入股之后，作为股东享有哪些权利？承担哪些义务？例如分红权的具体内容，怎么分配利润？什么时候能分配利润？再如作为股东有没有知情权？怎么保障自己的权利？

第三，退出机制是怎么样的？回购价格是否合理？代持就是隐名股东，关键还在于代持协议的内容，建议好好阅读，并且要确定有代持股东的签名。媒体报道的乐视股权激励事件，贾跃亭就没有在代持协议上签名，员工可以说是竹篮打水一场空。

小 结

在这个案例中，范进对购买公司股权做了认真分析，虽然他知道有一定风险，但总体来说，他知道公司处于上升发展趋势。虽然他知道公司估值没办法3年就达到3亿元，但他知道公司发展只是时间问题，而且他购买股权前，对于自己的权利、义务等都进行了详细分析和了解，所以他最后才会成功。

场景十二

我叫乔峰，可惜不会降龙十八掌

1997 年，我 11 岁，当时有一部武侠电视剧火爆全国，它就是《天龙八部》。当时饰演乔峰的黄日华帅气无敌，虽然穿着丐帮的衣服也能显露大侠风范。我因为和他同名，所以当时勤学苦练，想像他一样当个大侠，武功盖世。不过，小孩子的爱好就像一场雨，雨过后，就忘记了。《天龙八部》的热度过后，一切又归于平静，我每天过着两点一线的生活——学校和家。

人们都说，不一样的年龄有不一样的梦想，需要干不一样的事。小时候我想成为大侠，长大后我想成为像马云一样的企业家。不过刚开始，我并不是一个行动派，大学毕业后，我比较懒散，在家里闲了半年。

后来，我觉得人不可以这么碌碌无为，整个人一夜间仿佛就成熟了许多。所以我开始找工作，人一旦醒悟，真的会改变很多。因为一时找不到合适的工作，所以我开始做滴滴司机。做滴滴司机，只要你勤快，一天赚几百块钱还是挺容易的。大概做了一年滴滴司机，存了 5 万元。

有了这些钱后，我又和一个朋友合伙开了一家服装店。因为朋友眼光特别好，总能进到时尚、热卖的衣服，所以 1 年的时间，我又赚了十几万元。但后来我朋友说要外出发展，她想把店盘给我，让我独自经营。说实话，开服装店都是朋友在卖力，所以让我独自经营肯定会失败。最后我们商量，把店转让了，我又得到了 2 万元的转让费。

服装生意不做了，怎么办呢？总不能又在家闲着吧。当时，我另外两个朋友，一个叫林峰，另一个叫麦兜，他们俩邀我一起合伙开公司。这两个人都是我发小，我感觉他们挺靠谱的，所以当下答应了合伙。公司经营 2 年后，并没有很大起色，虽然公司没有债务，但是只能维持生存。再者，我一个表哥又邀我一起去开互联网公司。这些年，互联网行业还是非常吃香的，综合考虑后，我决定退出原来的公司，跟着表哥一起干。

知道我要退股后，林峰打算给我 1.8 万元退股费，然后我把手上的股权给他。

我和他签订了股权转让协议，后来我也办理了工商变更登记，林峰成为我原有股权的持有者，股权变更也已经生效了。可事情的转折点就在此，林峰在变更登记生效后突然反悔，他表示他不想给我1.8万元了，而且他也不要我之前的股份了。当时，我很生气，真想用"降龙十八掌"拍他，但我没有盖世武功，也不能意气用事。我好说歹说，他还是拒绝给我退股费。无奈之下，我咨询了股权专家，后来股权专家还向我详细介绍了合同法律法规。了解了《民法典》合同编的详细条款后，我知道林峰想要解除合同是不可能的。最后我找到林峰，把合同条款以及《民法典》合同编给他看，这个时候他知道赖不掉了，最后才把钱给我。

所以开公司的人，有时候懂点股权以及法律还是挺好的。那么大家认为股权转让后还能反悔吗？

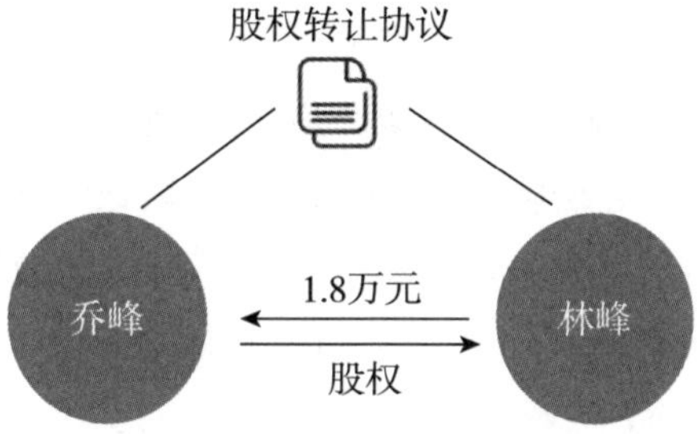

图2-11 场景十二：乔峰项目股权转让协议图

场景TIPS：股权转让后还能反悔吗？

首先，你们同是这家有限公司的股东，按照《公司法》的规定，向内部其他股东转让股份无须其他人同意。依据《公司法》第71条的规定：有限责任公司的股东之间可以相互转让其全部或者部分股权。

所以你签的这份股权转让协议只要有你和受让人的签字就行，符合《公司法》要求，是双方真实意思表示，未违反法律、行政法规的禁止性规定，是合法有效的协议。另外，股权转让协议同时适用买卖合同的相关规定。你按协议去工商变更登记，履行了自己的义务，有权利要求受让人支付对价，而受让人则无权在协议外增加附加条件。

补充提示

1. 合同可撤销的情形

《民法典》

第一百四十七条 基于重大误解实施的民事法律行为，行为人有权请求人民法院或者仲裁机构予以撤销。

第一百四十八条 一方以欺诈手段，使对方在违背真实意思的情况下实施的民事法律行为，受欺诈方有权请求人民法院或者仲裁机构予以撤销。

第一百四十九条 第三人实施欺诈行为，使一方在违背真实意思的情况下实施的民事法律行为，对方知道或者应当知道该欺诈行为的，受欺诈方有权请求人民法院或者仲裁机构予以撤销。

第一百五十条 一方或者第三人以胁迫手段，使对方在违背真实意思的情况下实施的民事法律行为，受胁迫方有权请求人民法院或者仲裁机构予以撤销。

第一百五十一条 一方利用对方处于危困状态、缺乏判断能力等情形，致使民事法律行为成立时显失公平的，受损害方有权请求人民法院或者仲裁机构予以撤销。

2. 合同解除的情形

《民法典》

第五百六十二条 当事人协商一致，可以解除合同。

当事人可以约定一方解除合同的事由。解除合同的事由发生时，解除权人可以解除合同。

第五百六十三条 有下列情形之一的，当事人可以解除合同：

（一）因不可抗力致使不能实现合同目的；

（二）在履行期限届满前，当事人一方明确表示或者以自己的行为表明不履行主要债务；

（三）当事人一方迟延履行主要债务，经催告后在合理期限内仍未履行；

（四）当事人一方迟延履行债务或者有其他违约行为致使不能实现合同目的；

（五）法律规定的其他情形。

以持续履行的债务为内容的不定期合同，当事人可以随时解除合同，但是应当在合理期限之前通知对方。

小　结

这个场景中，乔峰和林峰签订了股权转让协议，而且乔峰办理了工商变更登记，履行了自己的义务，那么林峰也该履行自己的义务，向乔峰支付1.8万元费用。

场景十三

我是煤老板，进军互联网行业后力不从心

我叫刘壮实。听着这个名字，就感觉和煤有了千丝万缕的关系。

我们家的产业和事业就是煤业，从我爷爷辈开始，我们家就经营煤矿。后来这份产业转到了我的手上。但煤矿产业近年来越来越不景气了，生意难做，怎么办呢？所以我想可以分出点精力再去做点其他事业。

我爸爸和爷爷知道我的想法后，都非常生气，在他们看来，“龙生龙凤生凤，我生下来就该是做煤矿生意的”。他们思想陈旧，没办法与时俱进，而且他们害怕尝试新的事物。但作为80后，我还年轻，我有闯劲，我应该抓住机遇。

在观察了市场行情后，我发现互联网是非常不错的项目。当时，我有几个朋友都开了互联网公司，为了进一步发展，有几个公司还在募集资金，就这样我很顺利地入股了3家互联网公司。我入股的3家公司，前景都非常不错，第一年这3家公司就为我带来了300万元的收入。尝到了胜利的果实后，我又用一半身家投资了7家互联网企业，在我们市成为互联网界神话。

当时，我父亲劝说我，要稳扎稳打，不能激进。父亲的意思是让我少投资几家互联网公司，毕竟煤矿经营也需要资金运转。可当时，我眼红，就没想那么多。结果，不听老人言，吃亏在眼前。

因为把流动资金都投入了互联网行业，煤矿生意日常运作出现了问题，急需资金周转。这个时候，我才发现自己太嫩，考虑事情还不够周全。怎么办？我父亲拉下老脸去帮我借款，我自己也去找平时关系不错的人借钱。

不过，很多时候就是如此，谈钱就伤感情。我和父亲两个人出面，最后只借了50万元。怎么办？还好，天无绝人之路，这个时候有风投公司找到我，而且他们提出了500万元的价码，正好可以解我的燃眉之急。但风投公司表示，投资500万元，要我出让20%的股权。可我一想，如果我的股权稀释后，我还怎么控制我的煤矿公司？

在煤矿公司中，我们占股65%，如果出让20%股权，那就剩下45%，这样在重

大决策时，我们将没办法控制公司未来命脉。遇到这样的情况该怎么办呢？

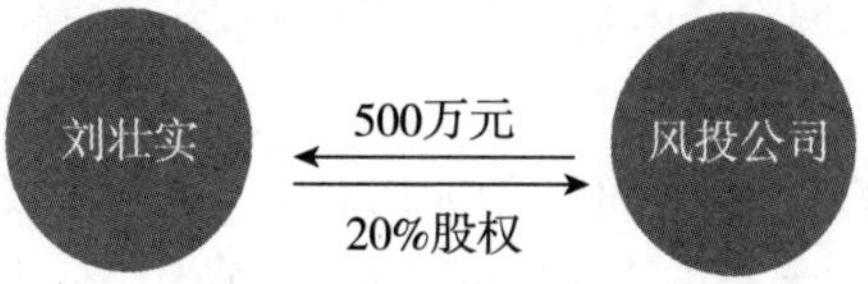

图 2－12　场景十三：刘壮实项目融资关系图

场景 TIPS：股权稀释后，怎么保持控制权？

《公司法》将公司内部权利分为股东权、董事权、经理执行权、监事权或独立董事权。这些权利都由股东的所有权与公司财产独立来形成。一般来说，投资人进入公司，拥有了公司股权，就对公司有了一定的控制权，创始人的决定权就会被削弱，甚至失去对公司的控制。事实上，在美股市场上，为了保证创始人对公司的控制权，早就有了双层股权结构的做法，并且已经相对普遍。按照这种成熟的架构，创始人手里的股票，1 股可以有 2 个投票权甚至 10 个投票权；其他人手里的股票，1 股只有 1 个投票权。这样，创始人用相对较少的股份，也能掌握多数投票权。

在国内，根据《公司法》的规定，有限责任公司可以设置同股不同权的制度，在股份被稀释的情况下，尽可能保有更多的控制权。同时，需要关注的是在《公司法》上，有 67% 和 51% 两条控股线，67% 是绝对控股，效果跟 99% 是一样的。51% 是相对控股线，可以决定一般事项。

另外，公司的所有权、经营权、监督权分离，公司的日常决策权其实掌握在董事会手中，股权多少并不直接影响对公司的掌控，而是通过选举代表自己利益的董事来对公司的控制权产生间接影响。

补充提示

一、阿里合伙人制度

阿里合伙人制度的主要规定如下：

1. 合伙人的资格要求：

(1) 合伙人必须在阿里服务满 5 年；

(2)合伙人必须持有公司股份,且有限售要求;

(3)由在任合伙人向合伙人委员会提名推荐,并由合伙人委员会审核同意其参加选举;

(4)在一人一票的基础上,超过 75% 的合伙人投票同意其加入,合伙人的选举和罢免无须经过股东大会审议或通过。此外,成为合伙人还要符合两个弹性标准:对公司发展有积极贡献;高度认同公司文化,愿意为公司使命、愿景和价值观竭尽全力。

2. 合伙人的提名权和任命权:

(1)合伙人拥有提名董事的权利;

(2)合伙人提名的董事占董事会人数一半以上,因任何原因董事会成员中由合伙人提名或任命的董事不足半数时,合伙人有权任命额外的董事以确保其半数以上董事控制权;

(3)如果股东不同意选举合伙人提名的董事,合伙人可以任命新的临时董事,直至下一年度股东大会;

(4)无论董事因任何原因离职,合伙人都有权任命临时董事以填补空缺,直至下一年度股东大会。阿里合伙人的提名权和任命权可视作阿里创始人及管理层与大股东协商的结果,通过这一机制的设定,阿里合伙人拥有了超越其他股东的董事提名权和任免权,控制了董事人选,进而决定了公司的经营运作。

3. 合伙人的奖金分配权:

阿里每年会向包括公司合伙人在内的公司管理层发放奖金,阿里在招股书中强调,该奖金属于税前列支事项。这意味着合伙人的奖金分配权将区别于股东分红权,股东分红是从税后利润中予以分配,而合伙人的奖金分配将作为管理费用处理。

4. 合伙人委员会的构成和职权:

合伙人委员会共 5 名委员,负责:

(1)审核新合伙人的提名并安排其选举事宜;

(2)推荐并提名董事人选;

(3)将薪酬委员会分配给合伙人的年度现金红利分配给非执行职务的合伙人。委员会委员实施差额选举,任期 3 年,可连选连任。合伙人委员会是阿里合伙人架构中最核心的部门,把握着合伙人的审核及选举事宜。

5. 为确保阿里合伙人制度的长期性和稳定性,阿里还制定(作出)了以下规则和安排：

(1)从规则上增加合伙人制度变更的难度。

阿里合伙人制度变更需通过董事批准和股东表决两重批准：从董事层面看，任何对于阿里合伙协议中关于合伙人关系的宗旨及阿里合伙人董事提名权的修订必须经过多数董事的批准，且该等董事应为纽交所公司管理规则303A中规定的独立董事，对于合伙协议中有关提名董事程序的修改则须取得独立董事的一致同意；从股东层面看，根据上市后修订的公司章程，修改阿里合伙人的提名权和公司章程中的相关条款，必须获得出席股东大会的股东所持表决票数95%以上同意方可通过。

(2)与大股东协议巩固合伙人控制权。

阿里合伙人与软银、雅虎达成了一整套表决权拘束协议以进一步巩固合伙人对公司的控制权。根据阿里的招股书，上市公司董事会共9名成员，阿里合伙人有权提名简单多数(5人)，如软银持有阿里15%及以上的股份，软银有权提名1名董事，其余的3名董事由董事会提名委员会提名，前述提名董事将在股东大会上由简单多数选举产生。根据前述表决权拘束协议，阿里合伙人、软银和雅虎将在股东大会上以投票互相支持的方式，确保阿里合伙人不仅能够控制董事会，而且能够基本控制股东大会的投票结果。

协议约定：

①软银承诺在股东大会上投票支持阿里合伙人提名的董事当选，未经马云及蔡崇信同意，软银不会投票反对阿里合伙人的董事提名。

②软银将其持有的不低于阿里30%的普通股投票权置于投票信托管理之下，并受马云和蔡崇信支配。鉴于软银有一名董事的提名权，因此马云和蔡崇信将在股东大会上用其所拥有和支配的投票权支持软银提名的董事当选。

③雅虎将动用其投票权支持阿里合伙人和软银提名的董事当选。

二、京东双层股权架构

京东的“双层股权架构”又称“同股不同权”，“同股不同权”是双层股权架构的通俗说法，是指资本结构中包含两类或多类不同投票权的普通股架构。采用双层股权架构后，管理团队可以保证对企业的控制权。双层股权架构为“AB股结构”，B类股一般由管理层持有，而管理层普遍为始创股东及其团队，A类股一般为外围股东持有，此类股东看好公司前景，因此甘愿牺牲一定的表决权作为入股筹码。其中A股为一股一票，在市面上可以正常流通，1股只有1票甚至没有投票权，投票权由一般股东持有；B股则为一股多票的超级投票股（每股投票权通常有2—20张），它通常为管理团队所持有，不能随意转让，转让的话要放弃投票特权，即从B类股转为A类股。需要说明的是，AB股在分红上的权利是一致的。

根据京东商城提交的IPO文件，该公司董事长兼CEO刘强东虽然仅持有该公司15.8%的股权，但却可以凭借着拥有20份投票权的特殊股票控制该公司80.2%的投票权。如果没有刘强东的出席，该公司董事会甚至无法举行正式会议，这便进一步加强了他对公司的控制力。

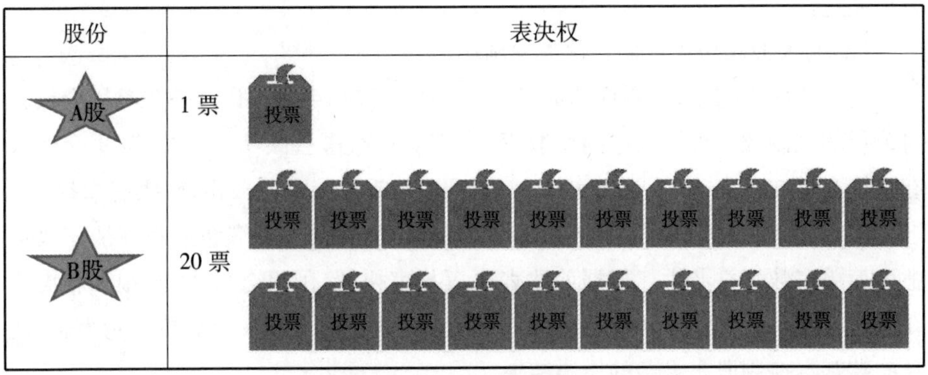

图2-13 京东表决权图

三、华为虚拟股

华为的虚拟受限股（以下简称虚拟股）制度是华为取得成功的一个重要公司制度。华为的股权结构为：华为技术有限公司为华为投资控股有限公司全资子公司。华为投资控股有限公司现有两名工商登记股东：华为投资控股有限公司工会委员会（以下简称工会或华为工会）持股98.99%，任正非持股1.01%（任正非同时通过工会参与员工持股计划，其实际持股比例约为华为总股本的1.4%）。华为工会所持有的股权实际上均为华为员工所有，即华为将股权以虚拟股的形式分享给华为员工。

华为授予员工的虚拟股在股东权利上有着诸多的限制，员工仅享有了股东权益中的分红权和净资产增值收益权等财产权利，这种限制也始终饱受争议。但是，这种限制是员工持股制度与公司的实际管理之间的冲突导致的必然结果。从公司的管理和经营角度出发，不对持股员工的股权进行必要的限制，会造成公司股东权利的严重分散，无法有效地开展公司的决策、运营和管理，造成公司效率低下，严重影响公司的发展，甚至导致公司最终走向失败。

从法律方面讲，华为对员工股权的限制，并不意味着否定员工的股东身份。《公司法》第4条规定，公司股东依法享有资产收益、参与重大决策和选择管理者等权利。股东作为股权的所有者，有权对自己的权利进行处分，在实践中，这种处分包括将自己的股东权利进行让渡、委托他人行使。例如，股东将对公司的管理权和经营权委派给股东选举的董事会行使；股东授权他人出席股东会行使表决权；股东签署一致行动协议将自己的股东权利委托给其他股东行使，等等。此外，股东对自身权利的限制也是股东处分自己股东权利的表现形式。

华为授予员工虚拟股时，已经明确告知了员工股东权利将受到限制，员工除享有财产权中的分红权和净资产收益权外，股东的管理权和表决权将授权华为职工代表行使，股权的转让也只能由工会按净资产进行回购。虽然华为的做法看似强势，但如上所述，首先，这是基于华为的员工持股制度和公司管理的冲突所必须实施的；其次，该约定并没有违反《公司法》的强制性规定；再次，员工在认购虚拟股前，已经明确了解了股权将会受限的事实，其仍然同意认购虚拟股并支付对价，是员工真实意思的体现；最后，实践证明了华为这种将管理权集中在公司决策者手中的方式是成功的，员工作为股东享受到了作为公司股东最核心的财产权收益。

小　结

在这个场景中，刘壮实没有分析自己的经济实力，投资过多互联网公司，这是十分冒进的做法，有一定风险。后来他们的煤矿公司出现资金周转不过来的情况，此时借钱又借不到，最后风投公司找到了他。风投公司虽然出手阔绰，却又提出要刘壮实出让20%股权的要求，如果出让，刘壮实又担心自己在公司的控制权不保，所以非常纠结。其实，刘壮实可以只出让股权，但不出让投票权，只要把投票权牢牢抓住，他出让股权后，同样可以控制公司。

股权激励

通过对大型上市公司以及知名公司的股权架构分析，不难发现，让员工感受到真切实意的权利，增强公司的凝聚力，股权激励或许是最有效且最简便的方式。身为大股东与高管，除了高额的工资奖金可以帮助挽留员工之外，如何培养整体意识，让员工感受到是为自身的发展而奋斗而非只是为公司赚钱，股权激励的方式或许能够为你开辟一条新的光明大道。而身为员工懂得在短期的工资和长期的股权之间做抉择，辨别现有的股权到底能否保障自身的权益，将会让你在日后的职场中更加稳步前进。

场景一

直接给管理者股权激励好，还是让他们购买好？

云猫科技有限公司是一家主打客户线上选服务，线下门店服务的针对宠物市场的互联网服务企业。企业此前生意好，年收入也不错。不过近来，控股股东李乃文发现了猫腻。从 2019 年开始，公司不仅业务量逐渐下降，而且很多员工消极怠工，并且出现很多员工辞职的事情。

面对这样的情况，李乃文和公司董事都非常着急。无疑，人才的流失对公司来说是致命的打击。所以李乃文遇到问题后，进行了秘密调查。调查后发现，原来公司很多员工居然跑到了商业竞争对手——眼猫科技有限公司就业了。李乃文的第一反应是“难道有商业间谍”。不过，转念一想，他呵呵笑了起来，毕竟这只是非常时期才会出现的情况。再说云猫科技有限公司也没什么特别的秘密供他人透露。所以他否定了这一猜测。

最后，经过多方打听，他才知道，原来员工被吸引到眼猫科技有限公司是有原因的。眼猫科技有限公司为了吸引更多可靠人才，实行了股权激励策略。该公司规定，员工在公司工作时间满 5 年，并且业绩突出，没有重大失误的会直接给一定的股权。这对于没有余钱购买公司股权的员工来说，无疑是一个好消息。所以这种激励策略真的起到了作用。

其实，李乃文在控股云猫科技有限公司前，有控股过一家家具公司。当时，他为了吸引人才，为了激励员工的干劲，也采用过股权激励的方式。公司突出的管理者工作 3 年后，他给了他们一定的干股。有了这些干股后，员工可以享受分红，不过不能直接参与表决和管理。不过，给员工的干股自然占比不会高，所以他们的分红款也不会多。因为股权来得容易，而且分红不多，所以很多员工并不十分珍惜。

所以李乃文认为，云猫科技有限公司也可以采取股权激励方式，不过在到底是达标就给股权，还是达标就给股权的购买指标问题上，公司股东出现了分歧。有些股东认为应该直接给股权，而李乃文因为有前车之鉴，所以他建议达标就给股权的购买指标。

那么,从专业角度看,股权激励究竟是直接给还是让管理者购买?

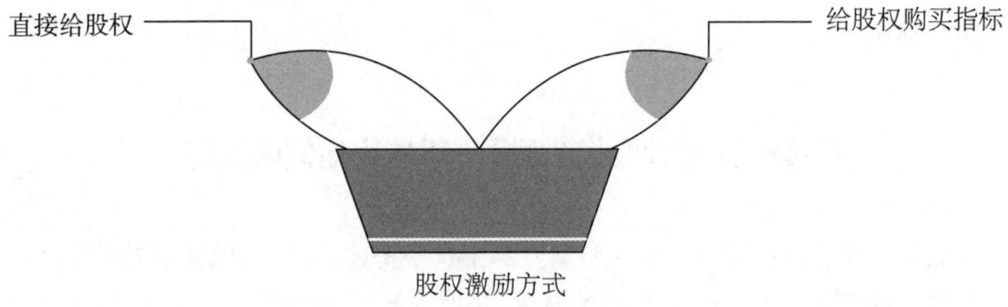

图3-1 场景一:员工股权激励方式图

场景 TIPS:股权激励究竟是直接给还是让管理者购买?

首先,在这里做一个简单的知识普及:

股权:是股东基于其股东资格而享有的从公司获得经济利益并参与公司经营管理的权利。

干股:并不是真正法律意义上的概念,是一种民间叫法。即从净利润中拿出一部分给激励对象,激励对象只有分红权。

实股:是法律意义上的,通过工商登记的股东享有的股份。

对于股权激励的方式,建议不要直接给员工股份,而是让其购买股份。对一个企业来说,核心竞争力就是“人才”,只有把人才留住了,企业才能更好地发展,企业直接给员工干股,好处就是员工不需要出钱买,可以在一定程度上激发员工的工作积极性,让员工在企业创造的利润中共享利益,但是同时因为干股员工不用自己掏钱买,因此有些员工可能会抱着无所谓的态度。在员工和企业之间的信任度还不是很紧密的情况下,一旦企业前期盈利能力不高,干股的作用就会失去激励的作用,毕竟大家对自己轻易得到的东西可能会不太重视。

但让员工买股,一般企业员工在工作了一定年限后,才肯愿意自己掏钱买股。而这时说明员工已经适应了企业的文化,对企业也有了一定的了解,同时也能让员工在企业中找到归属感,更能激发他们的积极性;但是这种方式也存在一定的弊端,当有些员工花钱入股后,可能会担心自己毕竟只占有一小部分的股份,会受到高管的压制,而且对于一些基层员工来说,资金不是很充裕,可能觉得没有现金来得直接。

在实股与干股上，还要考虑回股的问题。在这个问题上，一般存在主动回股和被动回股两种情况，企业要制定好明确的制度，当员工主动离职或者要求退股时，按照约定的锁定期、价格等标准执行；如果员工因自身的过错给企业造成不同程度的损失，或者泄露企业秘密、没有达到约定的指标等应如何执行。

企业给员工股权的目的，是既能稳定内部员工，提高工作积极性，同时还能吸收资金。但同时也要考虑企业每个阶段的持续性，不能一揽子把所有股份都发放，要创新人才预留机制。每个企业在激励机制上，不一定是固定的某一种模式，可以结合不同的发展需求，多种方式相结合。

小　结

从稳定员工情绪、提高员工积极性以及吸收资金促进公司发展来看，达标就给员工股权的购买指标更为合理。

场景二

很多大公司实施股权激励，小公司需要实施吗？

股权激励是很多大公司都会采取的一种激励机制，比如阿里巴巴、华为、小米等都采取这种方式。阿里巴巴给员工和管理者的股权报酬方式更多，有股权激励计划、购股权计划和受限制股份单位计划。这些方式在激励员工积极性，促进公司长远发展上有一定的作用。那么股权激励是不是大公司的“福利”，小公司有必要实施这种机制吗？

王珩是高才生，大学学的是设计。毕业后，他被国内一家大型公司录用，做的是设计生活用品的工作。王珩设计的杯子，不仅具有艺术气息，还非常靓丽形象；设计的抱枕也非常具有灵动感，根据不同的人还设计不同的款。所以他的工作得到了公司认可，在他工作3年后，公司给了他1%干股。最初，王珩也十分开心，因为这样对他来说，他也是公司的股东之一了。不过，干股有很多局限性，比如他仅仅享用的就是分红权，其他权利都没有，而且哪天他辞职了，这些股权也就没了。

后来，公司几大股东之间闹分歧，影响了公司的发展，导致公司业务一落千丈，年营业率也下降了很多。如此一来，王珩在公司得到的分红也没多少钱。时间久了，王珩觉得在大公司也没啥意思，受管制，人事复杂，所以他想着，还是自己出来创业吧，自己当自己的老板，这样才自由。

王珩辞职后，他和大学同学王军一起创办了美好生活设计有限公司。这个王军也是设计界的鬼才，脑子灵活，设计出来的作品没有不叫好的。无疑，他俩的结合会促进美好生活设计有限公司快速发展。

王珩和王军设计出来的生活用品，集聚了生活气息，也拥有幽默元素，很快美好生活设计有限公司成为设计界的一股新力量。很多怀揣梦想的年轻人都希望加入该公司，最后美好生活设计有限公司在1年内员工人数从最初的2人到了30人。不过，无论如何，美好生活设计有限公司还是一家小企业，它和一些大企业还是没法比。

当然，企业的发展需要过程，美好生活设计有限公司无法一口吃成胖子。所以王珩和王军希望通过努力后美好生活设计有限公司可以逐步发展并成为大公司。王珩认为，公司要快速发展，除了要有实力外，有能力的员工和好的股权构架也非常重要。

此前，他工作的大公司就实行了股权激励机制，这个机制在最初促进公司发展方面确实起到了很大作用。不过，王军认为，美好生活设计有限公司目前还在发展阶段，公司又小，没有必要实施股权激励机制。两大股东之间，对于是否实施股权激励出现了分歧，公说公有理，婆说婆有理。那么事实上，小企业有必要实施股权激励机制吗？来听听股权专家怎么说！

场景 TIPS：小企业有必要实施股权激励吗？

股权激励主要是通过附条件地给予员工部分股东权益，使员工与企业形成利益共同体，促进企业与员工共同成长，从而帮助企业实现稳定发展的长期目标。由于中小企业规模小，特别是在初创期间，小企业各方面都还不成熟，为了能够更好地留住人才，保持人员的稳定性，确保企业少走弯路，就需要一个完善的公司结构体制，而要实现这种体制，股权激励则是一种最有效便捷的方式。很多公司的有些老总，虽然他们最后入狱了，但是他们的企业却没有受到影响，这是为什么呢？首先，因为他们的公司有独立的组织架构和股权组织，在一定程度上避免了某些个别股东对公司的过度干预，可以保持公司的独立性和公平性；其次，小企业实行股权激励，可以激发员工的工作潜力和积极性，避免企业产生内耗。

小　结

有些人可能认为大企业实施股权激励无可厚非，而小企业实力不强没必要实施股权激励机制。可事实上，小企业实行股权激励机制的作用同样不可小觑。所以在上述场景中，可以采纳王珩的建议，实施股权激励机制。

场景三

很多公司实施了股权激励，那么股权激励是不是越多越好？

股权激励机制是很多公司发展过程中会采取的激励员工促进公司发展的机制。那么股权激励机制和公司取得成功有必然关系吗？股权激励是不是越多越好呢？下面就有你想要的答案。

姜慧从小就爱花，小时候别人上课认真听讲，她在看花册；下课后，别人在打闹，她还在看花册。路过周边，只要有花，她总会驻足观望，像对待小生命一样对待它们。这样的姜慧被同学们传为“花仙子”。大家背地里都笑话她。毫无疑问，她的学习成绩一塌糊涂，老师们见到她也是摇摇头，表示毫无办法。

读初中后，她的成绩一直跟不上，还休学了半年。好在突然有一天，她开始醒悟过来，明白学习和她喜欢花并无冲突，所以她又开始走进校园。

再次进入校园的姜慧不同往日，她把一部分精力用在喜欢花上，另外一部分精力用在学习上。她本就聪颖，所以用大概半年的时间，她的成绩就突飞猛进，初三时，她还考进了当地的一所重点高中。

后来才知道，她那么努力读书，原来是为了有朝一日能够考入园艺专业。不过世事难料，在临近高考时，姜慧遇到了人生第一次重大的打击——亲人离世。本就处于悲春伤秋的花季年龄，多愁善感是常态，这样的她哪里能承受如此大的打击。所以自然而然，在高考时，她发挥得一败涂地，总分加起来不到 300 分，有一科甚至是 0 分。

在人生的分叉口，她没有选择继续复读，而是进入了一所专科学校，学起了电子商务，显然这并不是她喜欢的专业。在学校里，她也一改往日对花的喜爱，全身心投入电子商务的学习中。在学校她寡言少语，只知道学习，拿了几次奖学金。

很多人以为，她大学毕业后应该会进阿里或者京东工作，可她却开了一家花店，她的抉择总是这样惊人。原来她从来不曾放弃对花的喜爱，大学时也默默地观看着有关花的书籍，同时她的理想就是开一家属于自己的花店。

她拥有过硬的养花知识，所以她的花店里百花盛开，一幅欣欣向荣之景。店里生意也非常好,每天顾客络绎不绝。很快,她开了第2家、第3家花店……在当地成为花界大姐大。

为了进一步拓宽市场,激励员工,她逐步分出自己的股份用于融资和股权激励,其中她将近50%的股份用于股权激励。但是适得其反,在公司运营2年后业绩明显下滑。除了她自己经营的主店外,其他几家分花店居然濒临倒闭。姜慧无法理解,她已经拿出50%的股份用来激励员工,为何还是濒临破产?

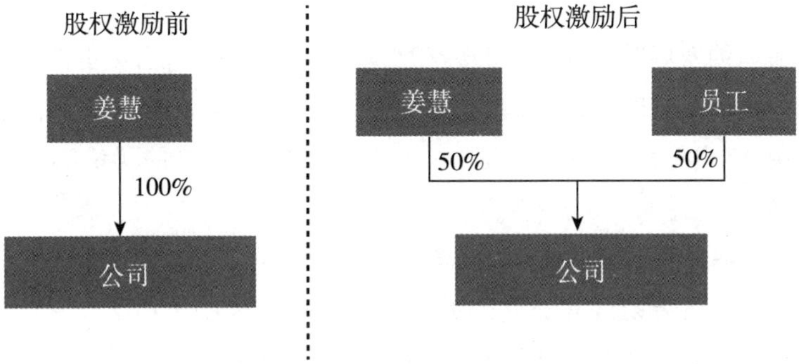

图3-2 场景三:姜慧项目股权激励关系图

场景TIPS:公司拿出50%的股份用来激励员工,为何还是濒临破产?

股权激励不是越多越好,如果将50%的股权都用于股权激励,那么这是很失败的案例。濒临破产的原因当然有很多种,比如公司产品不合格被淘汰,公司管理层冲突导致股东会僵局,运营出现大错误、大问题等。首先,股权激励不是万能药,一个公司必须有好的产品和好的战略,如果缺少以上两者,股权激励做得再好也是徒劳;其次,股权激励方案设计的好坏很关键,股权激励根本目的是让员工、管理层跟公司发展目标保持一致,成为公司的主人,与公司同心同德,如果股权激励失败,反而会产生负面效果。

小结

在上述场景中,姜慧在运营过程中,过分注重股权激励,而忽视了花店的管理、运营。要知道,一个企业最终是否能够成功,最主要的还是靠运营和管理。用于股权激励的股份越多并不代表就越成功,它的多少和企业能否成功没有必然联系。

场景四

工资是不是留住人才的唯一办法？想留住人才还得靠“它”

一个公司的发展壮大，需要有好的老板，好的经营理念，当然也需要杰出的人才。人才好比公司的顶梁柱，人才一旦缺失，公司就难以发展。所以很多公司在发展过程中，必须要考虑如何留住人才。想掌握留住人才的秘诀吗？罗集告诉你，单靠工资是不行的。

罗集是一名软件开发人才，大学毕业后，他最初在一家交互式应用软件开发公司上班。他的主要职责就是负责新型软件的开发，他脑子活泛，思路清晰，总能设计出好的软件。在公司上班 2 年，他就开发出一款聊天软件，一款网购软件，都非常实用，下载量更是破千万。

不过罗集所在的公司比较大，人才又多，所以公司对他并没有另眼相待。他工作了 2 年，虽然一定程度上促进了公司的发展，但在工资上，公司还是表现得一毛不拔，并没有要加工资的意思。渐渐地罗集心灰意冷，觉得在公司毫无发展前景，而且自己的努力也不会被重视。所以他觉得还不如自己辞职出来单干的好，自己当自己的老板。

很快，罗集创办了自己的交互式应用软件开发公司。任何公司起步都比较困难，他的公司也一样。在经过 2 年的研发后，他公司的第 1 款产品总算顺利完成，登陆市场。这款产品是集聊天、商城、娱乐于一体的软件，产品一推出，市场反响热烈，非常受欢迎。

这次的成功也吸引了很多人才的注意，纷纷入职。有了更多人才，加上自己的合理管理和运营，罗集对公司的未来充满了信心，他相信不出几年，公司将会有大的发展。

之后公司又陆续推出第 2 款、第 3 款产品，逐渐成为同类产品中的佼佼者。不过这个时候罗集却开始担忧起来。原来，虽然公司发展越来越好，但是员工工资没有涨上来，所以员工积极性大打折扣。发现问题后，罗集立马召开股东大会，把涨工资提到日程上来。

不过，一些创新人才每月也只加2000元工资，一般的管理层月涨1000元工资，其他人月涨500元。罗集认为，这是他最大限度地能够给予的福利，如果工资再大幅度增加，他将无力承担。

他本以为，给员工涨工资后，员工们就会积极努力工作，为公司带来效益。但他想错了，工资虽然涨了，但是员工的工作热情仅仅维持了1个月，1个月后，他们又开始消极怠工，其中有一些创新人才甚至还开始同外界一些大公司联系，有跳槽的可能。

罗集明白，对于软件开发公司而言，创新人才是公司的命脉，人才一旦流失，对公司是致命的打击。所以罗集又在想用其他的方式来留住人才。很多人以为，涨工资是留住人才的最直接的方法，但实际上，涨工资没有办法留住有才华、有能力、有野心的人才。那么该如何留住这部分人才呢？是时候考虑股权激励了。

图3-3　场景四：留住人才的方式

场景TIPS：除了涨工资外，股权激励或许才是留住人才的好方法

在这个知识付费的年代，任何一个创新点子无疑都有巨大价值。一个好的公司始于创始人的创新，发展之后又如何去让创新持续呢？毕竟创始人不可能一直有好的点子，这时就要靠员工的创新才能持续发展。但如何才能使员工心甘情愿地拿出他的奇思妙想，特别是这个奇思妙想可能创造出巨大价值的时候。

创业是困难的，那为什么员工决定出来单干？当然是在公司没有发展的空间，报酬与付出不对等。公司要想留住人才，让人才帮公司创造更多的价值，必须要给他们足够的吸引力。股权激励是一种通过经营者获得公司股权形式给予企业经营者一定的经济权利，使他们能够以股东的身份参与企业决策、分享利润、承担风险，从而勤勉尽责地为公司的长期发展服务的激励方法。

股权激励的特点：

1.长期激励。从员工薪酬结构看，股权激励是一种长期激励，员工职位越高，其对公司业绩影响就越大。股东为了使公司能持续发展，一般都采用长期激励的形式，将这些员工利益与公司利益紧密地联系在一起，构筑利益共同体，减少代理成本，充分有效发挥这些员工积极性和创造性，从而达到公司目标。

2.人才价值的回报机制。人才的价值回报不是工资、奖金就能满足的，有效的办法是直接对这些人才实施股权激励，将他们的价值回报与公司持续增值紧密联系起来，通过公司增值来回报这些人才为企业发展所作出的贡献。

3.公司控制权激励。通过股权激励，使员工参与关系到企业发展经营管理的决策，使其拥有部分公司控制权后，不仅关注公司短期业绩，而且更加关注公司长远发展，并真正对此负责。

小 结

本案例中，罗集最初离开他工作的公司就是因为觉得公司没有发展前景，而且公司对其不够重视。他自己创办公司后意识到给员工涨工资的重要性。但涨工资并不是留住人才的有效方法，想要留住人才，就要让人才与公司融为一体，而让公司与人才融为一体的方法就是采用股权激励机制。

场景五

员工持股被清零，说好的股权激励成废纸

小张是海椒市一家互联网企业的员工，他把自己与公司融为一体，事事都会站在公司的角度考虑问题。从公司角度出发，这样的员工无疑会得到领导的赏识。但是，公司里的其他员工则不这么想，他们则对小张另眼相待。

原来这小张并不是名牌大学毕业，他是高三肄业后再通过自考考了大专，学了计算机。他的学历当然没有全日制学生过硬，但他凭借自己的努力，把该学的课程，都学了个遍。他的学识其实已经超过了全日制本科生。不过因为人们向来的偏见，所以对于身居要职的小张，同事们戴着有色眼镜看他。

公司为了留住小张，先后给他涨了几次工资。第一次是因为小张提前完成了业务，公司给他月涨了 2000 元。后来他在开发、管理方面也有突出的能力，公司又相继给他涨了 2000 元、3000 元，如今他的月工资达到了 3 万元。

月入 3 万元，年收入也将近 40 万元，这远远超过了一般的同事。其他同事看着多少有点眼红，所以背地里都说他的闲话。不过小张没有受任何人的影响，他一步一个脚印，后来又为公司接到了一个几百万元的大单子，一时间他成为风云人物。此时，很多大公司都向小张抛来橄榄枝，希望能够挖走这块宝。

小张的公司也感到了压力，虽然公司为小张涨了 3 次工资，小张也是除了老板外工资最高的员工。但老板们知道，小张是一个有远见，有雄心的人，他不会仅仅局限于这月入 3 万元的工资。那么要怎么留住人才呢？公司也是放了大招。

这时候公司出台了一个认购会，该会决定在公司工作 4 年以上，并且能力突出的内部员工有购买公司股权的权利。大家都明白，这个认购会一定程度上是为了留住小张。而小张思前想后，考虑到公司日后发展前景、自己的未来规划等诸多因素后，他决定花 10 万元认购一部分额度。这样他也就成了公司的股东，他与公司一损俱损，一荣俱荣。从此以后，他的干劲比以前更大，人也更加努力。

不仅小张，公司其他购买了股权的员工积极性也大大地调动起来了，无疑这个认购会起到了积极效应。

不过今年年中，小张突然在手机新闻上看到了一条令他呼吸不能的新闻——《乐视系员工持股突被“清零”，昔日股权激励成废纸》。看完新闻，小张联想到自己刚买的10万元内部持股额度。他一下子紧张起来，万一到时候，自己的公司也这样，那该怎么办？股权激励，到底靠谱吗？

图3-4 场景五：小张所在公司的股权激励图

场景TIPS：什么情况下，股权激励会变成一张废纸？

股权激励有很多种形式，乐视的股权激励采用的是持股平台+代持的形式。贾跃亭承诺给乐视员工的股权放在一个持股平台中，通过跟员工签订代持协议，将这些员工的股权划到自己名下。在法律意义上，贾跃亭是显名股东，即名义股东；员工则是隐名股东，即实际的股东。所以，贾跃亭出售股权在法律上是可以操作成功的。但是，贾跃亭侵犯了员工的股权，违背了他们之间的约定，隐名股东可以起诉追究显明股东的责任。《最高人民法院关于适用〈中华人民共和国公司法〉若干问题的规定(三)》第25条第2款规定：“名义股东处分股权造成实际出资人损失，实际出资人请求名义股东承担赔偿责任的，人民法院应予支持。”

但是，据媒体报道，乐视致新员工的持股文件里只有员工的签字，没有贾跃亭的签字，缺乏法律效力。如果情况属实，那么这些乐视员工的股权可真的打水漂了。员工在签订类似的协议时，一定要注意到代持协议的风险，确保代持股东要签字，并且自己留存一份合同作为凭证。

小 结

在这个场景中，公司为了留住人才实施了股权激励。不过小张看到乐视《乐视系员工持股突被“清零”，昔日股权激励成废纸》新闻后感到不安，他非常担心自己的股权激励也变成一张废纸。不过，如果小张公司前景好，而且公司给他的是实股，那么这种情况一般就不会发生。

场景六

股权激励如何实现公司与员工的利益捆绑?

众所周知,世界500强企业都实施了股权激励机制,从这一角度出发,我们就可以窥见股权激励的作用。不过,现实中,想要股权激励真正实现公司与员工利益捆绑,这就需要公司在实施过程中注意分寸。那么到底如何把握呢?我们现在一起来探究。

三姐唱片公司在2000年创立,公司负责包装艺人,发行唱片。虽然如今唱片公司、影视公司非常多,竞争也大,但想要捧出一个出名的歌手其实也不难。三姐唱片公司从最初创立的默默无闻,到如今慢慢有了自己的地位,捧出了几个大腕,在音乐界成为翘楚。无论是嘻哈风、古典乐、现代乐等,它都有代表人物。所以在唱片界,三姐算有了立足之地。

不过,现在的唱片公司,如果不赶紧布局,不与艺人搞好关系,那么很多艺人可能会被其他唱片公司挖走。为此,很多公司都有对策,而三姐唱片公司对此毫无对策。

最开始与三姐唱片公司签约的一些艺人,当时都默默无闻,大的唱片公司对他们不屑一顾,所以他们选择了三姐。

三姐唱片公司负责人三姐认为"吃水不忘挖井人",三姐公司带领大家闯出了一片天地,大家应该对三姐公司感恩戴德。而事实上,人往高处走,水往低处流,这是永久不变的道理。三姐高估了大家对公司的依恋。当合约期一到,很多艺人选择高飞,并不续约。这样一来,对三姐公司的打击非常大,没有了几个当红艺人,公司没有通告,没有广告,无法发行专辑,就更不要说收益了。

后来,三姐找了2个没有续约的艺人,问他们为什么不续约。艺人们给出的答案非常简洁,因为其他公司给了更好的条件,让他们有更好的发展。三姐也无法去责备他们,只能着手培养新的艺人。

大概过了半年,通过音乐类的节目,三姐挖掘了几个非常有潜力的艺人,她相信他们一定是未来的新星。这次,在签约期限上,三姐唱片公司同艺人签了8年。

这主要是吸取上次的教训，防止艺人再一次流失，这次三姐唱片公司也实行了股权激励制度。

三姐规定，新培养的艺人，在 2 年内，发行的唱片销量如果能够冲到前三，为公司带来 800 万元的收益，那么就有购买三姐唱片公司 8% 股权的权利。考虑到艺人都是新出道的，或许没有现金流，所以公司可以暂代艺人支付这些购买费用，之后在艺人的收入中抵扣。

公司的这一规定，促使艺人们更加卖力工作。要知道他们越努力，公司发展越好，他们也就能够真正享受到利益。这样一来，他们没有理由不努力工作。

不仅对艺人，对公司的工作人员这一股权激励制度同样有效。对于工作人员而言，只要工作 5 年以上，在自己的岗位有不可替代作用的也有权购买公司股权。就这样，三姐唱片公司如今成为国内数一数二的大公司。

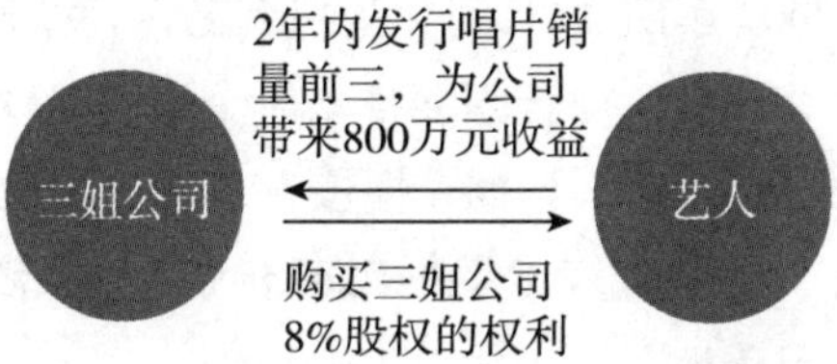

图 3－5　场景六：三姐项目股权激励机制

场景 TIPS：股权激励机制如何让员工与公司一条心？

股权激励是企业为了激励和留住核心人才而推行的一种长期激励机制，是目前较常用的激励员工的方法之一。股权激励主要是通过附条件给予员工部分股东权益，使其具有主人翁意识，从而与企业形成利益共同体，促进企业与员工共同成长，从而帮助企业实现稳定发展的长期目标。一般情况下都是附带条件的激励，如员工需在企业干满多少年，或完成特定的目标才予以激励，当被激励的人员满足激励条件时，即可成为公司的股东，从而享有股东权利。

第一，要公布一个评估标准，达到该标准的员工才有资格获得股权。员工为了获得股权，会努力达到这个标准，产生了第一层的激励效果。要注意根据公司的实际情况合理制定标准，不可过高也不可过低。

第二，鼓励员工投钱。实际操作过程中会发现，投了钱的员工和没有投钱的员工的心态是完全不同的。钱在哪，心在哪。只有真正投钱下去，才会将自己的利益与公司进行捆绑。同时,为了适当减轻员工的经济负担,可以采取打折、公司借款等其他方式灵活操作。

第三,公司必须将员工真正当成股东来对待,答应员工的条件必须兑现,使员工对公司产生信任感。阶段性公布公司的发展情况,包括成果和难处,激励员工为公司和自身的利益努力奋斗。

小　结

三姐唱片公司最初就是因为没有实施股权激励制度,导致艺人没有续约。有了前车之鉴,公司后来恰当地实施了股权激励机制,适当地调动了艺人和员工的积极性,促进了公司的发展。

场景七

公司施行“虚拟受限股”的分股方式是否合规，作为员工应该如何恰当维护自身利益？

陶然是长平市一家出版社的审稿人员，出版社名叫初创新奇出版社。陶然从小就有一个作家梦，他6岁时看鲁迅先生的《阿Q正传》《范进中举》觉得特别有意思。到了小学三、四年级，他就开始读一些名著，比如《三国演义》《水浒传》《红楼梦》等。其中有很多生字他不认识，《红楼梦》中的诗词他更是不懂，但从那时候起，他就更坚定了以后当作家的梦。

因为经常看书，而且富有想象力，所以陶然的文笔非常不错，在小学、初中、高中，他的作文总是得到师生的认可。他写过一篇文章《我的理想》还获得市里的大奖。不过这样的陶然却也是让老师头痛的孩子。因为他只对语文感兴趣，他只对文学作品感兴趣，他的数理化一塌糊涂，成绩非常不理想。

老师们经常找他谈话，语重心长地说：“陶然，光靠作文是考不上大学的，更别说一流大学，你是个聪明的孩子，除了把心思放在语文上面，还应该把心思放在其他科目上。”

陶然虽然满口答应，可是过不了多久，他就又沉浸在书海，忘记了老师的谆谆教导，他偏科越来越严重，老师们都纷纷摇头，表示可惜。

他父母也非常着急，陶然作为家里的独子，家人都希望他有出息，本以为他在文学上见长，以后或许能当个作家。没想到他其他科目那么差，日后估计无法进入大学。怎么办呢？有一天，气急败坏的父亲一把火，把陶然200多册的藏书都给烧了。从学校回到家的陶然发现书被父亲烧毁后，居然没有号啕大哭，而是呆呆地立在房间的角落，一言不发，像个傻子。父母见状也都吓坏了，生怕对孩子打击太大而精神不正常。

好在过了几天，他又慢慢恢复了过来，只不过人却更加沉默了，见到父亲也是一脸深仇大恨的样子。为此，他父亲也就不再说什么，也不再反对他看书。就这样，陶然的藏书又渐渐多了起来，堆满了书房。不意外，他没有考上好大学，而是上了本地的一所专科学校,学了汉语言文学。

大学期间,他同样废寝忘食地看书,他的文字功底自然越来越好。大学毕业后,本以为他会进入某个小学去教书,不曾想他进入了初创新奇出版社。在应聘过程中,他过五关斩六将,在100多个候选人中脱颖而出,最后夺得出版社审稿员的职位。

说来也奇怪,经过他审核的稿件,没有不热卖的。原来,他审核稿件时,不仅对句子的标点符号仔细审核,还会仔细推敲文章的句子,对于不合理的句子,他还会给出恰当的建议。如此一来,出的书几乎完美,自然热卖。对于这样的奇才,公司自然想留住。

后来,出版社提出了3年上市的战略部署,对满足公司制定的工龄、能力和各项指标的员工,实施虚拟受限股额度购买的股权激励政策。陶然作为公司骨干,公司对其也开展了谈话,邀请他参加公司的股权激励计划。陶然对公司实行"虚拟受限股"的分股方式是否合规产生了疑惑?并且,作为员工,购买虚拟股后又应该如何恰当维护自身利益?

场景 TIPS:公司实行"虚拟受限股"的分股方式是否合规?

第一,要明确虚拟受限股的概念。虚拟股,也称在职分红模式,是指公司授予激励对象一种"虚拟"的股权,激励对象依据所持有的虚拟股权可享有一定的分红权,而其他方面的权利几乎没有或者受到一定限制,所以也可以称为虚拟受限股。

第二,虚拟股无须工商登记,不在公司章程中体现,仅通过合同来约定激励对象的权益即可,因此实施方便、适用激励对象范围广泛。这种股权激励的形式是不违法、不违规的。只要股权激励协议符合《民法典》合同编规定之情形,即合法有效。

第三,需要注意的是,虚拟受限股不进行注册,也不受《公司法》调整,对于员工来说,最重要的文件就是与公司签订的股权激励协议。要仔细阅读该协议,关注自己享有的权利范围。不能仅凭公司公布实施方案而轻信,或以劳动合同替代股权激励合同。

小 结

在上述案例中,公司实行“虚拟受限股”的分股方式是合规的。当然,陶然如果想要恰当维护自己的合法权益,那么就需要认真审核股权激励合同,对自己享有的权利要知晓。

场景八

给创始团队分配股权/期权，在有限责任公司的框架下怎么操作？

姚莉虽然不是读书的料，高考没有考到好大学，读的是一所普通大专，不过，她却是做生意的料。在大学里，她课余时间会做些小生意，比如带领其他同学发传单、卖电话卡等，虽然生意不大，却很容易赚够自己的生活费。

到大三时，姚莉的生意开始做大了，她开始带领一些同学做微商。这些微商项目就是帮一些落后山区的村民卖果子。还别说，这个生意让她大赚了一笔。农家的果子是绿色食品，安全可靠，而且果子的品质也好，所以购买的人特别多。姚莉手下有200多个人，这样一来，她就成了领头人，赚的钱也自然就多。

大三毕业那年，她赚了40万元。大学毕业后怎么办呢？她最开始没有做别的事情，还是继续做这个项目，但过了一年，竞争越来越大，卖果子的微商越来越多。所以继续做了1年后，姚莉开始把目光转向了别的领域。这个时候，她前后赚了80万元。

对于一个大学毕业1年的人来说，赚这么多钱确实会自傲，但姚莉没有。她也没有听爸妈的建议在县里买房，而是买了一辆二手的面包车。因为她想用余下钱去继续创业。当微商继续呈现下滑趋势时，网购业务、物流业务却还是非常火。

最开始，姚莉想开家天猫店，卖些特产。但仔细调查后，她发现如今天猫业务也不比从前，投入和产出没有明确的正比例关系，一切都太玄乎。再三考虑后，姚莉决定开一家物流公司。

不过，开物流公司最初投资大概需要100万元。后期或许还需要流动资金，而她只有80万元。剩余的钱怎么来？她翻来覆去睡不着。后来，她想找亲戚借，打定主意后，她逐一给三大姑六大婆以及其他亲戚打电话，但只要她开口提钱的事，对方都统一说："没有。"

原来，姚莉的父母早就给亲戚们打过招呼，让他们不要借钱给女儿。在父母眼里，她就该用这些钱置办好家而不是拿钱乱去创业。其实最初，姚莉想独自一个人创办公司，因为她觉得合伙企业，各股东之间容易产生分歧，不利于公司的发展。但因为资金不足，万般无奈下，她只好找朋友一起合伙。

她有2个要好的大学同学，一个叫小美，另一个叫小丽。这两人虽然没有生意头脑，但她们表示对姚莉的项目非常感兴趣，而且她俩表示希望加入公司。就这样，姚莉出资80万元，这两人分别出资10万元，三美物流公司就这样创办了。

姚莉本就要强，加上公司她占有的股权也最多，所以毫无疑问，她是公司的控股股东，公司很多大小事都由她决定，都由她拍板。而且姚莉性子比较急，做事雷厉风行，有时候她会安排小美和小丽做事，可小美和小丽心理自然就不舒服了。她们认为好歹自己也是股东，怎么姚莉把她们当员工一样使唤。有一次，姚莉甚至还当着全公司员工的面数落小美，就因为小美上班迟到了半个小时。为此，小美和小丽变得毫无干劲。

整个公司的发展，都由姚莉操持，一个人的精力有限，导致公司的发展速度有点缓慢。为了调动另外两个股东的积极性，姚莉想给创始股东们进行期权激励，她想知道在有限责任公司的框架下应该怎么操作？

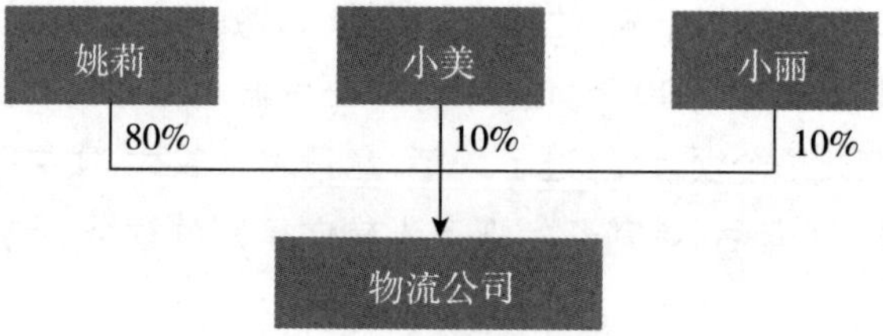

图3-6 场景八：姚莉项目股权关系图

场景TIPS：有限责任公司如何进行期权激励？

首先我们要分清楚股权和期权的概念。股权指投资人由于向自然人合伙和企业法人投资而享有的权利。期权指一个公司授予其员工在一定的期限内，按照固定的期权价格购买一定份额的公司股票的权利。行使期权时，享有期权的员工只需支付期权价格，而不管当日股票的交易价是多少，都可得到期权项下的股票。

初创期合伙人之间的股权比例设置，主要是按各人的能力和贡献度而定的。在创业公司，需要有人拍板快速做决定，并去执行来解决问题，太民主的决策程序浪费的是所有人的宝贵时间。

一般来说，创业公司上来就给股权的非常少，大部分用的都是期权计划。最常见的设置方式是与服务期限挂钩。员工期权激励实际是个互相画饼的过程:公司给员工画了张大饼,如果将来公司发展得好,员工与公司共同受益。

行权价格的设定与公司届时的估值密切相关:公司在早期的估值低,所以早期授予的期权的行权价格就低;期权授予的时间点越靠后,其行权价格就越高。同一批授予的期权的行权价格应该相同,因为其基准点都是基于当时的公司估值(上下浮动)。实际操作中需要进行具体洽谈,比如对激励对象的签约意向、股权价格、权利义务都要明确。签约后需定期观察激励的效果,对那些效果差,不符合约定考核目标的对象,可以按前期协议进行股权回购。

小 结

在这个场景中,姚莉希望通过期权激励的方式激起小美和小丽的干劲,这个出发点是好的。不过在实际操作过程中,姚莉要掌握好分寸,不可过多地使用期权激励,也不可过少,恰如其分地使用才能发挥最好的效果。

场景九

公司通过合伙企业进行股权激励，员工应该如何选择？

麦穗儿是别人眼中的辣妹，孩提时她父母就离异，没人管，所以她是个野孩子。到了高中，她上课时就睡觉，晚上就和男孩子去酒吧疯。如果一直这样下去，她的人生估计就要毁了。

不过，这个时候她遇到了H君。那么H君是何方神圣呢？他是从别的学校转来的高才生，冷峻的脸庞上带着不屑。有一天，趴着睡醒的麦穗儿抬起头就看见老师正在介绍这个新转来的学生。明明他是那么冷酷，可是麦穗儿却感觉到一丝温暖和一丝悸动。她自己也不知道为什么。从出生到那时，18载，她一直都浑浑噩噩地过着日子，但那天她似乎接收到了新的力量，她感觉或许人生也可以美好起来。

H君坐在她后面，他话不多，是个闷葫芦。她总忍不住转过头去和他说话，他总一副爱理不理的样子。其实，麦穗儿脾气并不好，可对他却不一样。她总喜欢逗他，打扰他，即使看着他厌烦的表情，她也感觉很开心。一来二去，两人慢慢熟络起来。这个时候的麦穗儿一改往日的形象，开始走淑女风。原来爱情真的是无所不能。

认识H君后，她的人生发生了很大的变化，人也积极开朗乐观了很多，更重要的是，学习成绩也开始提升。麦穗儿本就是个聪颖的女子，她总在他面前自夸"我是聪明美少女"。环境造人，这点不假。后来的麦穗儿和H君考入了同一所不错的大学。

在大学里，他们有过甜蜜，闹过别扭，甚至有一次还闹着要分手。但好在后来，他们又和好如初。H君说日后，他想和她一起开一间茶馆，茶馆里摆上各色各样的书，再放上浪漫的音乐，过着神仙眷侣般的日子。不过，幻想和现实却有很大的差距。没想到大四没到，他们就劳燕分飞，一别两宽。

但麦穗儿还是非常感谢H君，如果不是他的出现，或许如今她还是深陷泥潭无法自拔。大学毕业后，麦穗儿并没有忘记H君当时的畅想，她真的想开一间茶馆。

2014 年,她和自己的表妹合伙,在 A 市开了一间茶馆。这间茶馆布局别致,精致优雅,是恋人或者家人相聚的好地方。每到周末或者假期,这里客满为患,生意兴隆。

2014 年到 2016 年,因为经营得当,客流多,茶馆从一间开到二间、三间、四间。仅仅 2 年时间,就开了 3 家分店。不过,店越来越多,管理就出现了问题,特别是店内工作人员因为太累,工作积极性也不高。

比如店里有个员工,叫阿宝。最开始,她工作起来十分认真,不怕苦不怕累,深得麦穗儿的喜欢。不过工作了 1 年,她变成了老油条,眼眸间再也难现当初的那份勤劳。麦穗儿和表妹非常苦恼,她们希望找到一个办法能够调动大家的积极性。

后来,阿宝听说,麦穗儿的初恋男友 H 君回来了。原来麦穗儿一直单身是在等他,而出国几年的他也终究兑现了当初的承诺,与她携手共同经营茶馆。这个 H 君知识渊博、眼界开阔。他知道麦穗儿的苦恼后提出通过员工购买另外组建的一家合伙企业的股份,成为合伙企业股东,再由合伙企业投资茶馆获得部分股份,从而达到茶馆业绩分红的目标。对于茶馆用这种方式进行股权激励,阿宝不知该怎么选择,这样有什么风险?

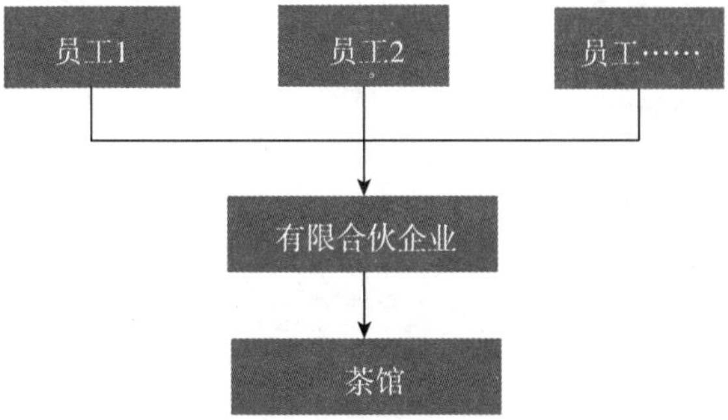

图 3-7　场景九:麦穗儿项目股权激励图

场景 TIPS:通过合伙企业作为员工持股平台进行股权激励合理吗?会有风险吗?

第一,以有限合伙企业作为一个员工持股平台是目前很多公司在股权激励时普遍采用的一种方法。这种方法存在很多优点,如果公司不设置这样一个持股平台,员工进出公司都要进行工商变更登记,非常麻烦,导致股权不稳定。召开股东会也会很麻烦,难以形成有效决议,导致公司运行效率降低。所以,持股平台只是一种方式,并且是合法、合理的一种方式,对于员工来说不必过于纠结。

第二,员工真正需要关心的是和公司签订的协议内容,协议里有关股权的性质、分红的方法、回购的方案等条款是需要特别注意的。另外,一般来说,员工作为有限合伙企业的有限合伙人,是不享有公司的经营管理权利的,仅享有分红权,但是如果被选为母公司的董事,也可以行使管理权。

小　结

合伙企业通过持股平台进行股权激励,这样的方法是可取的。它不仅保障了控股股东对公司的控制权,而且有利于员工得到分红,可谓一箭双雕。

场景十

合伙生意利润好分配吗？具体怎么分配呢？

在创业过程中，很多人因为缺乏资金、缺乏经验或者希望有人分担风险，所以选择合伙做生意。不过既然有2个以上的人合伙，那么自然就存在利润分配问题。那么合伙生意利润好分配吗？合伙生意利润怎么分配才合适呢？李云飞和褚云龙或许可以给你答案。

李云飞婚前一直在广州工作，从事英语培训相关的工作。他大学学的是英语教育，毕业后找的工作也算对口。而且当时，很多家长都开始注重孩子的英语成绩，所以他们的培训学校招收了很多学生。

这些学生有小学的，也有初中的，有的是选择一对一学习模式，有的是选择小班（一个班10个人）模式。李云飞工作的培训品牌有自己的教材和教具，教材有图有画有视频，生动又形象，他们的教学方式特别新颖。毫无疑问，这个培训品牌在国内赢得了口碑。在广州工作了5年，他积累了丰富的教学知识，从普通教员提升为高级教员，工资也从最初的每月5000元，到后来的每月15000元。

按理说，他该安心地过着这虽然不算甜蜜，但也不算糟糕的日子。不过，转眼间，他就30岁了，他和女友一直过着异地恋的生活。女友在老家当教师，是自己的高中同学。女孩子的青春耗不起，他觉得在30岁那年，该给女友一个交代了。

带着彷徨和茫然的心情，他辞职回到了老家，还采用了非常浪漫的方式来了一场求婚。当时，女友感动得热泪盈眶。不过，好景不长，婚后，老婆继续教书，他呢？怎么办？老婆建议他“考编吧，来学校教书，和我在同一个学校”。

对于老婆的建议，李云飞也有考虑。不过转念一想，他又否定了这一想法。因为老婆是一所小学的语文老师，月入4000元左右。如果他也当小学老师，那么夫妻两人月入不过8000元，婚后开销大，以后还会有孩子。这样日子会十分拮据。这个时候，李云飞多年来的创业念想又重新燃起。他想，既然自己多年做的就是教育培训事业，为什么不在自己家做培训品牌呢？

经过一番调查，他发现，老家这边没有他之前做的那个培训品牌，而且当地的教育品牌比较凌乱，没有正规系统的模式，发展难。如果他做一家正规的、系统的、有规模的培训品牌，是不是可以成为当地培训业的"龙头老大"。

后来，他咨询到，加盟他之前的那个培训品牌，加盟费每年要 13 万元，3 年一交，课程使用费、教具 28 万元一次性支付，房租、装修费 27 万元，工资大概 1 年 16 万元。这样算下来，他需要投入 110 万元。他本就存款不多，加上结婚时花了点钱，手上余款不过 40 多万元。

妻子知道他的困难后，把自己这么多年的私房钱 10 万元都给了他。这样他还差 60 万元，他打算到银行贷款 30 万元。可是资金还是不够。怎么办呢？这个时候，他想到了他的朋友褚云龙。褚云龙在当地开了一家健身会所，很多当地的老师都会去那里健身，所以褚云龙在这方面有资源。而且李云飞把培训项目告诉褚云龙后，褚云龙也表示非常有兴趣，愿意加盟。就这样褚云龙投资了 20 万元，培训品牌就这样建立了。

不过，这个培训品牌是合伙生意，如果盈利了，到时候褚云龙的利润如何分配是好呢？

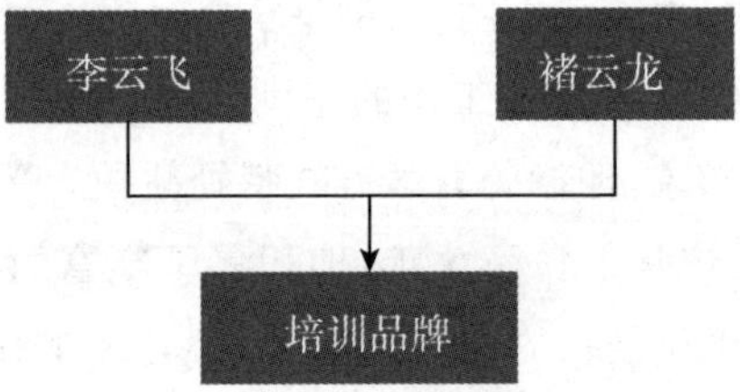

图 3-8 场景十：李云飞合伙创业

场景 TIPS：与他人一起合伙创业，利润怎么分配合适？

分两种情况，如果他以个人身份投入，那么就是个体工商户形式，他朋友入股的话就只能两人间签订一份合作协议进行约定。如果是以公司形式投入，那他朋友投资可以用股权形式入股，具体可以有增资扩股形式或者股权转让形式。

至于利润分配，因为涉及资金和资源的投入，建议采用动态股权结构，第一年可以按现金投入比例进行利润分配，后面的分红再结合贡献值进行动态调整股权，这里的动态股权既可以是虚拟股也可以是工商登记的实股。

小　结

在合伙过程中，要看李云飞投入的形式到底是个体工商户还是公司形式，根据不同的形式，褚云龙加入的形式也不同。但在利润分配方面，可以先按照资金、资源投入比例进行分配，之后也可以考虑结合大家的贡献值进行分配。

场景十一

股权激励有其优势，在实施过程中需要注意什么呢？

H市有一家主营大学生驾考的互联网中介公司，公司由三位大学生韩梅梅、李雷、王司徒共同创办，取名为飞驰科技有限公司。

其实，这三个老板在大学时，学的专业和互联网没任何关系。韩梅梅学的是护理专业，李雷学的是汉语言文学专业，王司徒学的是法语专业。那为何三人最后却成为互联网公司的老板的呢？这后面又有一些故事。

他们三人虽然在不同院系，但是他们都有个共同的爱好，那就是喜欢唱歌。学校组建了一个乐团，这拥有共同爱好的三人在乐团里不期而遇。韩梅梅嗓音比较特别，有点像那英，独具特色；李雷则声音比较柔和，唱情歌特别有感染力；王司徒则在说唱方面特别优秀。他们三人在音乐方面各具特色，所以彼此间特别欣赏。

学校有什么大型活动，比如元旦晚会、迎新晚会什么的，这三人定不会缺席，一定会被校方推荐表演节目。另外，这三人样貌脱俗，自然就成了学校的名人。不过，到了大三后，这三人就没把过多精力放在音乐上，他们把精力集中在了学业上。

学习之余，三个人又邀约着一起去考驾照。众所周知，大学生考驾照已经不是什么稀奇的事，很多大学生利用周末或者寒暑假考驾照。他们三人就打算利用周六和周日的时间把驾照考出来。李雷更是夸下海口表示“考驾照其实很容易，我不出2个月就可以拿到驾照”。

不过，事实却非常打脸。因为他们4月初报的名，结果到4月底才被约考完科目一。而且考完科目一，科目二和科目三都不知道什么时候才能安排上。本来打算2个月拿到驾照的，结果真正拿到驾照用了差不多半年时间。有些同学还表示，这还是比较快的，有些人甚至耗时2年才拿到驾照。

不过，很多学生敢怒不敢言，驾校不愁没有学生。这个时候，有生意头脑的韩梅梅就提议，我们何不创立一个主营大学生驾考的互联网中介公司呢？如果创立了一个这样的公司，学生们可以在网上自行约考，查询成绩，既方便了学生，也会为公司带来大量业务。另外两个人听了韩梅梅的建议，当下表示可行。

所以，三人一毕业，并没有去找工作，而是开始了创业。创业资金怎么来？韩梅梅的父母特别支持她创业，所以给了她 10 万元；李雷家里经济条件一般，他知道父母没钱，于是找同学和亲戚借了 10 万元；王司徒也筹借了 10 万元，就这样，飞驰科技有限公司创立了。

公司一创立，驾考项目就吸引了很多大学生关注。公司还涉足大学生网络学习领域，发展考证、技能学习、课程补习等相关业务。很自然，公司发展非常顺利，甚至很多风投公司都非常看好飞驰科技有限公司。既然业务这么好，自然其他一些有生意头脑的人也会眼红。其中，飞驰科技有限公司里面就有几个非常有头脑的员工，他们就有单干的倾向。

这个时候，三人相聚，共商应对策略。韩梅梅提议，对公司员工进行股权激励，通过股权激励留住人才，让他们和公司共同进退。李雷和王司徒也认为这个方法可行。但是他们都是非经济专业的大学生，对于股权激励实施需要注意的点有很多不了解的地方。那么股权激励的实施都有哪些需要注意的问题呢？

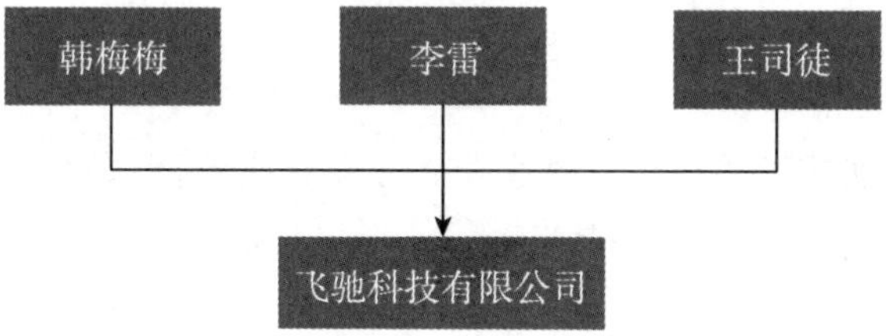

图 3-9　场景十一：韩梅梅项目股权关系图

场景 TIPS：股权激励实施过程中需要注意的问题有哪些？

公司的股权为股东所持有，所谓的股权激励就是给予公司核心员工一定的股份，以达到共享公司发展成果之目的。一般来说，常见的股权激励方式有限制性股权、股权期权、员工持股计划、间接持股等方式。

宏观层面上股权激励应注意如下问题：首先，股权激励要符合法律法规。我国目前仅针对上市公司和试点内高新技术企业有股权激励的明确法律规制，但考虑到公司仍希望能在可预见的发展期间融资上市，所以仍应适度参照上市规则。其次，股权激励应考虑合理节税及股权机构的问题。不同的股权激励构架设计会有不同的纳税标准。最后,这也是最关键的,即要符合公司的实际。根据公司发展的预期及股权结构选择不同模式的股权激励。股权激励不是随便在网上下载几篇模板、删减修补之后就可以实施了,应该找专业的团队量身定制或者经过公司管理层的认真研究之后再实施。微观层面股权激励应注意的问题:(1)股权激励公开实行;(2)严格界定被激励者的范围;(3)配套的绩效考核制度;(4)清晰的退出机制。

股权激励注意事项分为两大类——激励效果角度和风险角度。效果角度主要是三点内容:(1)股权激励时价格不能随便定,虽然非上市公司激励价格的确定不受法律约束,但价格因素会严重影响股权激励效果的好坏;(2)公司发展要有规划,须制定人才战略,应对重要高管和核心人员或核心岗位设置股权激励,而不应该面向所有员工;(3)股权激励要跟绩效考核相结合,对董事、经理等高管、关键性员工,应当设置绩效指标作为股权激励行权的条件,这样可以达到激励的效果,其中绩效指标可分为公司业绩指标和个人绩效指标。从风险角度看,股权激励要设置好进入规则、权利义务和退出规则。

小 结

股权激励的实施确实在助力企业发展方面有成效,但是在实施过程中,需要注意如上的一些问题,不然适得其反。

场景十二

企业如何正确估值，才能更好地进行股权激励？

在 21 世纪，餐饮是创业的好项目，所以很多人创业会选择餐饮业。5 年前，李联华从国外留学回来后，最开始是打算进入世界 500 强企业，做一名专业设计师。不过，最后阴差阳错，他却开起了餐馆。

原来，他的父亲经营了一家烤鱼店。父亲手上有秘方，做出的鱼香辣可口，鲜嫩诱人。不过，他父亲一直做的都是小本生意，几十年都没有大的发展。而父亲唯一的心愿就是让儿子将李家烤鱼发扬光大，让更多人知道李家烤鱼，喜欢吃李家烤鱼。不过，李联华是学设计的，对经营餐馆毫无兴趣，而且他认为自己的目标是大城市，不会在 J 镇里耗费光阴。

但是父亲的意外去世，让他突然醒悟过来。以前，他总和父亲吵吵闹闹，但每次虽然吵闹了，父亲却从来没少过他留学的一分钱。他在外留学，没有打过工，只专心于学业。如今父亲不在了，他才发现，子欲养而亲不待的痛感。于是，他有一个想法，那就是把父亲的李家烤鱼做大做强。

辞职后，李联华就开始琢磨具体做大做强的方法。他认为，想做大做强，如果还像以前一样经营是不行的，一定要扩大规模。可是，父亲只留下 300 万元存款，要扩大店面，资金完全不够。这个时候，他想到了招募合伙人。要知道，李家烤鱼在当地非常有名，很多人都有入股的想法，只不过之前被李联华父亲拒绝了。所以当李联华招募合伙人的消息放出去后，有很多大企业的老板都投来了感兴趣的目光。

最后，李联华选择了其中两个知名又有责任感的老板。一个叫张谦，是一家信息公司的老板；还有一位叫李静，是一家设计公司的董事长。这两位分别投资了 100 万元和 80 万元。就这样三人成立了李家烤鱼餐饮企业，李联华成为公司最大股东，兼任公司董事长。

如此一来，公司的三位董事对经营餐饮业都没有经验，所以这个时候聘用有用人才是关键。

餐饮公司成立后,李联华亲自进行招募工作。他首先把以前为父亲掌厨的李师傅留下来了,之后他又从别的公司挖来了一个餐饮高级经理人,还聘用了一些其他各个方面的人才。

李家烤鱼餐饮企业店面装修得体,环境优雅,主营的烤鱼味道更是一绝。如此一来,企业发展迅速,短短5年就成为餐饮界的奇迹。如今,公司的年营业额超过1亿元,年利润高达3000多万元。

李家烤鱼餐饮企业创立时只不过投资了480万元,如今年利润翻了近10翻,在业界成为传奇。不过,李家烤鱼餐饮企业的成功,除了拥有烤鱼秘方,做出美味的鱼外,还少不了企业中的几位副总的劳心劳力。公司后来因为业务需要,聘用了几位副总。他们在餐饮业拥有丰富的经验,而且进入企业后,把企业当成了自己的家,全心全意为企业服务,没有他们的努力,也就没有李家烤鱼餐饮企业辉煌的今天。

而且公司又决定开分店了,所以更需要这些人。因此公司三个大股东决定,通过股权激励,让公司上下一心。但要进行股权激励,就需要对公司进行正确估值,那么应当如何估值,才能更好地进行股权激励?

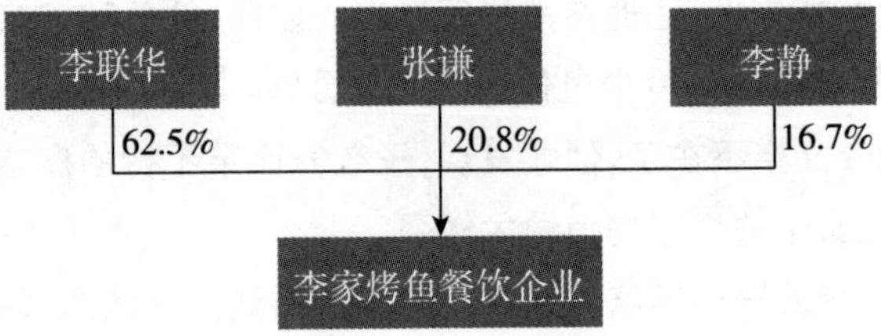

图3-10　场景十二:李联华项目股权关系图

场景 TIPS:进行股权激励时,应该怎样进行公司估值?

第一,主要看你的商业模式,是通过传统的餐饮经营获得利润,还是通过加盟的方式获得利润,还是通过餐饮积累大数据,以大数据的方式获得更高的利润?以上三种估值方式都有不同。

第二,首先从标准的估值方法开始讨论。估值的方法有很多种,企业如果打算上市,可以参照IPO的市盈率进行估值,目前餐饮行业上市相对来说困难较大,但还是给出年利润的10倍到12倍比较合理。如果做餐饮行业的大数据,以数据形式获得核心竞争力,按照净利润的15倍比较合理。

第三，对于企业来说，建议在做估值的时候尽量将更多的企业愿景展现给员工，毕竟在股权激励中的估值与引进投资人的估值是不一样的。股权激励的估值更侧重于企业创始人对公司愿景规划的描述以及给员工所创造以及带来的平台价值。这个是引进投资人时的估值所不具备的。

第四，双方如果对估值有疑义，还可以引用估值调整条款来让企业与员工的利益与诉求得到平衡。

第五，估值方法最常用的是按市盈率进行估值。不同行业的市盈率不同，整体评价约 10 倍，传统行业 6—8 倍，互联网企业可以到 15 倍。也可以参考最近一次投资公司对公司的估值。在实践操作中，股权激励建议估值高一些，然后再针对员工进行打折，这样激励效果会比较好。

小 结

公司估值不能高估，也不能低估，而应该参照上面的一些方法进行正确估值。良好的公司估值可以促进股权激励的实行。

场景十三

股权激励适用于任何人吗？股权激励要不要选择好对象？

很多企业为了公司长远发展，会采用股权激励机制。但是，这个股权激励的适用对象是任何人吗？公司在决定采取股权激励机制时，要不要确定好对象呢？这个对象又该怎么选择呢？

王致远火锅调味品有限公司是和都市一家以制作、出售火锅料理为主营业务的大型企业。公司董事长名叫王致远。起初，王致远火锅调味品有限公司只不过是一家小小的作坊，服务的顾客也只局限于本地的一个小镇。但王致远做事踏实认真，而且他干一行爱一行。自从他决定做火锅调味品后，他就发誓一定要做好。他经常为了研发新品忙到半夜，他自己采集原料，自己研发制作的方法，一步一个脚印，慢慢地研制出了特殊的火锅调味品。他的调味品不仅辣得有味道，而且辣中带有特殊的香味和粘糯的味道，可以说是色香味俱全。

很快，他就扩大了市场，不仅在镇上、市里，产品更是远销我国多个省市。说到王致远火锅调味品有限公司的火锅调味品大家都竖起大拇指。很自然，公司也逐渐发展壮大，用了 6 年时间，它从作坊到工厂，从工厂到大公司，一步步实现了巨大蜕变。

不过，公司虽然得到了发展，但是有一件事也非常让王致远烦恼，那就是公司员工流动性太大，很多员工做不了几个月就选择离职，甚至有一些高级管理人员也有了跳槽的倾向。而一个公司想要稳定地发展，需要有为公司发展而努力的“大军”，一旦员工不稳定，势必影响公司的发展。

一次，王致远和学管理的侄子大勋聊天，说到了自己的苦恼。大勋表示，出现这样的情况，一是可能管理不当；二是可能公司待遇没有诱惑力；三是还有可能大家觉得自己在公司发展没有前景。王致远细想，公司的管理人员都是经过层层挑选出来的，所以在管理上应该不会出现什么问题。而且公司在待遇方面也是十分可观的，比如工作 1 年后，普通的业务员月薪都超过 6000 元。

听了王致远的阐述后，大勋排除一些因素，最后认为，公司该实施股权激励机制，有了这个机制，就可以很好地激励员工，促进他们的工作积极性，促进公司的发展。王致远后来还让大勋在公司当了人事主管，负责人事问题。

同时，公司也开始实施股权激励机制。董事会最后决定，在公司工作5年以上，就有权购买公司一定的股权。不过，这个时候很多员工提出了反对意见。其中，有一个高管认为，他虽然在公司工作只有3年，但是3年间，他为公司做了很多事情，而且还取得了很高的效益，他认为此次的股权激励不该只以工作年限为考核唯一标准，还应该通过业绩进行考核。

王致远听了高管的意见，觉得他说的似乎也很有道理。那么股权激励机制适用于任何人吗？股权激励实施的对象要如何正确选择呢？

场景TIPS：确定股权激励机制适用的对象要考虑的因素

股权激励是为了激励员工，平衡企业的长期目标和短期目标，特别是促进企业的长期发展和战略目标的实现。因此，确定激励对象必须以企业战略目标为导向，即选择对企业战略最具有价值的人员。一般激励对象的筛选标准有：按员工在公司的层级、按员工所在部门、按照对公司贡献率、按照员工的入职时间以及混合上述标准的激励。

对于非上市公司而言，股权激励的对象确定范围可以采用管理岗位上的经理层加上关键岗位上的工作人员加上董事会的主观认定方式。因为非上市公司的股权激励对象不受法律约束，所以董事会在确定股权激励范围的时候可以相当灵活，基本范围可以包括：董事会成员、总裁、副总裁、财务负责人；中高层管理人员、核心技术人员、优秀员工。在人员资格选择方面一般是选择长期为公司服务的忠诚者、对公司有特殊贡献或公司特别引进的人才。对于上市公司而言，股权激励对象的选择要依照《上市公司股权激励管理办法》等相关法规予以确定，基本包括董事、高级管理人员、核心技术人员及其他董事会特批人员。

小　结

在上述场景中，王致远仅仅是以工作年限为唯一考核的标准去决定适用股权激励机制的员工。这样的考核标准，难免会让其他对公司作出巨大贡献的人感觉不服。因此，为了公平起见，王致远可以多考虑一些因素，这样股权激励机制才能起到作用。

场景十四

很多公司实施股权激励，那么股权激励到底有什么作用呢？

股权激励在如今很常见，无论是大公司还是小公司都喜欢实施。那么这个股权激励到底具有什么作用呢？为什么它能够让大小公司都喜欢实施呢？

东华市联合饭店有一个爱八卦的厨师，外号老王。按理说，老王是厨师，他的本职工作就是做出美味的佳肴。但是厨房里除了配菜工就是服务员过来端菜，而且这些人之间的八卦，他早就烂熟于心。怎么办呢？一颗爱好八卦的心，该如何满足？所以老王在不忙的时候，就偷偷地溜到大堂去服务顾客，然后他耳朵特别尖，总能听到一些重要的八卦信息。

比如，有一次，他就无意中听到一个桃色消息，那就是本市有名的名媛大小姐居然爱上了一个穷小子；再如，一个清洁工买彩票中了大奖，然后摇身一变成了有钱人。老王听到这个消息，暗自感叹，要是自己也能这么幸运就好了，可惜命运弄人啊，他只不过是一个小饭店的厨师。事实上，老王年龄不大，不过35岁，但因为长得比较着急，所以被别人称为老王。

不过，在听八卦的过程中，除了一些无关紧要的信息外，老王也可以获取到一些有用的消息。比如，他最近上菜，就总是听到一些公司老总在聚餐时说“要对员工进行股权激励”“股权激励迫在眉睫”“股权激励要谨慎”。

除此以外，他还能听到老总们夸东华市联合饭店厨师做出的饭菜可口。每每听到这些夸赞时，老王就乐得合不拢嘴。也是，东华市联合饭店虽然店小，老王虽然年纪也不大，但是老王爱研究菜谱，东华市联合饭店也注重菜品，所以很自然这家饭店成为本地的一道亮丽风景线，很多公司老板都来这里吃饭。

开心之余，老王又想到了股权激励这个事。他记得，他哥哥最近向他借钱，好像是说哥哥公司最近在实施股权激励，合格的员工可以购买公司部分股权。

老王的哥哥是一家科技公司的老员工，负责研发新品。但哥哥为人老实，只知道埋头苦干，不懂人际交往的那些礼尚往来，所以在公司工作了8年，除了工资多了点外，其他的一无所获。而哥哥公司最近在实施股权激励，公司老总对于他哥哥的努力也看在眼里,所以给了他哥哥这个名额。

从哥哥向他透露的消息中可得知,大概需要 50 万元哥哥就可以获得公司 5% 的虚拟股。如果日后哥哥在公司继续工作 3 年,这 5% 的虚拟股还会变成实股。哥哥的公司是市里比较有名的公司,公司前景也不错,所以在哥哥犹豫不决时,老王还给他加油打气。

但哥哥有个会花钱的老婆,所以家里积蓄不多。为此,老王还借给了哥哥 30 万元。这些钱是老王打算日后娶媳妇用的,但如今媳妇还不知道在何方,所以先借给哥哥也无妨。不过,毕竟 50 万元不是小数目,所以老王还是想多了解下这个股权激励,怕哥哥上当。

后来,老王直接上网查询股权激励。对于股权激励,网上介绍有很多,很多人都说股权激励有利于公司发展,有利于稳定"军心"。但是到底股权激励有什么作用呢?老王还是想更仔细了解下。

场景 TIPS:股权激励到底有什么作用?

第一,建立企业的利益共同体。实施股权激励的结果是使企业的管理者和关键技术人员成为企业的股东,其个人利益与公司利益趋于一致,因此有效弱化了二者之间的矛盾,从而形成企业利益的共同体。

第二,业绩激励。员工成为公司股东后,能够分享高风险经营带来的高收益,有利于刺激其潜力的发挥。这就会促使经营者大胆进行技术创新和管理创新,采用各种新技术降低成本,从而提高企业的经营业绩和核心竞争能力。

第三,约束经管者短视行为。作为一种长期激励机制,股权激励不仅能使经营者在任期内得到适当的奖励,并且部分奖励是在卸任后延期实现的,这就要求经营者不仅关心如何在任期内提高业绩,而且还必须关注企业的长远发展。

第四,留住人才,吸引人才。一方面,可以让员工分享企业成长所带来的收益,增强员工的归属感和认同感,激发员工的积极性和创造性。另一方面,当员工离开企业或有不利于企业的行为时,将会失去这部分收益,这就提高了员工离开公司或"犯错误"的成本。另外,股权激励制度还是企业吸引优秀人才的有力武器。这种承诺给新员工带来了很强的利益预期,具有相当的吸引力,可以聚集大批优秀人才。

第五,内部融资。通过股权激励,可以缓解企业资金压力,企业获取员工的股权购买款实现了内部融资的效果。

小　结

股权激励确实有很多好处。对于老王的哥哥来说,可以让他成为公司的小股东,让他身价倍增。当然,股权激励也不能乱用,使用不合理可能适得其反。

场景十五

股权激励讲究时机吗？股权激励实施有哪些好时机呢？

股权激励虽然非常流行，但是股权激励实施是不是也要讲究时机呢？还是说股权激励不需要时机，什么时候都可以实施？

临州市的罗志文多年来一直在创业的边缘试探。他做过的事情非常多，比如他做过餐饮，卖过服装，做过设计，但奈何，他好像命中与成功犯冲，他创业多年，却一直惨败。在老家，很多人说起他都摇头，大家都认为他是败家子，是扶不起的阿斗。

不过，事实上，罗志文是个很有想法的青年，而且他敢作敢为，想到的事情总是会立即实行。当然，他在实行过程中有点激进，有点鲁莽，或许太期望成功，太希望别人投来不一样的眼光。但一次次的失败，终究让他有点力不从心，以前的信心也大打折扣。后来，他颓靡了一阵。但仅仅半年后，他就又重整旗鼓，再次出发。

这次，他打算与和自己一样有创业失败经历的张科创立一家互联网企业。这个时候的罗志文可谓艰辛异常，以前他多次创业失败，也欠下了一些债务，因此再也没有人愿意借钱给他了。一筹莫展之下，他把自家的房子拿到银行去抵押，然后贷款 50 万元。假如，这次他创业失败，那么他将一无所有，甚至无家可归，但是如果让他不创业，让他浑浑噩噩地度过一生，他又觉得人生毫无意义。所以他愿意赌一把，他相信这次一定会赢，他相信，他的付出这次会有回报。

以前他创业，自信心太过，而且做事情欠缺思考，这次创业，他少了一意孤行，更多时候，他愿意倾听张科的意见。

二人的文科互联网有限公司创立后，虽然举步维艰，但两个创始人一条心，同心协力，所以公司发展也算稳定。好事多磨，文科互联网有限公司刚刚有了起色，这个时候居然有猎头公司到他们公司挖墙脚。要知道，公司优秀员工就是公司的顶梁柱，是公司的地基，一旦优秀员工流失，公司发展会再度陷入低谷。

罗志文尝过太多失败的苦楚，所以他不希望重蹈覆辙，因此，他与张科见面，商议应对措施。张科认为，笼络员工的好方法之一就是涨工资。所以张科提议，给一些优秀员工每个月涨1000元工资。但事实证明，这个方法毫无效果，因为月涨1000元，在如今只不过是一顿饭的钱。所以，有两个员工还是走了。这个时候张科又提议，给优秀员工每个月涨8000元。但罗志文认为，公司处于起步阶段，根本就没有那么多的闲置资金去支付工资。

怎么办呢？这个时候，罗志文认为或许股权激励是个不错的方法。但是罗志文又听说，实施股权激励需要讲究时机，那么他们公司处于初创时期，这个时候可以实施股权激励机制吗？后来，他咨询了股权专家，才知道原来实施股权激励确实有几个大好时机。

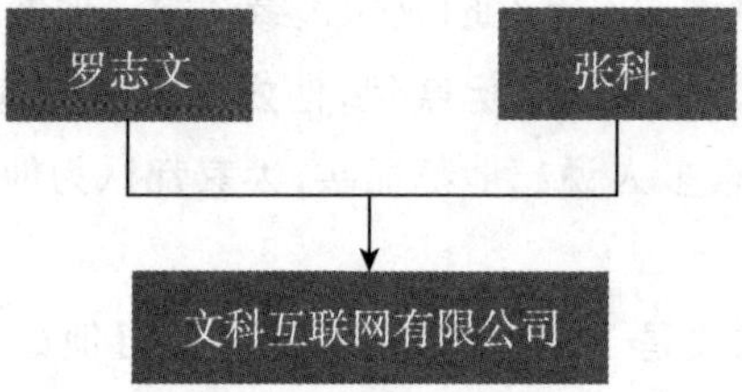

图3-11 场景十五：罗志文项目股权关系图

场景TIPS：股权激励机制实施需要讲时机，那么有几大好时机呢？

（1）企业初创时期。企业在求生阶段需要参与者一鼓作气，公司没有太多现金去吸引优秀人才，股权成了最好的承诺，在一定程度上解决了企业需要人才又要控制人力成本的问题。

（2）企业快速上升时期。企业在扩张阶段时，保持核心人才的稳定至关重要，以股权激励培养主人翁心态能使他们全力以赴。

（3）有投资机构进入或上市之前。这个时候的股权价值非常大，绝对是凝聚人心的好时机。

（4）公司上市之后，在劳资关系需要较大金额支出时，可以通过股权激励维持劳资关系的稳定。

小　结

在这个场景中，罗志文经历了多次失败，所以再次创业时难免害怕失败。在初创文科互联网有限公司后，公司前景虽然好，但是前期发展却又遇到困难。在万般无奈下，罗志文可以选择股权激励的方法笼络员工，让员工和公司一条心。而且公司初创时期也是实施股权激励的好时机。

场景十六

拟上市公司和非上市公司的股权激励有区别吗?

股权激励虽然很多公司都会实施,而且实施时也讲究时机。但是不同公司采取股权激励机制会有区别吗? 比如,拟上市公司和非上市公司的股权激励有没有区别呢?

郭奇峰是长丰市大风服装贸易有限公司的董事长兼最大股东。郭奇峰自认为自己智商不高,所以无论他以前多么努力学习,成绩都不拔尖。他初中毕业后就跟着家里的阿姨学做衣服。没想到,他学习不好,做衣服却十分有天赋。除了完成工厂的任务外,他私下还会自己设计衣服,他设计的衣服样式比较新颖,成衣非常独特。其中,他做的适合胖子的衣服更是很受欢迎,衣服上身后可以让人看起来瘦了 10 斤到 20 斤。

他的老板看他有这方面的天赋,便让他加盟公司。但郭奇峰还是有自己的梦想的,就是开一家自己的公司。为此,郭奇峰在工作 5 年后,开了长丰市大风服装贸易有限公司。当老板时,他不过是一个 20 来岁的小伙子。最初因为经营不善,公司也一度难以维持。好在后来,他不断学习经营之道,而且也注重吸引人才,所以公司循序渐进地在发展。到如今,长丰市大风服装贸易有限公司已经成为服装界不可少的一股力量。

但最近,郭奇峰却又开始头疼了。原来最近公司的老员工普遍工作积极性不高,而且情绪比较大。有一次,郭奇峰偷偷去视察时,发现员工们都在抱怨。很多员工上班时聊天,还有迟到早退的现象。这些现象在以前是没有的,因为这些老员工都跟郭奇峰多年,郭奇峰对他们非常了解。为什么突然会这样呢?

后来,郭奇峰调查了一番。这时,他才发现,原来人事部门为了挖掘新人才,对于新员工进入公司的待遇普遍略高于同级别老员工,这让老员工们获知后感到有些消极。而这些新员工中,其中有一个还是他的小姨子。

他小姨子刚大学毕业,大学学的是服装设计,而且她设计感很强,很能把握住时尚感。郭奇峰对小姨子也比较欣赏。他小姨子作为新员工,工资就比老员工高，这样自然引来他人说闲话。有些人认为，他小姨子是空降“兵”，或许根本没有什么能力。

对于人事部门的决定，郭奇峰也不好说什么。毕竟人事部门的出发点是好的。可是在重视新员工的同时该如何安抚老员工的心呢？最重要的是，如果老员工一直误会他，那么他的形象也会大打折扣，这对公司的发展也不好。不过好在，后来小姨子的工作能力得到大家的认可，流言也不攻自破。但老员工的军心还是不稳。在他们看来，他们是公司的元老，为了公司的发展作出了重大贡献，凭什么新员工的工资要比他们高呢？

后来，公司召开了董事会，讨论解决问题的办法。这个时候，有人提议通过股权激励的方法来解决问题。在会议上，逐渐产生了两派分歧，一方主张以员工为公司准备上市作出的贡献来进行股权激励，另一方主张现在作为非上市公司，应当以员工业绩和员工为公司服务年限相结合的方式为主。那么拟上市公司和非上市公司的股权激励存在哪些区别？

场景 TIPS：拟上市公司和非上市公司的股权激励存在哪些区别？

第一，激励方式不同。拟上市公司实施股权激励，由于 IPO 的财富效应使公司上市后的价值大幅增长，激励对象如果能在上市前获得股份，股票上市之后获得的财富增值收益远超过 IPO 之后的股权激励。赚取上市后的差价是主要的激励手段。非上市公司则主要利用分红来激励员工，通过大家齐心协力，提升公司的利润，分取更多红利是主要的激励方式。

第二，退出方式不同。员工获得拟上市公司的股权，最佳的退出方式是等到公司上市之后，通过卖掉股票来实现退出。员工获得非上市公司的股权，退出时一般是以大股东回购的方式实现退出。

第三，员工的贡献评价方式不同。拟上市公司当中，员工的贡献是体现在公司是否能够成功上市和上市后的股价中的。而非上市公司中，员工的贡献基本上是与业绩直接挂钩的，一般以业绩作为考核的标准。

第四，参照的法律规定不同。激励制度目前主要存在于上市公司中，这方面的法律规定也比较完善，有《公司法》《证券法》《上市公司股权激励管理办法》等。然而对于非上市公司的股权激励，目前尚缺乏明确的法律法规指引，只能参考上市公司的相关规定。

第五，操作的流程不同。上市公司股权激励除了需要遵守严格的程序外，一般是以限制性股票、股票期权等方式来实行的。与上市公司相比，非上市公司股权激励的方式更加灵活、多样。除股权形式外，还可以是非股权形式激励，如虚拟股票、增值权、利润分享计划、长期福利计划等。

小结

在这个场景中，到底是以拟上市公司的形式还是以非上市公司的形式实施股权激励，这就看公司的具体情况。如果公司是拟上市公司，那么就按照拟上市公司的形式实施股权激励机制。

场景十七

培训公司要留住员工该怎么办？
培训公司该怎么进行股权激励呢？

现在家长都特别注重孩子的未来，所以在学习之余，家长们喜欢送孩子到培训学校去学习其他技能。现如今，跳舞、绘画、弹琴、练字、播音、主持等，各种培训课程能够满足孩子和家长的需求。不过，因为需求量大，而且大家都看中培训机构的前程，因此很多人开始做培训机构，竞争大，想做好就难了。这个时候，培训机构是不是可以采取股权激励机制呢？培训公司做股权激励又该怎么做呢？

李亮从小就喜欢跳舞，他会跳的舞种也比较多，比如恰恰、伦巴、芭蕾，甚至连街舞他也跳得非常好。在大学时，他也学了舞蹈，也参加过大大小小很多比赛，拿过很多奖。这样的他，很自然毕业后找的工作就是在培训公司里教孩子们跳舞。

因为他跳的舞类型比较多，所以他一个人开了三门课，每天累成狗。他们培训机构还有个不成文的规定，那就是孩子们的续费率要高达 90% 以上。也就是说，如果他教了 100 个学生，那么下个学期一定要保证有 90 个老生报名，不然他就会被扣奖金。

他的月薪是 7000 元，如果不达标，要罚款 1 万元，相当于一个多月的工资。这样的苛刻条件，迫使很多老师另谋他职，不过，这个公司有一点比较好，就是在业内比较专业，而且在管理方面井井有条。所以李亮认为在那里可以学到一些管理和经营知识，因为他的理想就是开一个舞蹈培训公司。

在公司上了 2 年班，李亮每次都完成了任务，他班级的续费率高达 95% 以上。学生和家长都很喜欢他。本来李亮打算再在公司工作 2 年就辞职，然后自己单干。可是这个时候，公司来了个大调整，不仅降了他的工资，而且还增加了他的课时，导致他不得不辞职。

李亮个人能力比较强，人缘也比较好，但唯一的问题就是，他如果要开培训公司，资金不足。听了他的苦恼后，之前的同事们都慷慨解囊，纷纷借钱给他，有些还打算入股。就这样，创建公司的资金问题就轻松解决了。李亮舞蹈培训公司就这样建立起来了。

公司建立后，很多以前的顾客都来他公司学习，而且老顾客又带来了新顾客，李亮舞蹈培训公司第 2 年很容易就有了 15 万元的盈利。

李亮觉得，光开设舞蹈班，公司难以发展。后来，公司又陆续开设了琴、棋、书、画等课，吸引的学生也越来越多，公司规模也越来越大。公司发展壮大后，在管理上可能就会更难了。以前，靠李亮一个人进行管理，公司都井井有条，但如今他则特别聘请了人事高管，还聘请了一些高级老师。

不过，公司因为处于初创期，所以在工资待遇方面并不是特别高。但李亮又是个未雨绸缪的人，他担心自己的公司像之前的公司那样留不住人才，这样公司可怎么发展呢？这时，李亮想到了股权激励机制。可是培训公司该怎么利用这个机制呢？

场景 TIPS：培训公司想要实施股权激励机制，具体要考虑哪些呢？

通常培训公司培训的老师和营销人员流动性很大，同时利润分配的规则也比较模糊，如果利润分配机制不明晰，就会形成吃大锅饭的模式，这样员工积极性就会降低，整个团队的凝聚力和战斗力就非常弱。而且培训公司跳槽频繁，所以必须要做的事就是将利润分配机制搞清晰，并且最基本的是须对包括销售人员和讲师在内的核心员工进行股权激励，不能对激励对象搞“一刀切”，对全员激励这种方法并不建议。对核心员工的确定，就是股权激励中“定人”的艺术，通常做法是确定企业的战略和未来的发展目标，把职务、工龄、绩效、能力 4 个维度进行综合交叉分析，对岗位价值进行客观分析，确定人员时必须克服主观偏见。然后，通过近 2 年的绩效作为衡量指标确定激励对象和数量。

在操作上，可以选择虚拟股和实股，但不能免费赠股，必须让激励对象花钱买股。当然，股价被合理估值的情况下，可以根据员工各自的贡献值适当打折，这样培训公司的激励对象才会有风险共担，与企业共同发展的动力。

小 结

李亮的公司处于初创期,这个时候公司要留住人才,没办法在工资方面满足员工。但这个时候实施股权激励机制就是个不错的方法。在实施过程中不要一刀切,可以通过职务、工龄、绩效、能力等 4 个维度来进行综合考核,然后再通过大约 2 年的绩效作为衡量指标确定激励对象和数量。

场景十八

网络公司可以实施股权激励吗？该如何实施股权激励呢？

苏墨是南洋服饰有限公司董事长苏朗的独生女，从小在蜜罐中长大的苏墨任性而又娇纵。她从小没什么爱好，除了吃喝玩乐以及不长进外。按常理来说，有钱人家的大小姐，本应该学习琴棋书画或者出国留学，再不济，也得上个民办大学。可是苏墨偏不，她从小就不喜欢读书，在高中时就把社会上的那些抽烟、喝酒、打架等坏习气带到学校，以至于她被多个学校劝退。没有办法，苏父打算送她出国留学。而苏墨也将反抗进行到底，根本就不愿意。她是个烈性子，决定的事十头牛都拉不回。最后，苏父只能作罢。

后来，苏父就不对苏墨报以期望，那么家中的事业该由谁来接呢？苏父也已经快 50 岁了，这个时候总不能再婚生个孩子吧。且不说这败坏道德，即使可以，他也不会这么做，因为他和妻子恩爱有加，断然不会做对不起妻子的事。那么到底该如何是好呢？苏父最后有了主意，那就是给苏墨找一个如意郎君，然后继承家庭事业，可谓一个好计谋。

在苏墨 20 岁那年，苏父就开始张罗苏墨的大事。不过苏墨怎么会由着父母决定她的一生呢？她本就追求恋爱自由，而且如今都什么年代了，谁听父母之命、媒妁之言。所以，苏墨自然是反对的。每次，她父亲给她介绍富家公子，她就想尽办法捉弄别人。比如有一次，父亲安排她和一个姓耿的餐厅大王的公子哥相亲，结果苏墨染了一头绿发，言行粗鲁，谈吐间展露出的都是粗俗，最后硬是把耿家公子吓跑了。

苏父真是为这个女儿伤透了心，堂堂服饰公司的大总裁竟然也有搞不定的事情。就在苏父一筹莫展时，他看到了一个帅气的小伙子。这小伙子不是别人，正是他公司总经理蒋毅的儿子蒋肖。这个蒋肖眉目清秀，五官俊朗，含情脉脉的眼睛配上好看的嘴唇竟然似一个美人。

这个蒋肖虽然生的俊俏，但却是个闷葫芦，为人寡淡，言语不多。不过他却是怪才，为人独立，大学毕业后就自己开了网络公司，专门为需要的公司设计软件。

蒋肖这次来南洋服饰有限公司就是来谈软件项目的。蒋肖虽然是蒋毅的儿子，但在工作中，蒋毅丝毫不偏心，他们父子谈判过程中，竟然也颇有剑拔弩张的气势。苏父挺看好这个蒋肖的，觉得这个孩子或许是不错的女婿人选。

不过，苏父算盘打得好，奈何这苏墨和蒋肖两人仿佛八字犯冲，他们第一次见面，蒋肖就惹得苏墨不开心，两人仿佛上辈子的仇人一般，甚是尴尬。无奈，苏父只好放弃，一切任由苏墨自己决定。

不过，让苏父意外的是，蒋肖和苏墨居然在不断打闹中互生好感，两人居然自然而然地走到了一起。这个时候苏父大喜过望，他打算投资蒋肖的网络公司。因为网络公司在前期是比较烧钱的，而且要留住员工也需要钱。但这个蒋肖却是个死脑筋，他认为，他和苏墨好，为的不是苏家的钱，而且他自己也不希望因为要了苏家的钱而让自己低人一等。那么他的网络公司如何渡过难关，留住人才，继续发展呢？这个时候他认为可以试试股权激励。那么网络公司该怎么实施股权激励机制呢？

场景 TIPS：网络公司该如何实施股权激励机制？

网络公司前期烧钱，要找风投，根据风投进入的时间节点来激励。网络公司因为是高科技发展企业，在前期发展阶段，具有持续烧钱的现象，如果风投一时找不到，公司就会面临资金短缺的问题。这样，公司的员工奖金就不一定能发，持续一段时间，公司就会面临人才流失的危机。同时，网络公司有高速迅猛发展的特点，短期内如果找到风投，吸收到资金后，就会爆发式增长，公司的估值也会成倍上升。所以比较适合网络公司的就是对员工施行股权激励中的期权，因为如果在资金紧张，一时找不到风投的情况下，公司的前景不会很明朗，这个时候如果实行实股、虚拟股模式，要求员工拿出自己的钱购买公司股权不太容易成功。

期权的行权条件可以设定为 1 年或者 2 年以后，并且可以按年分期设定行权额度的比例，比如 1 年后 25%，以后每年可行权额度也是 25%，并且对于上市前和上市后的法律规定的注意事项加以约定。

小 结

其实,在这个场景中,蒋肖应该放下面子接受苏父的投资。因为网络公司前期烧钱,而且收益慢,所以如果公司要做大做强是需要资金的。当然,如果蒋肖不愿意接受苏父的投资,那么这个时候实施股权激励或许也是促进公司发展的好方法。

场景十九

建筑公司想通过股权激励的方式留住项目负责人，该如何实施股权激励呢？

近些年，房产业不断发展，很多人看中商机，也开始从事这个行业。张翼翔就创立了自己的小型建筑公司。公司名叫大业有限公司，是一家以房地产开发、建筑施工为主业的民营企业，总部位于华东地带的 A 省。

房产业做得好便可以大富大贵，一旦失手，可能就血本无归。张翼翔经营时也好似被缚住了双手，无法大展拳脚。他做事总是小心翼翼，生怕事业有损。因为他做事比较保守，在接业务时，不敢放手一搏，所以大业有限公司在同行中并没有占据优势，反而略显狼狈。

不过，张翼翔这个人重情重义，而且又比较注重人才，所以一些人才也都纷至沓来。比如陈建国在 2016 年就已经慕名到了大业有限公司做起了项目负责人。陈建国比起张翼翔，做事更雷厉风行，而且比较有头脑。所以在他的劝服下，张翼翔接手了几个原本他不会接手的项目。

比如，有一个建设校园的项目。这个项目规定要在一年内完工，而且对各项要求都非常严格。张翼翔最开始是犹豫不决，但陈建国此时发言“如果公司一直这样保守，估计很快会退出房产市场”。所以张翼翔就这样接受了这个项目。好在，陈建国做起事来负责认真，所以项目仅仅 9 个月就完工了，而且验收时，对方非常满意。

再如，有一个小型的工业园项目在竞标。张翼翔觉得自己公司能力不足，而且怕项目做起来会有风险，所以他本来是打退堂鼓的。但在陈建国的建议下，张翼翔又接手了这个项目。项目由陈建国负责。说实话陈建国比张翼翔还要为大业有限公司着想，比老总还要拼命。有些新员工甚至都误以为老总是陈建国，闹出了笑话。但张翼翔不得不承认，陈建国对公司的发展起着重要作用。当然，张翼翔也尽自己的能力，给予陈建国高薪。一般来说，大型建筑公司的项目经理或许月入会有 3 万元。大业有限公司是中小型公司，这样的公司，项目经理月入 2

万元左右。但张翼翔却超出预算，给陈建国月薪35000元。这让陈建国不得不卖力。

除了陈建国，大业有限公司还有几个能力突出的项目负责人，比如有10年项目经验的老刘，做事谨慎，从来不出错；再如大学毕业5年的高材生成生，个子虽然小，但是头脑却非常灵活，做事脚踏实地，为人又实诚。

张翼翔认为，自己或许不是千里马，但是自己可能是伯乐，他能够看重人才，并加以任用。就这样，大业有限公司在这些人的同心协力下，发展越来越好，接的项目也越来越多，甚至不到2个月就接了3年的业务量。

不过，这个时候笼络住人才是重中之重，特别是项目负责人。张翼翔早就听说有很多猎头公司来挖他公司的人，猎头公司开出的工资比他这高出了很多。正所谓人为财死鸟为食亡，虽然他对项目负责人也是看重的，但在金钱的面前，不知道那些负责人是否能经得住诱惑。

怎么办呢？大业有限公司已经开不出更高的月薪了，这个时候，张翼翔想到了股权激励。他决定对公司项目负责人实施股权激励的计划，提升项目负责人的责任心，搞好项目指标。但问题是，作为一家底子不硬的建筑公司，怎样才能合理又有效地激励项目负责人呢？

场景TIPS：建筑公司实施股权激励，需要考虑的因素

建筑公司，运作通常以每个项目每个现场为主，项目显得尤其重要，同时项目经理很重要。因为第一，建筑公司是低门槛的行业，项目经理有能力后就会独立创业，因此流失率很高；第二，同时具有运营和项目管理经验的复合型人才少。如何通过股权激励来有效留住人才？这就需要设计一个有效方法。

建筑公司可以同时通过项目和公司板块进行股权激励，其中项目部分，可以按以下步骤操作：

（1）先算基础利润；（2）要求项目经理进行跟投；（3）测算平均利润；（4）如果项目结束后最终核算利润超过平均利润，项目经理就可以获取超额分红，其中经理获得的分红部分再一分为二，70%部分直接进行分红，30%折算成总公司的股本，这部分股本就是公司层面的股权激励。

这么做就可以首先激发项目经理对单个项目的责任感，因为项目是经理投资的，如果项目利润高，那么项目经理分红会更多，最终效果就是具体的项目和项目

经理的利益捆绑在一起，而且项目的分红不是一次性全部分掉，另外一部分留存收益用于总公司的入股款项，将总公司和项目经理的利益也进行了深度挂钩，这样项目经理就不会轻易离职。

小 结

大业有限公司作为一家实力不够硬的建筑公司，这个时候想留住人才，股权激励是个好方法。在实施过程中可以同时通过项目和公司板块进行股权激励。

场景二十

灯具销售公司要实施股权激励机制，具体怎么做才会成功呢？

10 年前，高楼还没有这么多，人们的生活还没有这么好，购买力也没有这么强，但那时的万可居然想到要做灯。他曾经预言，10 年后，当新房林立时，还怕没有人买灯吗？不得不说，眼光那么差的万可，居然这次眼光好了，很多人都说，万可当初的断言是胡说一通。

说到万可，在 Y 城，如今很多人都知晓。但 N 年前，他只不过是一个小角色，他纯情，他善良，他简单得甚至有点愚蠢，很多人都怀疑万可或许像《阿甘正传》中的阿甘一样，脑子有点不正常。但事实上，万可只不过是太过善良，他甚至觉得捏死一只蚂蚁或者拍死一只苍蝇都太过残忍。

万可对自己的定位也很准确，他知道自己将死于一事无成。而他也打算默默无闻过一辈子，静谧和安宁、平静地度过余生，颇有一些佛学的韵味。在悟出这些道理前，万可其实也尝试过多次创业。比如他开过豆腐店，卖过豆腐，起早贪黑，但收入颇低，而且他卖东西时，看见可怜的人总是不收钱。很多人骂他傻，确实他是傻，结果导致豆腐店关门。

后来，他又学着别人去卖菜，其实卖菜和卖豆腐的道理是一样的。很自然，万可也是不能成功的。无奈之下，万可居然跑去工地上当起了水泥工。被炙热的太阳烤，被雨水淋，那种不需要动脑的日子，让他感觉到满足。但正是这个时候，他突发奇想，这么多房子做起来，一定要装修吧，装修一定需要灯具吧，那么自己何不去做灯具的生意呢？

很多人不看好万可，甚至很多人和他对着干，只要万可做的生意，其他认识他的人都不敢跟着他干，因为大家觉得一定会失败。不过，这个时候，城里却有一个富商慕名而来，特意拜访万可。原来万可在大家眼里成了名人，只不过是反面教材。但这姓张的富商看重的就是万可的那种正义之气，在张先生的眼里，如今的生意人眼中有的只是钱，把道义什么的都忘得差不多了，而万可却与众不同，颇具大侠风范，更有博大的情怀。

一来二去，张先生和万可成了好友。万可虽然有好想法，但此时完全没有创业资本，只能唉声叹气。没想到，张先生却二话不说，决定拿出百万元投资万可的创业项目。张先生更表示，亏了算他的，日后如果盈利了，大家一人一半。这样的好事没想到落到了万可身上，大家都说傻人有傻福。

这万可还别说，做其他生意不行，但做灯却是好手。不到 10 年时间，他和张先生创立的万可商贸成为一家业务包含 4 个省份，门店突破 40 家的大型灯具销售公司，年利润也不错。不过，这万可还是具有悲天悯人的性格，他店中卖出的灯具价格总比别家低 8% 到 10%，所以在同行中，万可商贸总被抵制。正因为公司利润低，所以在员工待遇方面比其他公司稍微差了些。这个时候，其他公司就很自然地跑来万可商贸挖人。公司有一些厉害的销售员以及一些管理人才都轻易地被挖走了。

这个时候，张先生提议以提高产品价格的方式来渡过难关。但万可却否定这样的做法，他的仁义之气令张先生无可奈何。最后，大家商议，采用股权激励的方式来渡过危机。

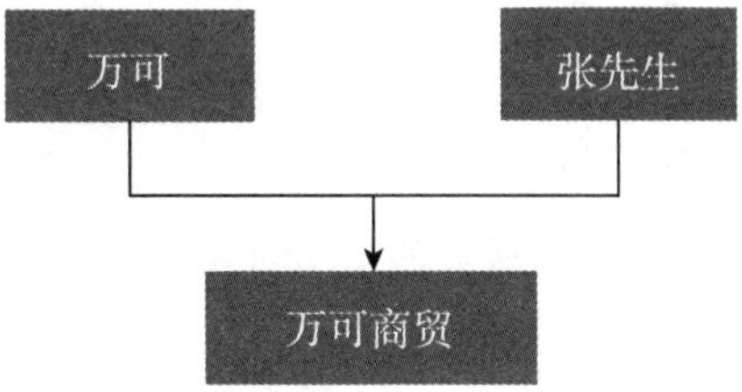

图 3－12　场景二十：万可商贸股权关系图

场景 TIPS：根据一家灯具销售公司的实例，通过“十定”方法详细介绍股权激励的具体操作

第一，定模式。通过与门店负责人的沟通，建议采用虚拟股激励的方式，操作简便，效果较好。本次虚拟股激励需要员工出资购买，按照业绩达标情况进行分红。

第二，定对象。由于该店是销售型的企业，销售团队对于门店营业额贡献值非常大。故与门店负责人协商后将核心的销售人员确定为本次股权激励对象。

第三，定量。在与负责人沟通时获知，门店 2015 年净利润在 2500 万元左右。

因此建议将净利润的5倍作为门店估值，即12500万元。按照每股5元计算，共2500万股。本次股权激励拿出10%，即250万股。

第四，定价格。为了方便执行和操作，与门店负责人协商后，确定价格为1元/股。

第五，定时间。与负责人进行沟通后，建议在激励对象付款后一次性将股权落实到位，签完认购合同之后15日内将款项缴纳完毕。

第六，定来源。该案例在股份来源方面，建议可以采取大股东让渡股权的方式来获得激励股权。至于购买股份的资金来源，一般有两种方式：(1)员工自筹资金、合法薪酬；(2)门店、股东借款或担保。由于该店目前估值不高，员工自筹资金的压力小。这时，建议采取员工自筹的形式。

第七，定条件。结合门店平时的销售业绩，综合考虑之下，建议虚拟股权的授予条件如下：(1)在店内工作满3年；(2)年均销售额达到200万元。行权条件不做特殊限制，每个会计年度结束后，净利润核算完成后进行分红。

第八，定持有方式。考虑到门店结构清晰，且采用的是虚拟股的方式，所以建议采用直接持有的方式。

第九，定退出机制。分为主动退股和被动退股两种。建议主动退股的规定如下：(1)股权认购款缴纳完毕后2年之内不准员工主动退股；(2)2年之后可以申请退股，按上一年门店净利润的5倍估值由大股东进行回购。被动退股的情形如下：(1)因激励对象的过错而被解雇的或主动辞职的；(2)因发生意外而丧失劳动能力的；(3)死亡的；(4)泄露门店秘密、损害门店利益的；(5)连续2年业绩不达标的，即连续2年的年平均销售额低于125万元；(6)因违法犯罪而受到国家机关处罚的；(7)破坏公司信誉，违反竞业禁止承诺的。因发生意外而丧失劳动能力或不幸死亡的，员工或者其直系亲属可以在意外发生后马上申请退股，不受2年时间的限制。其余被动退股的情形发生后，不享受当年剩余时间内产生利润的分红，且要等2年的限制时间届满后才能退股。

第十，定权利义务。

(1)购买虚拟股的员工，仅享有分红权，不参与门店的经营管理。

(2)该虚拟股仅面向销售人员本人认购，该股份不允许向他人转让，不允许继承，分红仅发放到员工提供的本人账号。

(3)分红标准如下：

业绩	X<250万	250万≤X<350万	350万≤X<450万	X≥450万
分红比例	X/250万*Z	Z	Z*1.3倍	Z*1.6倍

注:设业绩为X(单位:万元),认购股权比例为Z(0<Z≤5%),分红比例不小于认股比例的60%。

上述表格的含义如下:

当业绩达到250万元,分红比例与认股比例相等;

当业绩小于250万元,按比例减少分红,公式详见表格;

当业绩达到350万元,分红比例为认股比例的1.3倍;

当业绩达到450万元,分红比例为认股比例的1.6倍。

(4)每年门店净利润的65%用于分红。

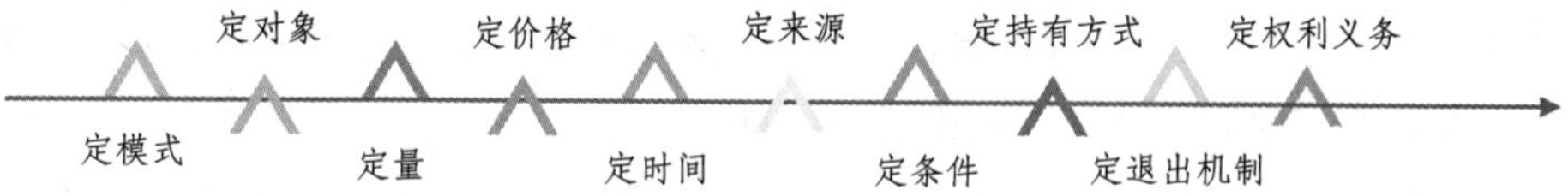

图3-13 股权激励"十定"

小　结

如果公司的工资待遇达不到员工的预期,那么他们自然会跳槽。所以当工资待遇笼络不住员工时,实施股权激励机制就是一个很好的方法。

场景二十一

小小的阅读平台最后居然做到上市，挺让人惊讶

现在人们的阅读方法发生了很大的变化，纸质书籍销量大不如从前，因为电子书成为人们越来越喜欢的阅读方式。确实，只需要有手机或者电脑就可以随时随地阅读你喜欢的书籍，收集你想要的信息，得到你想要的书籍内容，所以在如今很多人都把创业矛头指向了阅读平台。而小希也是这些人当中的一个，只不过闷葫芦的她，突然变成上市公司的老板，总不免让人大吃一惊。

晴朗和小希的故事，或许就是别人说的“曾经的我你爱答不理，现在的我你高攀不起”。晴朗有时候也会暗笑，以前怎么就没好好看看小希呢，或许如今他们的结局也不会如此。

小希是晴朗的青梅竹马，两个人从穿开裆裤时就在一起玩，因为他们彼此的父母是好朋友。他们的父母甚至还有意无意撮合过两人。不过，大学以前的小希是一个无聊、沉闷、自卑而又不懂时尚的姑娘，而晴朗则是一个外向、幽默、帅气的大男孩。他们俩，不用多说，只需那一眼别人就会认为不合适。

但小希有一个优点，那就是她在作文方面特别擅长。她写出的作文，总是那么感人，每次都被选为优秀作文在班上朗读。为什么呢？因为她喜欢看书，抓住一切机会读书，小学五年级鼻子上就架上了一副厚厚的镜框。本来，她就不够美，再被眼镜这么一装饰，整个人就更没了吸引力。英雄爱美女，这是常识，所以晴朗自然没把小希放在眼里。

但这样的小希到了大学就发生了巨大的转变。进入大学后，她首先买了几套靓丽的衣服，再抛掉了之前的厚镜框，戴上了隐形眼镜。她那长发也被拉直了。再次见到小希时，没想到她居然有着弯弯的柳叶眉，薄唇异常性感。不过这时，晴朗有了自己的女友。他俩终究是有缘无分。

小希进入大学后，一如既往爱好读书，除此外，她还会参加各种社团，做各种兼职。这样的历练，让她慢慢自信起来了。更让晴朗意想不到的是，国内知名的J阅读平台的创始人居然是小希。

后来,晴朗才知道,原来在高中时期,小希就已经开始着手创办J阅读平台了。她还说服了几大公司老总进行投资。这个J阅读平台在小希毕业后的3年内也上市了,小希成了传奇女子。

不过,小希并没有自大起来,要知道如今的阅读平台竞争力非常大。稍不谨慎,就可能会退出历史舞台。比如,小希遇到的棘手问题就是公司员工不稳定,总是出现跳槽的现象。怎么办?股权激励的方式就是一个好的选择。那么上市公司股权激励该选择什么模式呢?

场景 TIPS:上市公司股权激励模式的选择,特别是不同时期选择不同模式的原因?

股权激励,是企业为了激励和留住核心人才而推行的一种长期激励机制,是目前最常用的激励员工的方法之一。股权激励主要是通过附条件给予员工部分股东权益,使其对公司具有主人翁意识,从而与企业形成利益共同体,促进企业与员工共同成长,从而帮助企业实现稳定发展的长期目标。目前针对上市公司的激励方式有以下几种:

(1)业绩股票。业绩股票是指在年初确定一个较为合理的业绩目标,如果激励对象到年末时达到预定的目标,则公司授予其一定数量的股票或提取一定奖励基金购买公司股票。业绩股票的流通变现通常有时间和数量限制。

(2)限制性股票。限制性股票是指上市公司按照预先确定的条件授予激励对象一定数量的本公司股票,激励对象只有在工作年限或业绩目标符合股权激励计划规定条件时,才可出售限制性股票并从中获益。

(3)股票期权。股票期权是指公司授予激励对象的一种权利,激励对象可以在规定的时期内以事先确定的价格购买一定数量的本公司流通股票,也可以放弃这种权利。

(4)虚拟股票。虚拟股票是指公司授予激励对象一种虚拟的股票,激励对象可以据此享受一定数量的分红权和股价升值收益,但没有所有权,没有表决权,不能转让和出售,在离开企业时自动失效。

(5)股票增值权。股票增值权是指公司授予激励对象的一种权利,如果公司股价上升,激励对象可通过行权获得相应数量的股价升值收益,激励对象不用为行权付出现金,行权后获得现金或等值的公司股票。

但是，公司上市前，用于激励的股权比例不能过大，否则影响控制权，一般不超过15%，公司规模越大，比例可以设置越小。过多的股权激励第一会有法律风险，第二会损害其他股东的利益。而且对于高管核心人不能授予过多的股权激励比例，因为一旦公司上市后，创始股东、大股东股权将持续稀释，比例到5%以下都有可能，如果股权激励过大，将容易导致公司控制权转移的问题。而且上市前应尽量避免通过代持、信托等方法进行股权激励，否则容易导致股权不清晰，而成为上市的阻碍。上市前，如果已提交了上市申请，那么之后不建议再进行股权转让和股权激励。上市后，股权激励方法可以参考《上市公司股权激励管理办法》，具体包括有限制性股票和股票期权。限制性股票和股票期权的区别通俗点说就是，限制性股票激励对象需要先交钱，未来可能赚钱，可能赔钱；而股票期权的最坏结果是放弃行权，也就是收益为0。

小　结

上市公司与非上市公司采取股权激励的模式会有所不同。所以在采取具体模式时，要谨慎。

场景二十二

新设立子公司由员工参与出资设立，当员工离职或表现不佳时，母公司可强制回购股份吗？

有些公司在激烈的竞争中为了继续发展，会采取非常措施，比如通过设立子公司，利用股权激励员工就是很好的办法。但奈何天下没有不散的宴席，如果说员工因个人原因要离职或者员工因表现不佳，公司要辞退员工时，这些员工购买的子公司股份该怎么办呢？公司可以强制回购吗？

镇江市有一家老牌的五金制造公司——北方工业股份有限公司。公司负责人是位女强人，在五金业是响当当的人物，人称第二个董明珠，姓裴，名芳仁。

这个裴芳仁其实最初是个时尚模特，她身材颀长，皮肤白皙，一头大波浪，这些让她独具魅力。这样的女人，很难让人想到她和五金有什么关系。最初，她自己也认为，自己日后一定会有所作为，再不济也会是个有点名气的小明星。当时，追她的人排着长队，只为一睹芳容。但这裴芳仁为人高傲，对追求者都是不屑一顾。她与他们相亲时，总是仰着头，完全不把对方放在眼里。可是这样的高傲更加让男人们疯狂，很多人以能追到裴芳仁为自己人生的目标。或许这就是“得不到的就是最好的”的最好解释吧。

不过，女人们不怎么喜欢裴芳仁，大家都认为她是红颜祸水。所以裴芳仁略显寂寞，没有朋友。一天，她参加一个服装品牌的走秀活动，化妆师给她上妆。她穿着镂空白裙，裙子下有长长的摆尾，美丽的裙子搭配上精致的妆容，可谓完美。

妆后，她准备进入候场区，因为她立马要上台了。但她还没走到候场区，突然不知道被什么东西绊倒，失去重心，跌倒在地。她感觉脸上一阵剧痛，原来脸磕到了旁边的一个铁质柜子上。而这一磕，让她的人生发生了很大的变化。因为，她就此脸上有差不多一寸长的伤疤。那伤疤像蜈蚣一样盘旋在她的脸上，让她与美再也无缘了。不仅如此，她的事业也一落千丈，原本很多走秀活动纷纷被取消。更气人的是，屋漏偏逢连夜雨，大家都奚落她，连曾经的追求者们都嘲讽她。更有人认为，她靠脸吃饭，没了好看的脸，她将一事无成。

不过,老天在给她关上窗子的同时给她开了一扇门,这个时候有个小五金公司的老板,名叫大仁,对她还是一如既往好。这个大仁据说也是她多个追求者中的一个,只不过因为他太过默默无闻,所以她竟然忘记了有这么一号人的存在。裴芳仁认为,在逆境中,还能对她这么好的人也坏不到哪里去。

慢慢地,她开始收敛起自己的高傲,与大仁一起经营这家小五金公司。让她意外的是,原本以为,自己只会摆姿势,弄造型,在相机前搔首弄姿,而如今她才发现自己原来还有经营公司的天赋。不过几年的时间,北方工业股份有限公司就创下业内佳话,成为五金业中的"佼佼者"。而更难得的是,大仁居然把董事长之位让给了裴芳仁,自己位居公司二把手。自此,也算成就了一段佳话。

不过,近期,受到进口五金影响,公司业绩开始下滑,为了能够激励员工,抵住进口冲击压力,裴芳仁决定运用股权激励的方式,由员工参与出资新设立一家子公司作为员工持股平台,从而获得相应分红。裴芳仁希望通过这种方式调动公司上下的积极性,打造共赢机制。对于员工状况,裴芳仁也有所考虑,当员工离职,或者员工表现不佳的情况下,裴芳仁希望母公司可以强制收回股份。那么请问,该怎么做才能合理合法地强制回收股份呢?

场景 TIPS:为实施股权激励机制而设定子公司,若想合理合法地从员工手中强制回收子公司股份该怎么做?

要想在员工离职或表现不佳时收回股份,一定要事前约定好退出机制。通常而言,根据员工在公司可能出现的不同情况,股权激励的退出方式可以分为员工"过错性退出"和"非过错性退出"。公司需要就股权激励的协议性文件中关于退出后的回收方式予以规定,通常有以下三种股份回收方式:

(1)直接退出。一旦发生股权激励退出的情形,公司即立刻无偿收回对员工激励的期权。此种方式适合通过期权或代持股方式对员工开展股权激励的企业。

(2)股权回购。一旦发生退出情形,公司或创始股东通过向员工支付一定金额,从而向员工购买此前以激励方式给予员工的股权,其中强制回购的情形要事先规定违约金条款,否则员工拒绝被回购时,公司就不能操作,从而对公司不利。此种方式可广泛适用于各种股权激励模式的退出。若公司或创始股东承诺以股权回购的方式允许员工退出股权激励计划,除了充分考虑公司和创始股东的财务状况以确保有足够的资金支付股权回购款外,务必需要为员工设定相关行权条件和锁定期,避免员工过于轻易地取得股权并套现退出,从而无法实现股权激励的最初目的。

(3)员工转让股权。被激励的员工可以把自己的股权转让给他人,意味着公司股东有变更。这对于公司的"人合性"是一种挑战。因此,必须在股权激励时清楚约定员工转让股权给第三人的条件,挑选适合的转让人选,保障转让没有太多阻碍,继受者也能接纳原先规定的条款。当然,这里还会涉及其他股东的"优先购买权"的问题。

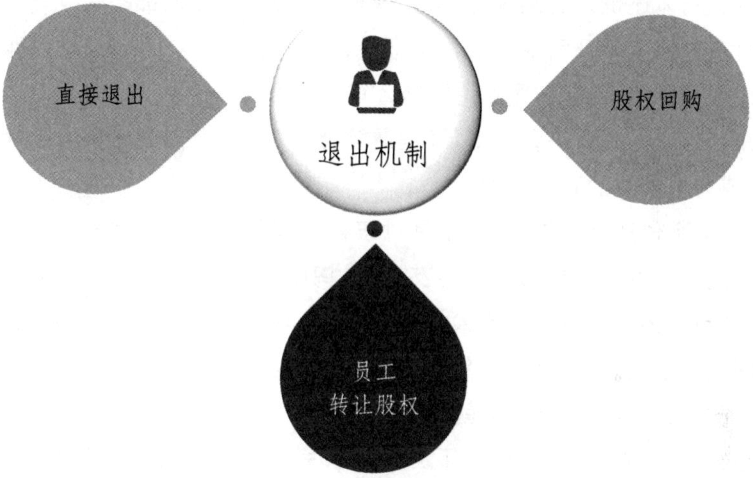

图 3－14　退出机制

小　结

总之,如果想在特殊情况下收回员工手中的股份,那么在之前就要制定好退出机制。

场景二十三

太容易得到的东西，果然大家都不懂得珍惜！

无论是物体还是人的感情，太容易获得的东西，很多人都不会太珍惜。这是东华市付东科技有限公司董事长付东师最近的肺腑之言。不知道这付东师是受了刺激还是受了感情的伤，居然说出这么有哲理的话。

付东师这个人满身侠骨柔情，又是愿意分享的人，但他的这种大度和过于善良，却也成为他创业的致命弱点。

原来，这个付东师不是别人，正是付东科技有限公司的董事长。付东师自出生以来就是个烂好人，对家人，对朋友，都是掏心窝子，没得说。他可以为了兄弟去打架；他可以为了陌生的可怜人把自己去大学的路费都赠送掉；他还会无偿为大家跑腿……总之，付东师是生错了年代的大侠。如若他在古代，或许他会是和乔峰一样的侠士。但在现代，他就总被别人讥笑"太傻"。

但傻人也是有梦想的。付东师大学毕业后，就去实现自己的梦想——拥有一家自己的公司。就这样付东科技有限公司建立起来了。公司创立后，当然需要"招兵买马"，所以他开始招聘一些有能力的"将士"，希望大家齐头并进，促进公司的发展。

不过，很不幸的是，因为付东师缺乏魄力，而且为人过于谦和，员工们根本不把他当老板，有些员工甚至还和他搂腰搭肩。有时候，当着老板的面，大家都会闲聊天。单纯的付东师认为，这样的公司氛围非常好，这样证明员工们把公司当成了自己的家，有说有笑，工作起来才不会累。可事实上，很多员工都在混日子，根本就把工作当成了可有可无的事情。大家工作积极性不高，又碰到好说话的老板，所以公司想发展也很难。

此时，付东师认为，大概是因为工作待遇还不够吸引人。但是让他给员工开高工资，也无望。因为公司处于发展期，而且发展的也不理想，根本没有盈利。怎么办呢？此时，好心的付东师想出了一个妙招。

他想，如今很多公司不是实施股权激励吗？那么自己何不也通过这个办法笼络员工，刺激他们的工作积极性呢？在发放多少股权给员工时，他稍微有些犹豫，他不知道发放多少合适。

最后，他那慷慨的个性让他决定给员工们发放50%的股权。而且是无偿赠与。只要在公司工作2年以上的员工，都有机会获得相应的股权。

对于付东师的做法，公司的另外一位高管其实是反对的。该高管认为，发放股权激励占比不可过高，而且最好也不要让员工无偿获得股权。不然，股权激励不仅没有益处，反而会抑制公司的发展。但付东师并没有采取该高管的意见，一意孤行，最后他只能自食恶果。

因为就在公司和员工签署协议后的第二个月，付东师发现公司业绩依然下滑，员工积极性完全没有被提起来，人才是不流失了，但人才都不干活了。所有员工都在磨洋工，等着分红，付董事长十分不解，不是说好了股权激励能够调动员工积极性吗？怎么会这样？

场景TIPS：股权激励机制实施不好效果会适得其反，那么该如何恰当地实施股权激励呢？

现在股权激励的概念很火，很多公司都希望通过股权激励来吸引、留住人才，并且激发他们为公司尽心尽力。但是，若方案没有设计好，会使员工有坐享其成之心。

股权激励本身是没有错的，这是大势所趋，错的是激励的方式。

第一，给的股权太多。股权是一个企业的根本，千万不可随随便便给出去。一下子给出50%，会导致后续融资困难。给多少是个学问，每个人给多少也是要根据不同岗位和个人特点来设计。

第二，给的节奏太快。为了能够持续激励员工，对于给股权的速度和节奏可以循序渐进，不要一次性给完。可以根据完成特定的事情、达成一定的目标来设置时间节点，慢慢释放股权。

第三，激励对象没有筛选。股权激励不可能是人人都能享受到的，一般只有对对公司有特殊贡献的人，公司离不开的人，才会动用股权来激励。在激励前要对员工进行考察，设置一定的入选标准。

第四，任何股权激励都要跟绩效考核相结合。员工即使已经拿到了股权，也不应该无条件分红。而是要设置每阶段的考核标准，根据考核结果来进行分红。

杜绝"躺着拿钱"的现象。

第五,无条件分发股权不是股权激励,而是股权奖励。股权激励需要员工以一定的价格购买相应的股权。股价的确定首先是要结合企业估值,但最关键的是老板愿意卖,激励对象愿意买,同时还要考虑到大部分激励对象的购买能力。免费赠送是我们强烈建议不要采取的一点,但是也不能卖得太贵,也不能卖得太便宜,一般采取打折的形式进行,而不要采用买几赠一的形式,通过打折转让我们才能有理有据地加入限制条件,赠送就容易造成部分股权限制条件产生纠纷。

第六,退出机制没有设计好。如果是毫无条件地给出去,毫无条件地分红,又没有退出机制,人性都是贪婪的,员工自然不会认真工作了。所以,要事先规定好退出机制,当员工出现哪几种行为时,就要强制退股。

小结

在这个场景中,付东师犯了一个错误,那就是他认为股权发放得越多,员工积极性就会越高。事实上,员工们对于能够轻易得到的股权可能并不会很珍惜,反而可能会磨洋工,只想着等分红。另外,股权发放给员工过多,也会牵制公司的发展。所以大家在实施股权激励时,一定要制订好详细的计划,以免适得其反。

场景二十四

别的公司都用股权激励，可是余华的公司却用期权激励，那么期权是什么呢？

在激励员工时，很多人都知道股权激励，可是最近余华经营的公司却说要采取期权的激励方式。那么这个期权具体是什么意思呢？

如今互联网金融公司发展的态势越来越好，余华经营的铭泰互联网金融公司的发展也是如日中天。不过不得不说，互联网金融公司的发展离不开运营高管的努力。所以余华对铭泰互联网金融公司而言可谓神般的存在。

铭泰互联网金融公司在2014年创立，刚创立时，公司发展比较缓慢。因为运营高管缺乏正确的运营方式，使公司一直止步不前。在2015年，公司来了个大换血。裁掉了一些不作为的高管，然后高价聘请了一些运营专业人才。在这次换血中，余华就这样被招募进了公司。

说实话，当时，余华才大学毕业，虽然证书上有著名的大学保驾护航，而且他读书期间也在外兼职过，并且还颇有成就。但是对于铭泰互联网金融公司此次的聘用，他自己也心知肚明。

公司当时对他寄予厚望，希望他的到来，让公司重新上路，继续发展。顶着这么大的压力，余华真的是工作后从来都不敢懈怠。还好，除了他以外，公司还聘用了其他几个部门的高管，知道公司重压不在自己一人身上，他多少有些松了口气。

事实证明，公司的大换血确实让公司起死回生。新聘用的高管们不仅眼光独到，而且工作都极其负责，更重要的是，这些高管们都同公司一同进退，把公司当成了他们自己的公司。有这样拼命的员工，公司何愁发展不了。很快，公司的业务成倍增加，不到2年时间，公司的盈利就翻了几番。

铭泰互联网金融公司董事长袁总是个理智的人，他具有居安思危的前卫思想。在公司高速发展期，他就为未来铺好了路。那就是要如何继续保持员工的积极性，特别是维持高管们的工作积极性？

大家都说“有钱能使鬼推磨”。但是很多时候，人们的梦想却会高于金钱。因为袁总无意间就听到有人议论，说余华等高管有辞职倾向，而且他们更有单干的意向。

这老袁也是"身经百战"的人，他立即召开董事会，并决定做出期权激励的决策。在会议上，老袁决定对公司业绩突出的高管提供期权奖励政策。余华一直都是铭泰互联网金融公司的项目运营高管，而且这几年来他年年考核达标，所以自然他是这次期权奖励的对象。

不过，余华这个时候有点纳闷了，因为他知道很多公司都会采取股权激励员工，而这个期权激励，到底是什么？如果说他日后不在铭泰互联网金融公司工作了，这个期权又该怎么办啊？

场景 TIPS：期权激励是什么？它设定的条件有哪几类？

期权激励，实际上就是附生效条件的合同，是国际上最为经典、使用最为广泛的股权激励模式。它是指企业所有者授予激励对象（如高管人员、技术骨干）购买本公司股票的选择权。对于激励方而言，即暂不给予员工股权，要等到条件成熟时才给予股权；而对于激励对象而言，期权又称选择权，具有这种选择权的人，可以在规定的时期内（锁定期）以事先约定好的价格（行权价）购买公司一定数量的股票（此过程称为行权）。也可以放弃购买的权利，但期权本身不能转让。

目前关于期权激励设定的条件有以下几类：

1. 按时间，设定等待期，即授予期权后需要等待的时间（等待期一般为2—3年）。

2. 按业绩，即激励对象自身是否能达到公司设定的业绩。

3. 按事项，即通过激励对象完成预定事项而获得行权条件。

4. 按公司发展阶段，即公司达到预定发展阶段后，激励对象获得期权。

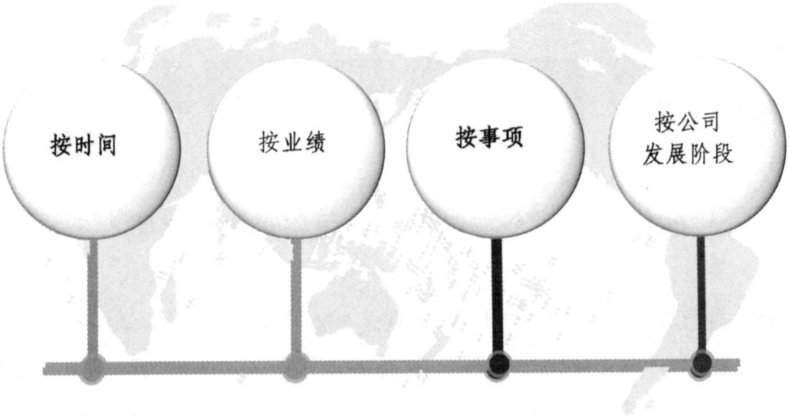

图 3－15　股权激励设定条件

小　结

其实期权激励是使用比较广泛的股权激励模式。不过期权不可以转让。如果说日后余华不想在公司干了,那么他可以把这些期权卖给公司。

场景二十五

如何设立一个持股平台公司用于股权激励?

王维生在江南,他老家物产丰富,特别是盛产水果。王维从学校出来后,在家待业半年。他大学的专业是历史研究。这个专业出来要么做老师,要么搞研究。当老师吧,他没有兴趣,但搞研究他又还不够格。在家待业时,他父母总是唉声叹气。王维也感觉万分羞愧。父母作为果农,好不容易培养出的大学生,居然找不到工作,这也可谓一种羞耻。

怎么办呢?王维也不想在家里当寄生虫。所以他想着,家乡这么多水果,要么自己就先做个小贩,卖卖水果吧。在他们当地,卖水果的小贩赚的钱比果农都多。比如,果农辛辛苦苦种的黄桃批发给小贩只需要1元一斤,那么小贩卖出去的价格可能就在2.5元至3元。

主意拿定后,王维向父母借了5000元买了辆三轮车。从此,风里雨里都是他与三轮车里的水果。王维这人脑子灵活,卖东西也懂得变通。他总是最先卖时下的水果,挑水果也练就了法眼。很快他在老家通过卖水果赚了第一桶金。

不过,刚开始卖水果时,很多人会笑话他。有些人甚至背地里嘲讽:"读了大学又怎样,还不是和我们这些初中毕业生一起抢饭碗。"不过王维顶住压力,他认为任何职业都无贵贱之分,所以他总能乐呵呵地应对。

但是一到下雨天或者上面有人检查时,他就不能做生意。闲下来的王维就想,难道日后自己要卖一辈子水果吗?这当然是他不想看到的。那么怎么办呢?有一次,他卖西瓜,生意比较好,都没有时间吃午饭。这个时候,他到小店里买了一瓶罐头。他买的黄桃罐头,里面不过几片,但是却要12元一瓶。王维呆呆地立在那里想,一斤黄桃都可以做好几瓶罐头。如此看来,他觉得做罐头厂的话生意一定非常好。

回到家,他把想法告诉了父亲。他父亲是个通情达理的人,对儿子做的事情大多会赞成。所以不到半年,他的王维罐头厂就创立了。他的工厂主要是经营各类成品罐头,然后把罐头卖给全国各地的经销商。

最开始，他的罐头的销路局限在本地，但不到1年的时间，他就开拓了相邻几个省市，代理商逐渐增多，产品也赢得了顾客的认可。甚至很多经销商还会为工厂介绍新的代理商。很快地，王维罐头厂打开了全国市场。

王维这人行事大胆，所以公司成立3年后，他打算扩大产值，设立分厂。为了能够减少自身投资风险，王维想到可以开放一定比例股权给自己的员工。现在罐头厂的事业蒸蒸日上，开放股权指标购买还能够达到激励员工的事业心，提升员工福利的目的，一举三得。在对股权激励有了初步了解后，王维决定设立一个持股平台给自己的员工，由平台代持股权，这样自己也可以有完全的控制权。那么，该如何设立一个持股平台？

场景 TIPS：设立持股平台需要注意的事项

建立持股平台，通常有两种形式，第一是有限公司的形式，第二是有限合伙的形式。

公司形式持股平台的特点是税非常高。排除一些特殊的优惠和税务的筹划，首先持股平台从母公司分配利润就需要缴纳25%的企业所得税，而员工个人如果要从持股平台分配利润，又需要缴纳20%的个人所得税，所以这涉及双重征税的问题。但公司的相关法律法规更健全，未来政策风险更小。虽然税负一般相对较高，但如果有合理的税收筹划，实际税负可能会低于合伙企业。

目前以有限合伙的形式设立持股平台比较常见。相对于公司而言，有限合伙形式在税收方面有优势，转让股权时按个人所得税20%计；并且由于有限合伙企业的特点，若公司实际控制人担任唯一普通合伙人，则可以少量的出资完全控制合伙企业。设立有限合伙作为持股平台需要注意以下几点：

(1)合伙协议中应设置条款约定参与持股的员工身份条件，如工作岗位，工作年限等；

(2)普通合伙人承担管理职能，对外代表合伙企业，并承担无限连带责任，应慎重选择普通合伙人，一般是公司的高管或实际控制人等自然人或投资管理公司等法人，但建议由公司的投资子公司等法人担任比较适宜；

(3)合伙协议的内容要直接约束合伙人的权利义务和范围，如有限合伙人有权监督普通合伙人执行事务等；

(4)在设立地点的选择上，可以考量不同地方政府对合伙制基金的税收政策，选择税收更优惠的地点设立；

(5)在公司未来的融资角度上，有限合伙制的持股平台设立时间直接影响持股平台能否参与公司增资，目前持股平台在公司挂牌前参与增资不受限制；

(6)有限合伙人的退出机制，根据合伙人身份，是否有过错等因素可以分别设计适用不同的退出机制。

除上述两种方式之外，如果在激励人数不多的情况下，为了能够手续方便，可以采取股权代持的方式，但在公司 IPO 之前，股权代持需要全部解除。而自然人信托也是一种常见的方式，其与个人股权代持比较接近，委托人给受托人授权可以依双方签订的信托协议来约定；信托公司就比较正规，受信托法严格约束，在实际股东分散的情况下，信托公司作为法律上的股东表决权比较集中。

小结

通过设立持股平台的方式进行股权激励，这也是很多公司采取的激励方式。不过，公司要设立持股平台有很多需要注意的事项，设立时需要注意。

股权并购和众筹

股权并购操作步骤简便，在不涉及资产的评估和资产过户手续的同时，又能有效解决一些法律限制，成为公司做大变强的一种可操作性极强的方案。其能逾越特定行业进入限制的特点，能规避资产并购中关于资产移转（如专利等无形资产）限制的优势，节约了大量时间和成本，深受企业家们的青睐。但其主要风险在于并购完成后，作为目标企业的股东要承接并购前目标企业存在的各种法律风险，如负债、法律纠纷等。故而，要求并购方在并购前对目标企业进行充分了解，预防并购后目标企业的各种潜在风险。而股权众筹中如何保护投资人的利益，逐步放宽对投资人的准入门槛，让更多的投资人参与到对创业者投资的过程中，以及在这个过程中如何进一步规范，如何防范过度放开皆是需要考虑之问题。

场景一

我是“辣酱王子”，奈何只懂辣酱不懂“股”

春秋时期有一个美女特别出名，流芳百世，她就是西施。作为古代四大美女之首，西施的美貌我们不可否认，但除了美貌，想必她的才情也一定十分过人。如今，我们形容女人美丽喜欢用貌若西施。此前，浙江绍兴一个卖豆腐的美丽女子被人们称为“豆腐西施”。其实，如果我是个女人，可能也会被别人称为“辣酱西施”，不过被众人叫作“辣酱王子”也是极好的。

我家从太祖爷爷辈开始就制作辣酱，做出的辣酱色香味俱全，口碑好，广受乡邻的喜爱。不过，虽然我们的辣酱制作多年，广受好评，但我们只在乡间售卖，市场非常窄。而且我父亲比较倔，从来不肯利用广告营销的手段，也不利用互联网。用他的话说就是“我们家的辣酱只为怜惜之人做”。

在父亲掌权的时代，我没有话语权，即使我想要提意见，他也不会理会我。怎么办？我只能熬，等到“江山易主”的时候，我就可以显露自己的本领了。不过，真的到了这个时候，我却满是悲凉。

2 年前，我父亲去给老顾客送货时，很不幸遭遇了车祸。其实，那个老顾客只要了 3 瓶辣椒酱，按理说，10 瓶以下我们是不负责送货的，可是父亲说那是一直支持他的老顾客，他必须亲自给他送。那个顾客嘴巴特别刁钻，每次都能对我们的辣椒酱提出一系列的问题，提完问题后，他打开辣酱瓶盖，就开始“大快朵颐”。父亲说：“顾客就是上帝，他们提出的好意见我们要采纳。”在品质问题上，父亲放下身段，放下固执，虚心请教，所以成就了我们不一样的味道。

但上天没有眷顾勤劳的人，父母出车祸后，身体多处骨折，在医院躺了 3 个多月。出院后，不到 60 岁的人形同枯槁，很是憔悴。此时，他打算“退出江湖”，让我执掌他的辣酱事业。

我执掌后，在推广上开启了传统营销与“互联网 +”相结合的营销模式，在包装上也更加时尚美观，经过一系列的改变，我们的辣酱销量开始剧增，前景一片光明。

不过，我的模式还是小作坊的形式，距离那些大品牌、大企业还有“十万八千里”。在我感慨之时，有一家大型调味品厂家找到了我，并表示要购买我们家的辣酱配方。

原来这个厂家的老板偶然间吃到了我们家的辣酱，对其中的味道久久不能忘怀，调查后发现是一家小作坊的产品，所以有了收购配方的念头。

刚开始，听说调味界的大佬找我，我是又惊又喜。后来，对方说出资300万元购买我们的辣酱配方。我一听，头摇得像拨浪鼓，要知道这配方是我们的“祖传之宝”，是轻易不能卖的。如果卖了，我父亲肯定和我拼命。

对方见我一口回绝，知道购买不可能，就转而向我提出带专利入股的方法。也就是说，我带着我们家的辣酱配方入股，然后对方出资，我们一同成立公司，公司给我35%的股权。其实，这种做法无疑是非常棒的，既可以让我们的辣酱走向远方，还能为我带来财富，我为之心动。不过，我学历不高，初中就肄业了，对于技术入股有哪些需要注意的事情我一窍不通。

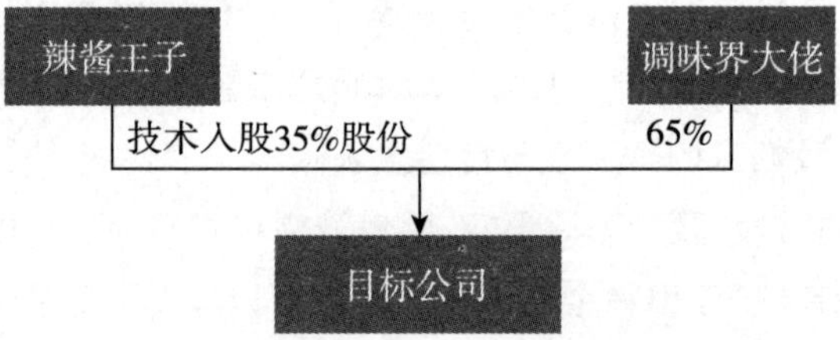

图4－1　场景一：辣酱王子股权关系图

场景 TIPS：技术入股有哪些需要注意的事项？

技术入股目前有两方面的含义：

第一种是入股人自带专利等知识产权的，需要作价。入股的作价方式主要有三种：评估作价、协商作价以及两种作价方式的结合。

第二种是入股人自身并不拥有专利技术，而是一个有经验的技术人员，有着工作经验，通常也可以称为人力资源股，这部分价值就无法精确评估了，需要跟创始人进行协商，从法律方面考虑只有第一种，因此实践操作中我们有以下四个建议：

（1）其他股东通过借钱形式，双方协议约定技术参与的时间来折价抵扣这部分借款；

(2)如果出钱股东对技术股东的能力和产生的效益有怀疑,就可以先通过代持或虚拟股形式,同时可针对业绩进行对赌,是否给予实体股视业绩情况而定;

(3)约定出钱股东进行实缴,技术股东为20年后的认缴;

(4)在上述第3种情形下,如果技术股东担心企业运营不善,认缴出资的风险大,就可以约定将公司的注册资金缩小,比如定为10万元,技术股东占30%股权,在公司缺少资金的情形后,其他股东出资超过注册资金相应比例的多余部分即构成公司的资本公积金,那么技术股东最多也只承担3万元的风险即可。

小 结

在这个场景中,如果“辣酱王子”自带辣酱专利入股那么就属于技术入股中的第一个含义。需要注意的是,“辣酱王子”如果与对方合作,合作过程中双方的权利与义务要划分清楚,对方的出资额要明确,要实缴。还有这35%的股权对方给的是实股还是代持股,都必须要明确。

场景二

我是幸运者,用100万元成就了1000万元之梦

20世纪80年代Wesray资本公司领导用8000万美元购入Gibson,而这8000万美元中,领导人实际只出资100万美元。后来,经过一年半的时间,Gibson上市估值高达2.9亿美元,仅仅一年半就让Wesray领导人身价高涨多倍。幸运的是,这样神奇的事情居然也发生在了我的身上。

我叫王伟,和国民老公王思聪一样是个富二代。在优渥的环境下长大,使我为人傲慢,用钱大手大脚,沾染了很多恶习。这样的缺点在以前我觉得没什么,但是当家里破产后,我的缺点就被无限放大了。

去年,我父亲从酒行业转战房地产,但是因为项目失败,投资过大,导致一败涂地。最后,我们不得不把家里的两栋小洋楼拍卖,连我的兰博基尼跑车都一并卖了。当时心里特别压抑,以前出去,和朋友吆五喝六,说话声音特别大,现在出去,总感觉有人笑话我。或许是我神经太过敏感,才有了错觉。

家里破产后,父亲一蹶不振,我母亲又每天以泪洗面。而我最初也是借酒消愁。但过了半个月后,我知道,人总不能一直这么消沉下去,父母年事已高,是我出来为他们遮风挡雨的时候了。

别人说,瘦死的骆驼比马大,确实如此。虽然我们家破产了,但是随便把手里的东西转卖,凑个100万元还是很容易的。后来我把自己的名表、名牌衣服以及一些收藏品都低价卖出去了,总共卖了1018000元。这些钱在以前可能不够我半个月的开销,但如今可不能再浪费钱了,我得用这些钱东山再起。

人生就该心宽体胖,要能输得起。虽然以前我游手好闲,但事实上,我还是挺有投资眼光的。我父亲就是因为做房地产失败,所以我想在哪里跌倒就在哪里爬起来。后来,我打算用这钱收购另外一家光景差的房产公司。在我父亲眼里,我是拿钱打水漂,实际上我做了十足的功课,而且我眼光其实还是不错的。我投资过几个项目,赚了1000多万元,只不过赚的都让我挥霍掉了。

我父亲那时只要提到房地产就非常痛心,所以对我的决定他举双手反对。再

加上，当时收购那家房产公司需要500万元资金，而我只有100万元，余下的400万元去哪里凑？找朋友合伙？没人看好这个项目。找人借钱？落水的狗人人喊打，如今是没人再借钱给我了。后来我决定以那家房产公司做抵押，去银行贷400万元。

有时候人就像做梦一样，好运来了挡都挡不住。仅仅过了半年时间，房产公司居然升值到了1000万元。当时很多人以为我是走了狗屎运，不然怎么可能这么顺风顺水。事实上，我是利用了杠杆收购知识，当然还有年轻人的冒险精神，就这样我们家再次翻身。如今我从富二代转身成为富一代，做事业更加谨慎了，但我明白知识还是懂得越多越好。那么什么是杠杆收购，杠杆收购有什么优势和局限，杠杆收购如何实施？下面就有答案。

场景TIPS：什么是杠杆收购？杠杆收购有什么优势和局限？杠杆收购如何实施？

杠杆收购又称融资并购、举债经营收购，是一种企业金融手段。举个很简单的例子，就是我们贷款买房，就是一种杠杆收购的运用。房子1000万元，首付30%，出资300万元，还有700万元向银行贷款。

在收购企业当中也是这样，可以通过向银行贷款或者发债的方式筹得资金，以较少的自有资金获得更高的价值。杠杆收购最大的风险是出现金融危机、经济衰退等不可预见事件，以及政策调整，等等。这将会导致：定期利息支付困难、技术性违约、全面清盘。此外，如果被收购企业经营管理不善、管理层与股东们动机不一致都会威胁杠杆收购的成功。

杠杆收购的优势在于财务投资者只需动用相对少量的权益投资资本附加大量债务融资，只要保证收购目标企业稳健发展且有能力持续偿还债务相关的成本，便能够在一定时间内获取巨额收益。

补充提示

杠杆收购的应用主要在资产收购、债权收购和股权收购这三个领域。

资产收购的目标在于公司某项或某些有价值的资产，而且所需要的调查范围小，只需要确认资产归属和资产本身的价值即可。但是其局限在于某些地区资产的转移在地方政策的影响下受到严格限制，最常见的是收购公司与被收购公司必须处于同一行业。

债权收购与债权转让大致相似，都需要对债务人履行通知义务，否则债权收购的效果不会对债务人发生效力。

股权收购侧重于公司本身的预期价值，即公司创造现金流的能力，与资产相关但是不相等，更多地以公司市场估值体现。股权转让的好处在于可以完全获得与公司相关的资质和既有市场。

小 结

这个场景中，王伟充分利用了杠杆收购知识，用 100 万元资金就收购了 500 万元的房地产公司。正是因为他懂得利用杠杆收购的优势而充分利用银行资金，来助力自己事业发展。当然，在考虑用杠杆收购时，也一定要分析项目的成败可能性，不然也很难取得成功。

场景三

我是小公司老板，但身家未来可能不会少

我叫张炳文，如今是一家创意舞台公司的老板，也算事业有成。但以前的我，并不是这样一个光鲜亮丽的人。别人都说，成长就是一部血泪史，有时候想想，确实如此。

读大学时，我为人懒散，经常旷课，但因为长相帅气，被誉为校草。在别人眼里，校草与校花当然是最般配的，不过我却中意了一个会跳芭蕾舞的清纯女孩。她气质优雅，温柔纯净，人畜无害。在学校元旦晚会上，她的一跳就让我无法忘怀，柔软的身姿、忘情的舞姿，看到她就想到多年前看的电视剧《金粉世家》。她的味道和董洁饰演的冷清秋一般无二。

经过打听后，我才知道她叫王心语，舞蹈系的，比我小一届。当时年少，一眼动情，便成为难忘之过去。很多人都说，她配不上我。因为她五官并不精致，甚至可以说是一张大众脸。可爱情来了，与颜值就没什么关系了。在我的猛烈攻击下，她招架不住，只能投降。那时的爱情，没有金钱的味道，只要彼此在一起，就已经是最好的礼物。我们经常在校园里徜徉，在学校的小溪旁嬉闹。以前那个懒散的我，突然之间因为爱情的力量也变得正能量起来。

或许是因为她的督促在起作用吧。有她陪着上课的日子也觉得非常有趣。如今想想，谁还没有个难忘的初恋呢！可我对心语的喜欢，却是至今难忘。我以为我和她的故事会是天长地久的，可后来我像《匆匆那年》中的陈寻，竟然和另外一个跟我死缠烂打的女孩子相恋了。很多人都说，女追男隔层纱。事实就是如此，某一个瞬间，事情就那么顺其自然地发展了。

其实，在我的印象中，心语是一个非常柔弱的女孩子，她话不多，一般不会提出反对意见，喜欢笑。可是那样一个人，发起脾气来你无法想象。了解事情后，心语没有再和我说过一句话，也没有再看过我一眼。而我也自知理亏，心想，自此就一别两宽吧。

可有些人可能一辈子都忘不了，为此，大学毕业后，我想开一家创意舞台公

司，那是曾经我和她的梦想。如今我已经实现了，可却物是人非。公司名字我也用了她的名字，叫心语。我们公司虽然小，但是麻雀虽小五脏俱全，接的业务也比较广，不仅承接各种表演项目，甚至也出自己的剧目，如黑光剧，激光等各种舞台特效一应俱全。在同类企业中，我们公司算是综合实力数一数二的。

而且项目利润也算可观，利润率控制在60%—80%，并且因为靠的就是综合创意和呈现，很多东西别的公司根本做不出来，在行业中竞争力十分强。目前设备以及固定资产在60万元左右，每年收入基本上在100万—150万元，去除日常运营成本，年利润在80万元左右。做着自己喜欢的事，赚着一些小钱，日子也算悠哉。

不过后来，我一个朋友李文却对我说"作为年轻人，要目光长远，要居安思危，不能目光短浅"。后来我才知道，他是想投资我们公司。李文年纪轻轻就是几家公司的老板，投资非常有眼光。按理说得到他的投资，我该高兴。但是，李文如果投资，那么势必要我出让股权，我有点不舍。后来李文说："你为什么开这个公司呢？是不是忘不了心语？既然如此，你就该让公司做大做强，让它成长，让它被心语知道。"很显然，作为哥们，李文知道我的心思。一语惊醒梦中人，所以我打算让他出资入股。可问题来了，我们这家公司该怎么估值呢？

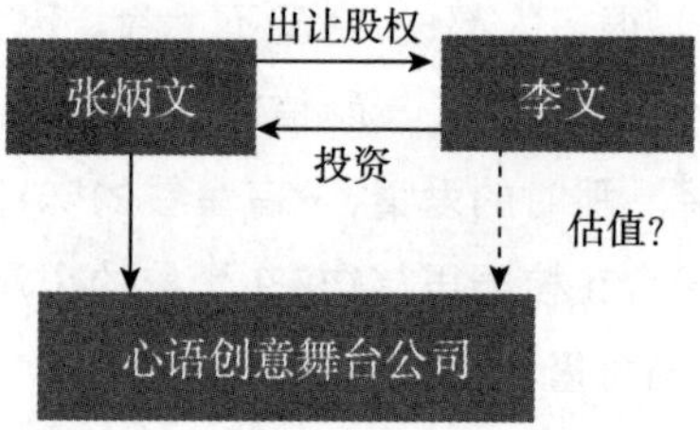

图4－2　场景三：张炳文项目投资关系图

场景TIPS：朋友要投资公司，公司该如何估值？

公司估值，又名企业估值、企业价值评估等。公司估值是指着眼于上市或非上市公司本身，对其内在价值进行评估。一般来讲，公司的资产及获利能力取决于其内在价值。估值方法主要有以下几类：

1. 相对估值法（乘数法）：

将企业的主要财务指标乘以根据行业或参照企业计算的估值乘数，从而获得估值参考标准，包括市盈率（P/E）、市净率（P/B）、市现率（EV/EBITDA）和市售率(P/S)等多种方法。地产估值中采用的资本化率方法也属于这种方法。

2. 折现现金流法:

预测企业未来的现金流,将之折现至当前,加总后获得估值参考标准,包括折现红利模型和自由现金流模型。

3. 成本法:

以当前重新构建目标企业所需要的成本作为估值参考标准。

4. 清算价值法:

假设将企业拆分成可出售的几个业务或资产包,并分别估算这些业务或资产包的变现价值,加总后作为企业估值的参考标准。

图4-3 估值方法

小 结

这个场景中,张炳文的公司如果有李文的投资,确实有利于做大做强。关于如何对他的企业进行估值,其实可以用成本法或折现现金流法。这些方法简单也实用。

场景四

我叫华雄,打算入股自己的公司

东汉末年,董卓账下有一名武将,叫华雄。这人武艺超群,也算得上是一位武界奇才。不过一山还有一山高,最后他却被关羽所杀。很不巧的是,我和这个华雄,同名同姓,不同的是,我没有武功。当然在21世纪,拳头不是硬道理,会创业、能赚钱才是真本事。而我就是一个挺有事业心和商业头脑的人。

作为农村人,我们无法拼爹,我们只能拼自己。只不过,当年上学时,自己还不懂事,还不懂得“书中自有黄金屋”的道理。

那时,我没什么心思读书,成天和自己的被窝“谈恋爱”,除被窝以外,感觉都是远方。这样不知上进的我,很自然没有考上好大学。高三毕业后,我打算外出拼搏。可奈何我吃不了苦,肩不能担,背不能扛,一时间非常茫然,不知道自己还能干什么?这个时候,家里人建议我回去复读,考个好大学,光耀门楣。年少的我那时才发现,读书真的是改变命运的好机会。所以我又回到了大学,不过,奇迹在我身上并没有发生。

我智商平平,即使用上吃奶的力气还是没办法名列前茅。很多人都笑话我死读书。最后我安慰自己,读自己的书,努自己的力,就让别人说去吧。我的努力虽然没有大的回报,但是最后我还是考上了一个二本学校。所以,曾经流的汗水,最后还是会带来回报的。

进入大学后,我学了计算机专业。平时跑图书馆的次数比较多,啃的书也比别人多。这样的我,虽然没有拿国家奖学金,但在班上还是三好学生,拿了二等奖,并顺利毕业。

大学毕业的我,进入了一家网络公司上班。初出茅庐,各种小心翼翼,那时我就暗暗发誓,以后我一定要开一家自己的公司。人真的需要有目标,有了目标后,我的人生就像开了挂一样,晋升得也很快。两年后我成了项目经理,月入过万元。

积累了资金、人脉和经验后,2008年,我梦想成真,开了一家投资公司,后来我又开了一家网络科技公司,注册资金10万元。这家网络公司是为我的投资公司服务的。当然，我这两家公司都算是小公司，我知道如果要发展壮大，必须要再注入资金。最开始，我打算扩大网络公司，跟紧如今网络热潮。不过，这家网络公司在后期发展过程中，我可能会出让股份。所以这个时候，我就纠结了，不知道是用我个人名义去入股这个网络公司好？还是用投资公司的名义去入股比较好？

场景 TIPS：投资公司入股，哪种方式好？

1. 如果是自己出资，就是股东增资，进行工商变更，如果投资公司出资，就是投资公司参与公司增资扩股，两种方法都可行。

2. 科技公司如果是一人有限公司，一人有限责任公司的股东不能证明公司财产独立于股东自己财产的，应当对公司债务承担连带责任。如果是继续以个人身份增资，就还是一人公司，将对公司未来可能出现的更大债务承担相应的责任，而投资公司参与公司增资扩股就使科技公司股东形成两人，各股东在其认缴的限额内对公司债务承担责任。

3. 如果是以公司名义投资，就会形成多层次股权架构，即通过自己的投资公司增资扩股，吸引股东，从而达到增强科技公司实力的效果。此种情况下，若以后不想再继续经营该科技公司，只要卖掉自己投资公司的股权即可，而不需要股东会决议直接卖实体公司的股权。

小 结

场景中的两家公司目前都是华雄的，所以华雄想以个人名义或者公司名义去投资他的网络公司都是可行的。当然在这里，华雄最好是以投资公司的名义去投资网络公司。因为如果以个人名义去投资，公司就还是一人有限责任公司，这样个人对公司债务要承担连带责任。而如果投资公司去投资网络公司，公司和股东责任就可以分开，各股东只需要在其认缴的限额内对公司债务承担责任即可。

场景五

我是冰雪女王，成为滑雪场的老板娘

我叫马丽，和最近比较火的开心麻花成员马丽的名字一样。开心麻花的马丽在最近几年，突然人生开了挂，事业爱情双丰收，出演的电影和电视剧也可谓收视爆表。当然，我的人生没有她那么绚丽多姿。

我来自南方小镇，那里是梦里水乡，垂柳依依，好一个江南。不过，在南方很少下雪，偶尔冬天下一场雪，就会让我兴奋不已。那时候，我喜欢套上溜冰鞋，在我们小区的院子里溜冰。溜冰鞋和地面摩擦的声音，总让我高兴。而我飞舞在冰天雪地里的场景也是至今难忘。

我还看过一个叫《雪场女孩》的电影，电影中琼斯饰演的马修在雪场中"遨游"的样子非常美，也很有气魄。那个时候我就想，以后我也要有一个滑雪场。

大学毕业后，我和朋友一起去了北方工作。在我工作的旁边就有滑雪场。每到周末，我总要邀朋友们一起去滑雪。滑完雪，大家一起去撸串喝酒，日子过得很惬意。但这个时候，我的滑雪场梦却越来越强烈了。可能是酒喝大了，一时兴起，在朋友圈把自己的这一想法透露出来了。

没想到，信息发了几分钟后，就来了一个电话。是一个陌生号码，要是以前这样的电话我不会理会。但那天可能酒喝多了，随手就接了。接通后，对方自报家门，我才知道，原来他曾经是我的一个追求者，叫李阳。

李阳说，他正在老家做一个滑雪场项目，项目快要完工了，不久就会投入运营。他还告诉我说，这个项目会很赚钱，而且他目前正在增资扩股。我一直就有一个拥有滑雪场的梦，如果这个时候不入股，我怕自己以后就没有机会了。而且李阳又说，项目前景好，可以赚钱。我自然心动不已。

不过，我又担心起来，因为现在的骗子很多，再说李阳和我多年未见，对于他的为人我也不是很清楚，所以我又有些打怵。怎么办呢？这个时候我的一个股权专家朋友告诉我，我在入股前，需要拿到一些投资证明。后来经过朋友提醒，我确认了该项目可信，并且从北方回到了南方老家，与李阳一起做这个滑雪场项目。

后来，我才知道，李阳一直喜欢我，从来都没有变过，而且他做滑雪场项目就是为了帮我完成梦想。而且当初即使我不发朋友圈，他也会打电话给我。我问他："既然喜欢我，为什么后来一直没联系我？"那么沉稳的他居然脸上露出红晕，说："我只想成功了再告诉你。"如今我和他也在书写《雪场女孩》的故事，家庭事业双丰收。非常感谢我的那位股权专家朋友给我的指点。那么在投资项目时需要拿到什么证明呢？

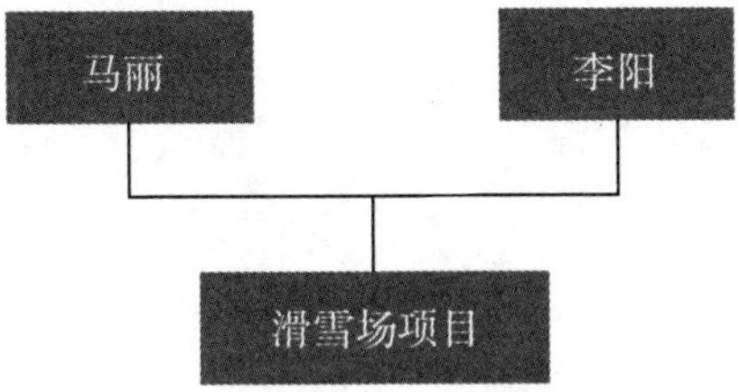

图 4－4　场景五：滑雪场项目股权关系图

场景 TIPS：在投资项目时需要拿到什么证明？

总体来说要从以下三个思路入手：

1. 判断项目的法律风险。

在合同签订前要审查对方的信用资质，确保对方有签订合同的主体资格以及履约能力；在签订过程中，要注意对合同条款的审核，做好合同履行过程中的风险防范。另外，还要提前约定好退出机制，以便在项目出现问题后及时抽身。

2. 判断项目的商业风险。

我们可以通过了解该团队是否有以往的成功案例，运营团队的人员配置是否充足，管理机制是否成熟，项目的盈利模式是否可行和整个项目定位是否正确，而且我们还得考虑项目的内部股权分配是否合理，以免引起不必要的纠纷。

3. 注意政策风险。

因为滑雪场可能会受到相关法律规定的限制，所以在投资项目之前必须了解当地法律规定或相关政策是否会对该项目的开发造成影响，防止违规操作导致项目破产，一切投资付诸东流。

小结

这个场景中，马丽并没有盲目投资滑雪场项目。因为最初她不了解李阳。后来在股权专家的指点下，考虑了项目的法律风险、商业风险、政策风险等，确定了项目的安全性后才投资。她的这种做法很明智，最后也收获了爱情和事业上的成功。

场景六

我想创业，钱不够的情况下这样做

说到美团网，大家都会想到一个人，他就是王兴。王兴不仅是美团网的创始人，还是校内网创始人，更是大学生创业成功的代表。有了榜样的力量，加上政策的支持，很多大学生也都开始创业，我就是其中一个。

我叫王兴旺，家境一般，父母都是工人，为了送我读大学，他们每年只能外出打工。进入大学后，最初我也开始勤工俭学，在学校食堂帮着打饭菜，帮助洗碗，以赚取生活费。

但我发现，这种靠一己之力的办法无法让我成功，只能解决温饱问题。有了这个想法后，我开始在校园里卖一些小零食，并在女生宿舍找到了合伙人。因为现在很多女生比较宅，晚上又想吃零食又不想动，而我们这种微信上付钱，零食送到宿舍的服务自然受到女生的欢迎。

随着生意慢慢好起来，后来我还招了几个代理，月收入过 5000 元。当时有人看我生意好，也开始做了起来。因为几家竞争，互相压价，所以后来我主动退出了。

怎么办？该做什么呢？后来我发现，很多大学生喜欢养多肉植物，特别是女生。所以我又开始做多肉生意，刚开始生意也不错，后来又搅浑了。几次生意下来，我小赚了一笔，除了开销，居然存了 10 万元。

有了这些钱，我就想再借助学校的创业扶持计划，在学校旁边开咖啡馆。要知道，现在的大学生都非常浪漫，没课或者周末时在咖啡馆与女友约会或者看看书都是不错的选择。只不过我估算了一下，在学校边上开咖啡馆，加上租金、人工费、食材费、装修和设备费总共大概要 50 万元。

我自己只有 10 万元，这个时候我也不可能让父母给我这么大一笔钱，因为我知道他们手上不宽裕。所以我想到找投资人，也确实有两位学长对我这个项目很感兴趣。后来我把自己的创业计划书给他们看，他们看过后，纷纷表示要投资。学长王坤和学林分别投资 18 万元和 22 万元，而我作为创始人只投资 10 万元。如果按照出资额来分配股份，那么我的股份最少，完全不可能控制咖啡馆的发展方向。

那么股份该怎么分呢？后来我们决定从资金和人力两个方面分配。所以我的资金股加上人力股就是我最终的股份。在咖啡馆管理上，他们俩都是甩手掌柜，都需要我亲力亲为，所以在人力股上我占有多股。就这样在总体上我还是控制了咖啡馆。

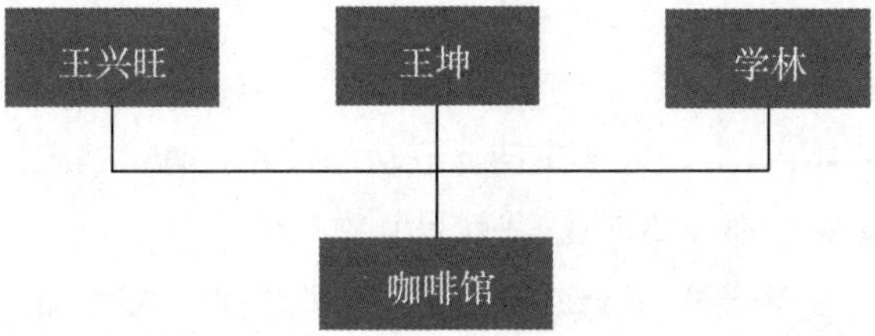

图 4－5　场景六：咖啡馆项目股权关系图

场景 TIPS：找人合资，股权应该怎么分？

首先，要明确自己的企业定位，主要是做什么业务？是什么类型的企业？大致上可以分成资金驱动型、资源驱动型、人力驱动型三种。不同企业对资金的需求度有一定差别，也许对于你的企业来说，资金并不是最关键的要素，而是人力最为关键，那么你仍然可以调高自己的股权比例。但是在创业初期，资金肯定是很重要的，但是随着企业的壮大，要不断吸收新的人才加入，只投钱不做事的人的重要性会下降，所以要设置一个动态的股权调整机制，在初期预留股权给后加入的人。

建议创始人在公司有决策权，占据主导地位。在只拥有少数出资额的情形下，找到投资人后，可以在章程中约定自己占较多的表决权；也可以选择与投资人设置对赌机制，在满足约定条件下，有权按约定价格进行股权收购；或者，创始人作为主要出力人，可以将 100% 的股权拆分为人力股和资金股，其中资金股按出资比例，人力股部分按贡献值进行约定，其中人力股通常可以设置成虚拟股的形式。

补充提示

《公司法》第 42 条规定:“股东会会议由股东按照出资比例行使表决权;但是,公司章程另有规定的除外。”第 34 条规定:“股东按照实缴的出资比例分取红利;公司新增资本时,股东有权优先按照实缴的出资比例认缴出资。但是,全体股东约定不按照出资比例分取红利或者不按照出资比例优先认缴出资的除外。”

由上可知,股东表决权和分红权的相同之处在于,在正常情况下,二者都依出资比例行使权利;同时,也都允许公司章程作出不同的特殊规定,并且章程的规定优先于《公司法》的规定。其不同之处在于,股东表决权是按照股东“认缴的出资比例”确定的;而股东分红权是按照股东“实缴的出资比例”确定的,因此在这里有明显区别。

小　结

王兴旺作为咖啡馆的创始人,当然希望能够控制咖啡馆,但他实际出资额却没有另外两位投资人多,这个时候如果按出资额的多少来分配股权,那么王兴旺就失去了优势。好在最后咖啡馆的股权采用了资金驱动型和人力驱动型两种方式进行分配,这样王兴旺才掌握了咖啡馆主动权。

场景七

我是几家公司的老板，我妻子是女中诸葛

我叫朱军，今年33岁，虽然说没有央视主持人朱军那么有名，但是我自己也是两家公司的老板，后来我还投资了一家智能科技有限公司。在事业之外，有一个爱我的妻子，膝下有一儿一女，另外我还有几个要好的朋友。这样的人生，我感觉非常满足，我也活成了别人眼中成功人的样子。

我以为，我的生活会一直这么顺风顺水下去。但是人生的未知，你永远无法预料。我比较信任别人，我公司旗下的两家公司，都是聘用我信得过的朋友管理。那家智能科技公司，我也只是股东，并没有参与经营，只享受利益分成。当然对于我公司旗下的两家公司，我也不会完全当甩手掌柜。最开始，我还勤勤恳恳地掌管公司的命脉，后来觉得这样太累，而且我担心我大包大揽太多，两个朋友误以为我不信任他们。所以后来，我开始慢慢放手，让他们真正管理公司。我则开始过着醉生梦死的生活，经常喝得酩酊大醉。

我妻子可能感觉到了问题的所在，他经常劝我，让我管着点公司，让我少喝点酒。不过，那时候，我并不把她的话当话，还嫌弃她唠叨，对她开始厌烦起来。我也知道自己这样的想法不好，毕竟她确实是个好妻子，帮我生孩子，带孩子，从来没有怨言。可她穿着朴素，素颜的样子确实很难让我再心动。就这样我继续过着花天酒地的日子，没钱了，我就直接在公司财务那拿。这样的日子过了有一年多。终于有一天问题爆发了！

当我和一帮酒肉朋友在高级餐厅喝着香槟时，我那两个管理公司的朋友找到我，看他们神情凝重的样子，我知道出了问题。但我没想到，问题会这样严重。因为他们俩都说："公司正在亏钱，而且目前手上有几个项目，需要现金流。"

我当时一听火冒三丈，我第一个反应就是他们俩会不会联手来坑我。其实，我想到过这个问题，但当时我迷恋纸醉金迷的生活，完全不能自拔，所以只能信任他们。

不过，了解情况后，我才知道自己冤枉了他们。因为我虽然不管理公司，但是

我却偶尔对公司指手画脚，曾经还接了几个烂项目，如果不是他们为我力挽狂澜，估计公司早已经只剩下一个空壳。其实这两个朋友也提醒过我，让我重新振作，让我不要乱接项目，好好管理公司。奈何我都没听进去。

或许如今他们向我摊牌，也是知道公司可能没办法再经营下去了。怎么办？此时，我想到自己还有一家智能科技有限公司的股权，我想把那家公司的股权给转让了。这样有了钱，我那两家公司就能继续运转了。那家科技有限公司前景非常不错，口碑也很好。所以有朋友知道我要转让股权后，找到我。我们敲定了转让方案后，公司的另外一个股东又说要购买我手中的股权。刚开始我也左右为难，不知道该把股权转让给谁，后来才知道，有限责任公司转让股权是有限制的。了解这些限制（到底是什么限制呢？下文有详细解释）后我就把手上的股权转让给了公司的原有股东。后来用这些钱，我打算去发展自己原有的两家公司。

可这个时候，我才发现原来这一切都是我妻子设的局。我妻子和我朋友们故意告诉我公司经营不善，需要资金流，实际上公司运转得很好。或许当时我妻子就下定了决心，如果我对公司出现的问题不闻不问，她可能就会离开我。但是后来，她发现我又重新振作起来，所以又选择原谅我了。如今我也浪子回头，回归工作和家庭，真正过上了富足的生活。

场景 TIPS：有限责任公司对转让股权有哪些限制？

有限责任公司是一种闭合性的公司，其资合性兼人合性的特点决定了股权转让受到较多的限制。《公司法》关于有限责任公司股权转让的限制，是由强制性规范和任意性规范的结合来实现的。通过公司章程对股权转让任意性规范进行变更，对股权转让进行更为严格的限制，是《公司法》赋予有限责任公司股东的权利。

一、股权转让的自由及限制

有限责任公司股权转让，是股东将其对公司所有之股权转移给受让人，由受让人继受取得股权而成为公司新股东的法律行为。股权转让的法律后果，是股权出让人丧失一部分股权或丧失全部股权以致丧失股东身份，股权受让人股权份额增加或者成为新的股东。股权自由转让是公司法上的一项原则。但股权转让往往涉及转让人、受让人、公司、公司其他股东及公司债权人等诸多主体的利益，为了维持相关主体间的利益平衡，保障交易安全，就不得不对股权转让进行必要的规制。因而,股权自由转让不是绝对的,其只是一个相对的概念。与股份有限公司相比较,有限责任公司股权的可转让性程度就要低一些。有限责任公司因人合性、资合性的特点,股东之间的相互信赖与合作是公司业务得以顺利开展的重要基础。因此,对于股权自由转让必须以其他股东享有优先购买权为程序性限制,方能维持公司的稳定,最大限度地维护其他股东的利益。同时,公司章程可以对股权转让作出限制性的规定,这种规定相比公司法关于股权转让的一般性规定,设定了更为苛刻的条件,是章程制定者为了维护自身及公司利益达成合意的体现。

二、股权转让限制的方式

《公司法》关于有限责任公司股权转让的限制,是由强制性规范与任意性规范的结合来实现的。根据《公司法》第 71 条规定,有限责任公司的股权内部转让采取自由主义原则,法律没有设定强制性的规定。而外部转让则受到限制,这种限制主要体现在以下三个强制性规范:一是股东向股东以外的人转让股权时,必须经全体股东过半数同意;二是不同意转让的股东应当购买该转让的股权,如果不购买,视为同意转让;三是经股东同意转让的股权,在同等条件下,其他股东有优先购买权。《公司法》第 71 条第 4 款规定,公司章程对股权转让另有规定的,从其规定。这是一个任意性的条款,股东可以基于该规定通过公司章程对股权内部转让进行限制。公司章程是公司的组织和行为规则,是发起设立公司的投资者就公司的重要事务及公司的组织和活动做出的具有规范性的长期安排,这种安排体现了很强的自治性。公司股东当然可以在公司章程中对股权转让作出特别限制,这种限制往往出于防止公司被个别股东所控制、强化公司的人合性等考虑。

关于《公司法》中的强制性规范和任意性规范,立法也未对二者作出非常明确的界分,仅仅从法律条文的对比中去推导立法者对该条文强制性或任意性的认识是不合适的,这需要我们从法理的深层次上作出分析判断。较有说服力的一个判别标准是:当某个规范所规定的问题属于公司内部问题时,通常可以作为任意性规范;当某个规范所规定的问题属于公司外部问题、涉及公司之外的第三人时,则作为强制性规范。总体来说,有限责任公司的任意性规范较多,强制性规范有限。

三、对任意性规范与强制性规范变更的效力分析

对有限责任公司而言,绝对的股权自由转让原则缺乏应有的灵活性,特别是

不能适应其封闭性的要求。因此,对于公司章程中的特别规定,各方都应当尊重。从《民法典》合同编的角度分析,在《公司法》规定之外对股东转让股权设定特定的条件,是符合合同自由原则的,如此认识的依据即"公司的合同理论"。实践中,一些公司股东基于对公司控制权之争往往对股权转让另加限制,如在章程中约定:"公司股权在股东间转让时,必须经其他股东过半数同意。经同意可以转让的股份,各股东按照持股比例在同等条件下享有优先购买权。"这样规定的目的,是保持各股东间利益的平衡,防止恶意股东借股权转让之机拥有多数股权,达到控制公司、损害其他股东的情形发生。基于有限责任公司人合性、封闭性的考量,对上述情形中关于《公司法》任意性条款的变更应得到充分尊重,其对股权转让的限定条件是有效的,违反该限定条件的股权转让是无效的。

在肯定章程可以对股权转让作出限制性规定的同时,必须明确,这一限制性规定是受到制约的,对于违反法律的强制性规定或者违反公司法原理的限制性条款,不应认定其效力。具体而言:

1. 公司章程对股权转让的限制性条款与法律和行政法规的强制性规定相抵触的,应确认该公司章程条款无效,对股东没有法律约束力,股东不因违反该条款转让股权而使签订的股权转让合同无效。

2. 公司章程的限制性条款造成禁止股权转让的后果。这种规定违反股权自由转让的基本原则,剥夺了股东的基本权利,应属无效,股权转让不因违反这些限制性规定而无效。

小 结

这个场景中,朱军想转让公司的股权,因为公司是有限责任公司,转让时要受到限制,比如经股东同意转让的股权,在同等条件下,其他股东有优先购买权。所以最后朱军没有把股权转让给他人而是给了公司的原有股东。

场景八

我是公司新股东，居然没有投票权

我姓奥，名胜利，听着这个名字可能大家都觉得我应该是可造之才。事实证明，我这个人运气确实不错。记得看过一部电影叫《阿甘正传》，影片里的阿甘就是一个特别幸运的人。他打仗能拿勋章；他打球可以拿奖；他捕鱼能成为富翁。我的人生开始真的如他那般顺利，我简直如幸运神般。

据说，我出生后，我爸爸在公司得到晋升，我妈妈在医院荣升为护士长。所以我爸妈从小特别疼我，为此，我是饭来张口，衣来伸手。在学习方面，我也算是拔尖，就像《一吻定情》中的江直树一样智商非常高。很多东西，只要老师稍微指点，我就可以明白。可在这样的环境下，导致我傲娇、自大，而且我比较高冷，总觉得世间很多人不如我。可之后，我才明白，山外有山，人外有人。

虽然我智商比较高，但是我这个人比较死板，情商低，所以大学毕业后，在公司里总是不得人心，也总受同事排挤。大家背地里都笑话我，说我是一个怪人。

在长相方面，我还是比较自信的，大长腿，五官俊朗，也算一枚帅哥。电视里不都写女人喜欢高冷帅哥吗？可实际生活中却并非这样，我这样的高冷男孩，她们一脸鄙夷。或许是因为我很少和她们说话吧，又或许是因为我不懂逗她们开心，还或许是因为她们让我帮忙时我回绝的关系。总之，那时我才发现，原来情商比智商重要。

其实，我也想改变，工作之余也想和大家一起说说笑笑，可是没办法，江山易改本性难移。那时我就想，或许自己不适合为别人工作，我想以后就自己开公司吧。

虽然我不适应上班的环境，但是作为名牌大学的 IT 男，我的月工资还是不错的。就这样工作了 2 年后，我和我的同学奥观海以及其他几个人成立了南华市悟空科技公司。我是公司的第四大股东，持股 10%。做了小老板，我发现很多事情力不从心。我们公司业务好，前景好，前面几年，每年净利润 300 万元。后来公司发展的势头更加猛烈，这个时候奥观海就想让公司上市。可是我认为公司虽然业绩好,但上市时机还不太成熟,可奈何,我不是大股东,根本无权决定大问题。

思虑再三后,我决定转让公司10%的股权,因为我觉得公司其他股东太急于求成,这样连走路都还没走稳,就让公司跑,终究要跌倒的。转让了10%的股权后,我就购买了梦佳科技公司25%的股权。后来梦佳科技公司也决定要上市,我认为公司也还没到上市的程度,所以我打算在股东大会上投反对票。可是后来我才知道,之前转让股权给我的人只转让了虚拟股给我,没有转让实股。一时间,我晕头转向,才发现自己对股权转让的事情知之甚少。那么股权转让必须去工商局变更吗? 股权转让要注意什么呢?

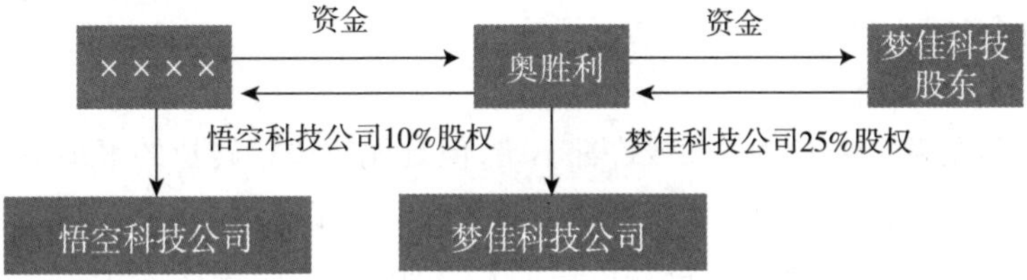

图4-6 场景八:奥胜利项目股权关系图

场景TIPS:股权转让必须去工商局变更吗?

原则上股权转让协议自双方签字确认后即生效,不办理工商登记只是不能对抗第三人。

在股权转让的过程中,受让人一定要了解清楚自己获得的是什么股。有些老板为了搞股权激励,使用的是虚拟股,即只有分红权,没有其他权利,不进行工商登记。如果是实体股,即拥有完整的股东权利的股份,必须进行工商登记,以免产生纠纷。法条依据如下:

《公司登记管理条例》第34条规定:"有限责任公司变更股东的,应当自变更之日起30日内申请变更登记,并应当提交新股东的主体资格证明或者自然人身份证明。有限责任公司的自然人股东死亡后,其合法继承人继承股东资格的,公司应当依照前款规定申请变更登记。有限责任公司的股东或者股份有限公司的发起人改变姓名或者名称的,应当自改变姓名或者名称之日起30日内申请变更登记。"

在股权转让过程中,涉及的纳税问题需要关注:

第一,股权转让要缴纳印花税,双方分别按转让金额的0.05%缴纳。

第二,股权转让如果是溢价转让,以股权转让收入减除股权原值和合理费用后的余额为应纳税所得额,按“财产转让所得”缴纳个人所得税。合理费用是指股权转让时按照规定支付的有关税费。

第三,实务中存在为了节税而平价或低价转让的做法,但是如果转让价格过低,主管税务机关可以核定股权转让收入,特别是那些固定资产较高的企业需要注意。具体规定可以参见,由国家税务总局颁布的《股权转让所得个人所得税管理办法(试行)》。

小 结

奥胜利在眼光和能力方面或许都不错,但是他对股权转让的事却不懂。他购买股权,以为自己买了实股,实际上却是虚拟股。所以,在股权转让时,双方除了遵循自愿原则外,还要明白自己转出和买入的到底是实股还是虚拟股。

场景九

现代版“桃园三结义”，兄弟情居然被现实打败

《三国演义》中桃园三结义的故事大家都悉知。以前我就特别喜欢书里面的兄弟情，刘备、关羽、张飞在乱世中相互帮扶，刘备最后更是靠兄弟们帮他打下了江山，建立了蜀汉，所以我特别羡慕这样的情义。

我叫刘俊，和刘备是本家。我家有兄弟姐妹四人，但是男孩却只有我一个。从小家里就特别疼我，几个姐姐也爱护我，感觉自己在女人堆里都成了贾宝玉。因此我特别羡慕别人有兄弟。

进入大学后，我父母和姐姐们都给我零花钱，所以日子过得比较富足。我们宿舍有两个男孩，一个叫张进，另一个叫王武，家境不是特别好，我经常看见他俩吃方便面，所以我经常请他俩吃饭。到了周末，我就带他们下馆子。张进食量大，特别喜欢吃肉，一顿能吃两斤肉；而王武来自北方，喜欢啃大馒头，也喜欢吃肉。一个人的钱，三个人用，所以我每个月开销不小。不过因为家里人都疼我，所以他们并没有责备我。

在大学4年里，我或许成了别人眼中的傻子，但是我却非常乐意。因为我们三个在大二的一个月黑风高的晚上已经结拜为兄弟。张进是大哥，王武是二哥，我年龄最小，是三弟。那时候我们就商议，毕业后我们要开公司，要一起混出名堂。

大学毕业后，我们三个一起到了上海工作，而且进了同一家公司。最开始他们也挺照顾我的，确实把我当弟弟一样看待。记得有一次，我醉酒后不小心把一男的吐了一身，那男的作势要打我，他俩挺身而出，我才幸免。

时间飞逝，转眼间5年过去了。张进和王武凭借着吃苦耐劳和上进的精神成为公司的主管。而我还是那个懒散的我，加上那几年我家里出现了变故，父母生病，姐姐们有了自己的家庭，也就不太管我了。真是三十年河东，三十年河西。

意识到问题的所在后，我决定发愤图强，慢慢地，我在公司负责的产品项目运营得非常成功，我的能力也越来越突出。此时，大哥和二哥找到我，说想实现曾经

我们大学时的梦想,一起合伙开公司。当时,我就尴尬了,因为我日子过得拮据,目前根本没有余钱投资。这个时候大哥张进说,不需要我出资,我只需要负责产品和运营。

后来,我们三人创立了一家互联网公司,主营电子商务。张进和王武负责出资,我负责产品运营,在股权分配上,他们占 35%,我占 30%。当时我就特别感恩戴德,特别感谢他们念兄弟情。不过兄弟情,在利益冲突下,矛盾就出来了。

在我管的产品项目方面,大哥张进总是喜欢指手画脚,完全不放心让我全权处理;而二哥王武可能觉得我没有实际出资就占 30% 的股权,他心有不甘,所以经常在张进那儿抱怨。虽然这一切我都看在眼里,但我睁一只眼闭一只眼,我只希望我们兄弟之间感情如初。公司经营了 3 年,发展很好,每年的利润应该挺可观的。不过,第二年和第三年分红时,张进和王武都说公司没赚到钱,他们也不给我看公司的账目。

后来我才知道,他们俩偷偷地进行分红,完全把我撇开了。其实,我最初虽然没有实际出资,但是在第一年分红时,我就已经用分红的钱抵扣了。或许在他们眼里,我还是不值得有 30% 的股权。出现这样的情况,我感觉很茫然,想退出公司,后来咨询了股权专家。

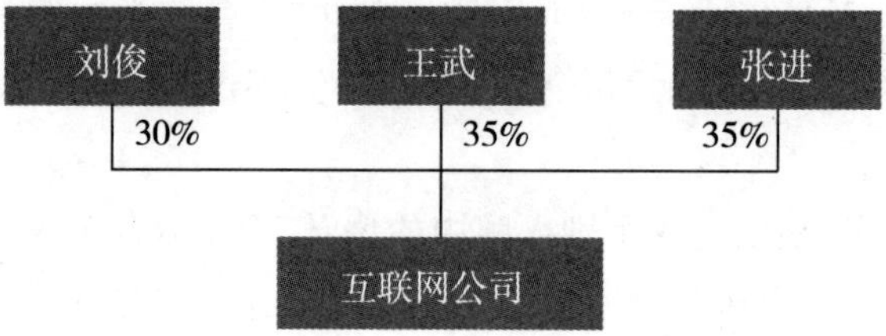

图 4-7　场景九:刘俊项目股权关系图

场景 TIPS:股权分红的一些问题

关于分红的问题,如果他退出了参与经营,而其他 2 个股东又通过股东会,决议每年不分红,这个时候他可以有三种选择:(1)跟另外 2 个股东商定,将自己的这部分股份卖给他们中 1 人或者 2 人;(2)卖给股东以外的第三人,如果另外 2 个股东在收到通知后 30 天内未行使优先购买权,他就可以卖给第三人;(3)他可以继续保留他的股份,在公司连续 5 年盈利都不分红的情况下,那么他可以选择要求公司回购他的股份。如果分红,就会涉及交税的问题,因为他是作为个人入股,分红收益就需要缴纳20%的个人所得税。

实践中这时候还有一种现象，即另外2个股东分红，而不分给他。这时候就要分两种情况，一种是另外2个股东通过股东会决议决定不分红给他；另一种就是那2个股东私下自己分红。如果是第一种情况，他就可以以股东会决议违反章程为由，在作出决议后60天内请求法院撤销股东会决议；如果是第二种情况，这2个股东就是侵犯了他的权利，他可以起诉甚至可以向公安局举报。

至于回购的价值，首先看之前是否有约定，如有约定则约定优先；若没有约定则需协商，具体可以按市盈率进行估值。不同行业的市盈率不同，整体10倍、传统行业6—8倍、互联网企业可以到15倍。最后协商也不成的话，可以选择终极途径——起诉，实践中此时会按第三方评估，而评估方法一般仅按照净资产评估，不会存在溢价。

小　结

在本案例中，虽股东刘俊未完全履行其货币出资义务，但其在公司创立之初就与其他两位股东作了“张进和王武负责出资，我负责产品运营，在股权分配上，他们占35%，我占30%”的相关约定，并被其他两位股东所接受，这视作刘俊以非货币出资方式入股获得股权，不应当按实际出资比例确定其股东权利，并且刘俊在第一年也同时与两位股东约定，将自己应有的分红充抵股权出资。刘俊的股权不存在瑕疵，另外两名股东私下分红的情况已经严重侵犯了刘俊的股东权利，刘俊可以通过诉讼方式依法保障自己的权利。

场景十

我是小老板，并购让我“七十二”变

我叫吴英，我父亲是一家汽车4S店的老板，所以我从小过着养尊处优的生活。但我知道，作为新世纪当家人不可能依靠父母过一辈子，更不能啃老一辈子。所以当我父亲给我觅得一郎君，打算让我乖乖在家跟着他过平凡的日子，乖乖啃老时，我开始了反抗。我逃婚了。其实从小，我就是一个乖乖女，很听父母的话，也没什么主见。但是人一旦醒悟了，结局就不同了。

从家里出来后，顿时感觉外面的世界好精彩，但是却也让人感觉心里空落落的。出逃了，我自然要找工作，因为对网络感兴趣，所以最初我在一家网络公司做前台。做前台的日子特别无聊，感觉自己无所事事。后来我申请到公司的运营部，开始运营产品。我可能是得到了我父亲做生意的真传，做运营得心应手。在公司做了2年，业务翻了几番，利润也翻了几番，公司高层特别看重我，老板还说要升我做项目主管。不过，说实话，工作确实可以让我的生活犹如充血般有激情，但是我这个人比较喜欢自由，不喜欢被他人束缚。所以在事业晋升期，我辞职了。

辞职后，我并没有打算再去别的公司入职。我反而回了老家。父亲最初知道我逃走后，还扬言要和我断绝父女关系，可是他到底是疼爱我的。时间也是一剂良药，在时间的冲刷下，我还是他的乖女儿。

其实，回老家，我不为别的，我只想找我父亲借点钱，然后我想开一家网络公司。虽然在外两年我存了20多万元，加上以前父母给的零花钱，一共有40万元，但还需要20万元启动资金。最开始，我父亲很反对，因为我在他眼里就是个小公主，他知道开创事业会很累。但几番争执下，父亲终于知道他的女儿已经长大，而且他也听说了我在之前网络公司的能力，所以最后他答应借给我20万元。

就这样，我成立了一家网络公司，还组建了一支强大的队伍。公司在大家的共同努力下业绩蒸蒸日上，而且我靠着之前做网络公司时的人脉进一步推进了公司的发展。几年后，公司运营得当，管理层构架越来越完善，所以此时，我想通过并购进一步促进公司的发展。

我父亲当时借给我20万元，占公司30%的股份，所以当我把想并购的提议告诉父亲时，父亲非常反对。他认为公司虽然处在上升阶段，但是还没到并购的时候。不过，这个时候，我已经看重了一家相当有实力的网络公司，只不过那家公司出现突发情况，所以也想通过并购度过危机。这样的机遇不可求，只不过我没有并购经验，不知道股权收购与资产收购哪种方式更好。还好后来有股权专家帮我解决了这一难题。

场景TIPS：股权收购与资产收购哪种方式更好？

这两种收购并没有绝对优劣，在具体操作下得结合实际情况选择最适合自己的方式。首先我们需要了解一下这两种收购方式的特点：

(1)股权收购是以目标公司全部或者部分股权为收购对象，比如目标公司流通股、可转股的债券、认股权利证书、优先认股权证等，从而实现企业扩张和发展的一种投资行为，而收购企业按持股比例承担目标公司的权利与义务、资产和负债。其优点只是股权的转移，除所得税及印花税外，可避免流转税的缴纳，不涉及大量资产权属(如土地、房产、机器设备)、资质的变更，可以保证业务的完整性和经营的持续性，交易程序也较为便捷。其缺点是因整体收购，资产整合的力度相对较小，收购后还需要考虑非主业资产或劣质资产剥离、人员安排；收购主体需产生相应规模的现金流出；而且在控制了新公司的同时也承继了该公司的各类法律风险；另外，被收购主体的业务层级降低，可能面临来自管理层的阻力。

(2)资产收购是指一个或几个公司的资产和债务转让给一个公司，或者是收购方根据自己的需要而购买目标公司部分或是全部的资产。转让资产后可以让企业继续存在，也可以通过清算将资产转让所得分配给原股东。其优点是直接取得公司主业经营所需的资产和业务，非主业及其他资产、人员、法律瑕疵继续留在原企业，可以实现主业的整合。其缺点是需要缴纳一定的流转税；涉及各类资产权属、资质变更，交易程序相对繁杂；因非股权收购，交易并不必然带来人员、业务的转移，需另作安排，以充实人员、重新开展业务；资产出让方取得现金等对价，需考虑资金用途，避免资金闲置。

综上所述，资产收购更"干净"，更"踏实"，但税费更高。而股权收购更"完整"，更"灵活"。因此在实务中，收购方普遍更倾向股权收购，税负低、审批少，而资产收购需要重新登记的地方很多，非常烦琐，万一哪个阶段卡住了，资产的价值会大打折扣。

补充提示

股权收购的前提是资产和债务必须真实、完整和明确,特别是债务必须充分获知。然而,现实的股权转让中的“信息极不对称”,使得收购方很难充分获知目标公司的或有债务。这就决定了股权收购中最突出的问题是目标公司的或有债务风险及防范问题。

或有债务,是指只有发生某种难以确定的情况时才会存在的债务,债务的发生与否取决于将来某种不确定的因素,即目前因为各种原因还未被收购方获知或者预料的债务。因此为了避免风险,收购方除了要在前期做好充分的尽职调查,还可以通过由原股东及其家人提供第三方担保的方式最大限度地降低或有债务的风险。

小结

并购虽然是公司发展壮大的好方式,但是却也有一定风险。在这个场景中,吴英并没有并购经验,所以选择并购的对象以及并购方式时都要小心。资产收购虽然有其优势,但是过程烦琐,所以吴英最好还是选择股权收购的方式。因为股权收购的方式完整又灵活,值得考虑。

场景十一

我是冒险家，人生浮沉似浮萍

我叫陈小春，在别人眼里是个天不怕地不怕的人。据说小时候我为保护弟弟，以一挑三，结果被对方围殴，打得鼻青脸肿。虽然如此，但是我还是一脸孤傲的神情，勇往直前，最后把对方吓跑了。在学习上，我数学能力突出，也经常代表校方参加全国性的数学竞赛，也会经常拿奖。

读大学时，我的冒险精神也发挥得淋漓尽致。或许我有些才华，但在外貌上我并不占据优势，170cm 的身高，五官平平，微胖，属于人群中很普通的那种。但这样的我居然有勇气去追我们系的系花，在别人口中，我这是“以卵击石，不自量力”。可人生不过短短几十年，喜欢就追，为何要畏畏缩缩呢。当然，我也不是死缠烂打，厚颜无耻之人，如果我表达了心意，并且付诸行动后，对方还是不喜欢我，我也不会像《一吻定情》中的袁湘琴那样一直追着江直树。

清朝宰相刘墉就其貌不扬，还是个“罗锅”，这样的人却娶了个貌美的格格。所以我断定萝卜青菜各有所爱，外貌并不能说明一切。打定主意后，我开始给系花晴儿写情诗，经常在她宿舍楼下弹琴，也会陪她听课，还会偶尔送几束小花。但我从来不会赖着她不放，我只追我的，答不答应是她的事。就这样持续了两个月，系花终于被我一举拿下。

不过我的冒险并不都是成功的存在，也有失手的时候。大学时，我就自己开始创业，在我们校园外建了一个农家乐，最初我的想法是学生周末时可以来农家乐体验生活。不过考虑不周，没有考虑到学生的消费水平，导致第一次投资就亏损了 10 万元。好在我心态平和，并没有一蹶不振。

大学毕业后，工作了 5 年，我就和几个同学一起创办了中美集团。我们这个集团是一家粮油食品进出口公司和食品生产商，在大家的共同努力下，公司发展迅速，在国内成为知名企业。虽然公司发展速度快，但还没达到上市目标。刚好当时我们看中的一个好项目，规定只能上市公司才能合作，这个时候想要上市，那就需要通过并购来实现。

可是并购，到底是实行横向并购还是纵向并购呢？我们几大股东意见并不统一。当时，我们有两大并购方案，第一是并购一家有实力的粮油进出口公司，第二是并购一家服装贸易进出口公司。虽然这两家公司都做进出口贸易，但一个做的和我们的业务一样，而另外一家做的是服装进出口，和我们业务完全没有关联。很多股东都表示要并购粮油进出口公司，但当时我却主张并购服装贸易进出口公司。几次协商，都没把这个问题敲定，最后，因为我是公司的大股东，而且我占有多数投票权，所以通过股东大会，最后决定并购服装贸易公司。

或许很多人很纳闷，为什么我会选择纵向并购，选择一家毫无关联的服装贸易公司并购呢？事实证明，当时服装进出口贸易发展得如火如荼，而我们的并购也让公司业务扩展，让公司注入新的血液。并购后，公司也成功上市，并且拿下了之前看中的项目。那么横向并购和纵向并购有什么区别呢？

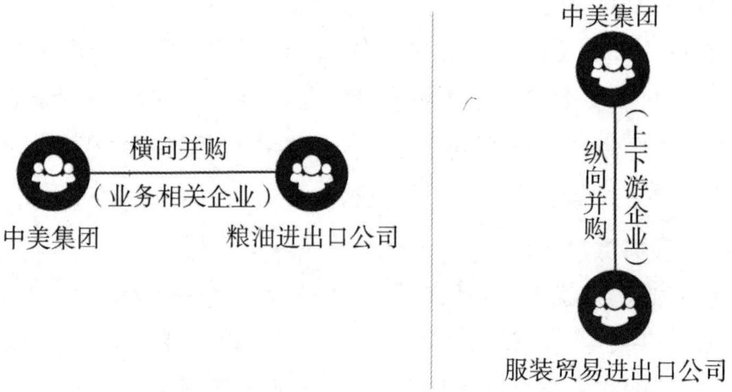

图 4－8　场景十一：陈小春项目并购关系图

场景 TIPS：横向并购和纵向并购有什么区别？

横向并购是指生产和销售相同或相似产品的企业间的兼并，即同行业之间的并购。横向并购的目的就是迅速扩大生产规模，提高规模效率和市场占有率，从而使生产成本降低，增强企业的盈利能力和竞争力。当然最近也有很多互联网公司之间的并购，有时可能主营业务不一定一样，但是商业模式的相似也可以算作横向并购。

纵向并购是指买方企业的产品处在被并购企业的上游或下游，是生产的前后工序，或生产与销售之间的关系。纵向并购的基本条件是，被并购企业的业务能力与买方企业的业务相互衔接,即买方和卖方之间并不是直接的竞争关系,更像是供应商和需求商之间的关系。一般来说,纵向并购很可能出现于已经在某个领域形成垄断的巨头身上,为了扩张自己的发展空间,在遭遇了行业天花板后,稳妥的办法是进入沿自己上下游产业链的行业中去。当然,也有很多企业的纵向并购是和同行业的竞争无法决出生死,那就会寻求靠开拓其他业务来让自己更强大。

小结

上述场景中,陈小春具有冒险精神,这种精神做事业时容易出现大起大落。不过,他在决定并购公司时,没有选择业务相关的横向并购,而是选择了服装贸易公司,或许他有一定的冒险精神,但他也仔细分析了市场,最后获得了成功。所以公司在并购时,到底是选择横向并购还是纵向并购需要具体问题具体分析。

场景十二

我是“传奇”，每次做生意都要转让股份

我叫王贵，自认为自己是创业天才，加上如今这个时代有个创业的好环境。但是人生也有很多无奈，我每次投资，最后都落得转让的下场，也确实无奈。

我父亲就是一个很有胆量的人，他曾经在身无分文的情况下居然也敢借贷款开公司。他从小就教育我，做男人一定要有眼光，要有担当。所以从小，我身上就种下了“冒险精神”。

大学开始，我就开始创业。第一次创业，我父亲出资10万元，让我在校外办了一家打印文件的公司。因为大学生每到毕业季，总是要写论文，所以我才想到要办这样一家公司。这个公司投资小，风险小，几乎是稳赚不赔的生意。不过，当时，我好高骛远，吃着碗里瞧着锅里，一边办打印公司，又一心想着开网吧。

说实话，现在的大学生处于信息化时代，对网络需求高，也很看中劳逸结合，每到周末或者晚上，我们网吧的生意特别好。不过后来学校有了规定，严厉打击学生上网的行为，加上很多学生都买了自己的电脑，所以网吧生意一落千丈。最后我把网吧给转让出去了，怎么办呢？光做打印公司，利润太低。半年后我又开了一家网络公司，但很多时候，我都是脑子发热，投了资却又疏于管理，公司业务不好。而我学业和创业结果两耽误，最后不仅推迟1年毕业，公司也倒闭了。痛定思痛后，我决定先管学业，之后再创业。

大学毕业后，我在我父亲公司里上班。我父亲有一个物流公司，最开始我从基层做起，做搬运工，每次来货物后，把货物搬上货车。有时候要忙到半夜，虽然辛苦但却非常充实。当然我不会一直这么浑浑噩噩地过下去，羽翼丰满后，我是要再次飞翔的。

在我父亲公司工作了1年，公司里的人都不知道我是老总的儿子，所以受尽人世苍凉之苦。后来我父亲认为我是时候接手公司了，他公开了我的身份。身份公开后，之前给我苦头吃的人事主任吓得面无表情，后来还一个劲儿地巴结我，也是挺有意思。不过我认为，世界本来就是如此，各色各样的人总会有的，所以我也

没太在意。最主要是的我不打算在父亲的公司上班。

当时,我看重外贸行业,并打算开一家进出口贸易公司。这个时候,我不像以前那样莽撞,万事俱备后,在父亲资金的支持下,公司顺利营业。可我这心猿意马的性格还是改不了,开了贸易公司后,我又了解到家装行业很赚钱。因为近年来,人们的购房需求不断上升,而购房条件又越来越好,所以家装行业一定吃香。就这样我又开了一家家装公司,叫锦云公司。

不过,很多事情都没有表面上看起来那么容易。家装公司需要有好的团队,需要有口碑,还需要有价格方面的优势,所以一时想要快速占领市场很难。这个时候,我的贸易公司资金又出现了问题,而我又不好意思再向父亲开口借钱。所以我打算转让锦云公司 100% 的股权。

京龙公司是我们当地一家有名的家装公司,业务也正在拓展,他们看中了我们公司的前景。所以我同他们签订了《股权转让协议》,协议中,我把锦云公司 100% 的股权转让给京龙公司,股权转让总价款 500 万元,京龙公司依约交付部分转让款后,因故未能及时交付剩余款项。

此时,合众公司又看中了我们公司,并打算用 450 万元购买我们 100% 的股权。其实合众公司的其中一个股东知道了我和京龙公司签过协议,但他们不介意,还是同我签订了《股权转让协议》,合众公司一次付了 450 万元款项,而我这边也办理了工商变更登记。

最后,我才知道合众公司又将锦云公司 100% 的股权全部转让给华仁公司,股权转让总价款 1200 万元,并且华仁公司还一次性支付给合众公司全部款项。此时,京龙公司又来闹事,京龙公司表示,其与锦云公司最初签订了《股权转让协议》,在协议没有解除的情况,我不能把公司股权转让给第三方。

我也被这个事情闹得头大,这几份转让协议,也不知道效力如何认定。

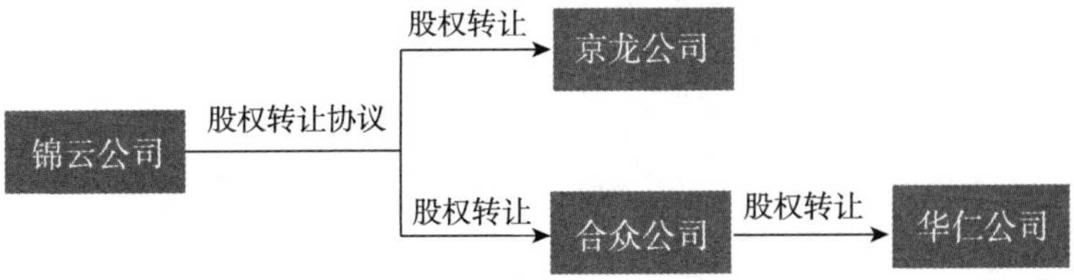

图 4-9　场景十二:王贵项目股权转让关系图

场景 TIPS:股权转让一股三卖,股权协议效力如何认定?

首先,合众公司与王贵签订的《股权转让协议》属于无效合同。合众公司在知道王贵与京龙公司的股权转让合同尚未解除的情况下,又就该股权与二者达成股权转让协议,且受让价格均显著低于京龙公司的受让价格,并将受让公司过户到合众公司名下,而王贵在未解除与京龙公司之间的合同的情形下将目标公司股权低价转让给关联公司,损害了京龙公司根据股权转让协议可以获取的利益,根据《民法典》第 154 条"行为人与相对人恶意串通,损害他人合法权益的民事法律行为无效"之规定,该合同无效。

其次,华仁公司因善意取得股权。(1)合众公司与华仁公司签订的《股权转让协议》,主体合格、意思表示真实,亦不违反法律、行政法规的强制性规定,合法有效;(2)合众公司因合同无效不能取得股权,故其将股权转让给华仁公司的行为属于无权处分行为;(3)因股权登记在合众公司名下,华仁公司基于公司股权登记的公示方式而产生对合众公司合法持有锦云公司股权之信赖,故其在取得股权时系善意;(4)华仁公司已支付了合理对价,且将股权由合众公司过户到华仁公司名下,并实际行使了股东权利,满足了《民法典》有关善意取得的条件。

综上,华仁公司善意取得锦云公司的股权。

小　结

在这个场景中,王贵在与京龙公司的股权转让合同尚未解除的情况下,又就该股权与合众公司达成股权转让协议,这种做法是不对的,也是不合法的。而华仁公司与合众公司签订的协议主体合格、意思表示真实,是有效的协议。

场景十三

我是富翁，不该动“阴阳合同”这份奶酪

2018年，娱乐圈有些明星深陷阴阳合同丑闻，并被查。由此可见，阴阳合同有毒，碰不得。不过，我还是被利益蒙蔽了眼睛，居然铤而走险，最终自食恶果。

我叫宝林，是上市公司Y的老总，我们公司做进出口贸易，上市后业务更是遍布全国。而我，慢慢地在全国富豪榜上也榜上有名。很多人以为，有钱人应该是一掷千金，可事实上我却是一毛不拔。可能从小受过苦，人对金钱就特别吝惜。

小时候，我们家很穷，我们兄妹五人挤在一个破房间里，房间里放着两张木板床，没什么其他家具。从小我们就要干很多家务，比如砍柴、放牛、做饭等。衣服是大哥、二哥穿不了的，我接着穿。都说穷人的孩子早当家，或许正是这个道理，我们几兄妹从小就特别懂事，学习也都拔尖。其中，我大哥、二哥毕业于清华，我大姐和二姐也读了名校。至于我，虽然没有上名牌大学，但也读了个不错的学校。

毫无疑问，我们家的孩子就是他人口中“别人”家的孩子，如今我们都事业有成。在改革开放时，我大学毕业，后来抓住这个好时机，我在深圳开了电子公司，并很快发家致富。人一旦赚了钱，可能变得越上进，越来越不能满足。我也是一样，我对当时的条件并不满足，后来转让了电子公司，开始做贸易公司。做了贸易公司后，身家也有了几个亿，经常坐着私人飞机同国外顾客洽谈大项目，无疑人生已经达到了巅峰。可是这个时候，我却利欲熏心。

当时有一家Z公司，前景非常不错，如果收购后，可以成为我们公司旗下的一个子公司，为我们服务。我和Z公司老总志强私下签订了《整体收购Z公司协议》，在这个协议中规定，我们Y公司以总价款7000万元收购Z公司全部股权。但是，事后，我又找到Z公司老总，志强看见我后，一脸坏笑，我们俩相见，对彼此心中的坏水都心知肚明。

志强知道我的来意，我们又同Z公司签订了《股权转让协议》，在这个协议中，Y公司以总价1000万元购得Z公司100%的股权。其实，1000万元仅为办理工商变更手续之用，而实际上我们Y公司支付了7000万元给志强。为什么这样呢？

因为这样可以少缴纳6000万元税款。

不得不说，收购Z公司，是我创业以来做得最失败的一次，因为Z公司真的不值这个价。后来，我有找志强说过这个事，我认为他们公司最多只值1000万元，我希望他能够还回我方多付出的6000万元。说实话，提出这样的要求，我也觉得自己可笑，囊中之物，别人不可能还回来的。和志强闹翻后，我便向法院提起诉讼，主张双方所签订的协议中存在违反国家法律规定的条款，其内容已损害了国家利益，请求确认《整体收购Z公司协议》无效及返还股权转让款7000万元。就这样我搬起石头砸自己的脚，后来接受了调查，还被罚了款。当然，志强也一样，因为损害国家利益被罚款。

图4-10 场景十三：Y公司与Z公司的阴阳合同

场景TIPS：股权转让阴阳合同的效力？

首先我们要明确什么是阴阳合同，一般我们认为提交给相关政府部门备案但并未实际履行的称为"阳合同"，交由当事人双方收执并得到实际履行的称为"阴合同"。本案中《整体收购Z公司协议》就是实际履行的"阴合同"，而交由进行工商变更的《股权转让协议》则是"阳合同"。在"阳合同"中与"阴合同"内容不一致的条款，因非当事人之间真实意思表示，当事人不欲实际履行，仅是为办理工商变更登记、逃避股权转让纳税而订立，不是合同当事人的真实意思表示。根据《民法典》第146条的规定，属于通谋虚伪表示，双方并不予实际履行，应为无效。但是，除两份合同中相互抵触的条款之外，"阳合同"有某条款而"阴合同"无此条款的，如当事人另有证据证明该条款为虚伪表示，则无效；如不能证明该条款为虚伪表示，则该条款效力不受影响。

而对于"阴合同"而言，为了明确合同权利义务，转让双方当事人通常会在"阴合同"中明确约定进行工商登记的合同仅为备案之用，具体的权利义务以"阴合同”之约定为主。那对于诸如此类的条款效力，其内容损害了国家的利益，按照《民法典》的规定应为无效条款。又依据《民法典》第156条规定：“民事法律行为部分无效，不影响其他部分效力的，其他部分仍然有效。”该条规定确认“阴合同”部分条款无效而非全部无效，更符合鼓励、保护交易安全的精神，也更尊重当事人的意思自治。如果该“阴合同”被确认全部无效，依据该合同所进行的有关行为也应当予以纠正，如工商登记、税收征收部门的征缴税款行为均导致无法律依据。因此，合同部分无效并不影响出让方与受让方真实意思表示基础上的订立的“阴合同”的法律效力，双方仍应按照“阴合同”具体规定履行股权转让相关义务。

股权转让当事人之间的股权转让行为存在应缴纳相关税费而未缴纳的情形，属于行政处罚调整的范围。此逃避税收的行为将会遭受行政处罚，甚至承担刑事责任。因此当事人在股权转让交易中还是应当按照相关税收管理规定缴纳税收。

小　结

在这个场景中，Y公司同Z公司签订“阴阳合同”，违反了国家利益，最后双方被查，被罚款。所以无论是什么企业都要遵守国家法律，不要存在侥幸心理，不然都要自食恶果。

场景十四

一场汽车追尾事故“碰出”失联多年的同学，强强联手再续前缘

在城市里每天最头疼的就是上下班路上堵车。要是平时，还能沉住气，不过今天上午单位有个重要的会议，眼看就要迟到，我心里非常焦急，眼看前面路口绿灯就要变红灯，我想加速冲过去，不过还是来不及了，红灯亮起了，我哪敢闯？一个紧急刹车，只听“砰”一声，车辆一震，我想，麻烦了，怕什么来什么，应该是后车追尾了，上午的会是参加不了了。

我停好车，熄火后打开车门，看到后方一辆大众顶到了我的车，虽然损害不严重，但两辆车都凹进去一块。我正要发火，看到后面汽车的驾驶员也下来了。仔细一看，无巧不成书，居然是他。对方也是一惊，随后两个人拍手大笑。

“志鹏！”对方叫出我的名字。“宏宁！”我狠狠捶了他一下。这位老兄就是我高中最好的同学加朋友李宏宁。我们大学在同一个城市，周末经常一起见面。可是毕业三四年了，他好像消失了一样，联系不上他了。今天居然在这种情境下见面，真是“踏破铁鞋无觅处，得来全不费工夫”。

碰车这件不愉快的事早就抛诸脑后了。我们开走车，找了个小饭店聊了起来。旁边观看事故的人感到莫名其妙。

我是学金融的，现在在一家商业银行工作。宏宁从小就是个技术控，大学学了自己喜欢的计算机专业。他说毕业后找了一家公司，但是这个公司效益不怎么好，自己现在也是很不如意，所以这几年也没有和大家联系。

我首先批了他一顿，批评他躲着大家，尤其是不和我联系。我说，大家都还年轻，工作都刚起步，同学们没人会瞧不起你，我的工作也不是很理想，再说就是遇到困难，大家也可以互相帮助。他点头表示同意，同时也很自责。

我们吃完饭去唱歌。我问他，还记得大学毕业前我们看的最后一部电影是什么吗？他说当然记得，是黄晓明、邓超演的《中国合伙人》。那我们唱的最后一支歌是什么？他说是《爱的代价》。

于是，我们又唱起那首歌，“还记得年少时的梦吗……”，我们把这几年的思念都放在歌里了，聊得也很投机，跟当年一样。

我们唱完歌都已经是下午了。车总要修。我说找保险公司来处理吧。

宏宁说，碰撞不算严重，如果出险比较麻烦，也影响下一年度的保险优惠，还是自己找个修理厂修修吧。

我说，你看现在汽车越来越多，但是我们不知道渠道，又不了解维修店服务质量，日常维修保养就比较盲目，成本也很高。我们两个，一个计算机专业，另一个金融专业，我们完全可以利用自己的知识自主创业，可以合伙开发一个平台，使车主与维修店之间形成互通。

他眼前一亮，说这是个好的思路，不过启动资金怎么办？我会心一笑，你忘了我是学金融的了？你忘了我们看的《中国合伙人》，那部电影就是根据新东方俞敏洪、徐小平他们的创业故事改编的。我们也可以做我们的公司。我给他介绍了众筹股权和合伙人制，我们选择最佳的融资方案，召集几个资金雄厚的老同学参与进来。他深表同意，决定用众筹的方式吸引投资。只要有启动资金，一个“互联网＋”汽修服务公司马上就要腾空而起了。

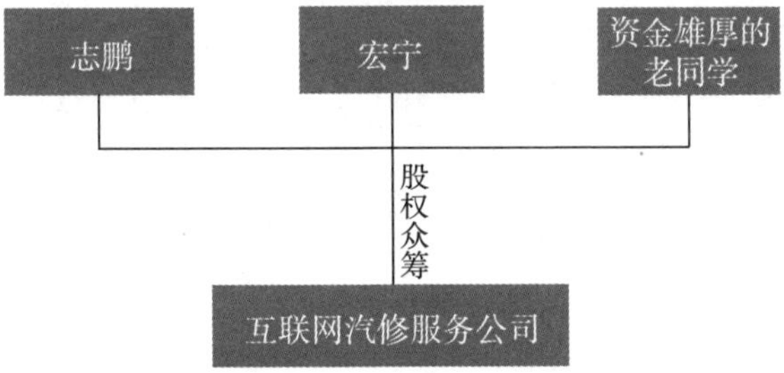

图 4－11　场景十四：互联网汽修服务公司股权众筹关系图

场景 TIPS：众筹股权和合伙人制的区别？

众筹是一种新兴事物，通常可以分为捐赠式众筹、平台众筹、产品众筹、股权众筹、债权众筹和混合众筹。股权众筹具有投资性质，是指投资人出资，获得被投资企业的股权，即成为该公司的股东，有权获得未来收益。合伙人制度概念不明确，狭义上是指合伙企业的运营制度，受《合伙企业法》调整；广义上的合伙人制度是一种分配机制，是指既出钱又参与管理的一种股东合作形式。合伙这种制度更注重人合性。

小 结

宏宁和志鹏想创立一个“互联网 +”汽修服务公司,缺少启动资金,他们可以通过股权众筹和合伙人制的方式来获取资金。不过合伙人制非常注重人合性,一旦合伙人不合,那么公司就很难经营下去,所以从长远利益来看,股权众筹的方式是筹集资金比较好的选择。

场景十五

如果你喜欢喝咖啡，我就开一家咖啡店，“等”你！

我的名字叫王梓，不要搞错哟！是王梓，不是“王子”！既不是英国的王子，也不是迪拜的王子，我是一个普通知识分子家庭的孩子，一名财经大学的学生。大家经常叫我“青蛙王子”，我专门看了这个名字的来历，觉得故事还是很励志的，于是就默默接受了这个称呼。不过，不幸的是，作为“青蛙王子”的我，至今没有遇到“森林公主”，直到那一天。

我们大学附近有一条步行商业街，那是周末我们经常光顾的去处，大一下学期一个周末，我们几个同学去逛街，逛累了走进一家咖啡馆休息。进去以后发现很多同学在里面。关键是，就在那里，那一天，我遇到了我的“公主”。当时，她坐在我对面，气质出众，超凡脱俗，我一见钟情。回到学校我辗转难眠，后来才打听到她居然是我们同系大二的学姐。据说她家境富裕，能力超强，还是个学霸。

我利用一切机会对她展开猛攻。她平时很用功，周末除了去图书馆、体育馆，就是咖啡馆。我利用一切机会约她，为了找到共同语言，我也努力使自己喜欢上她喜欢的一切！

她说，你知道我为什么喜欢喝咖啡吗？我摇头。她说，高中学习压力很大，学到累了困了的时候，就用咖啡来提神，我喝了 3 年咖啡。那种甜中带苦涩的味道每天深夜伴着我。我说，你这么聪明，条件这么优越，居然能做到这么刻苦。

她微微一笑。肖邦说，一个每天弹琴十几个小时的人，却被别人用“天才”两个字概括了全部汗水！不过现在是真心喜欢上了这种饮品。

她说自己最大的梦想就是能拥有一家充满文艺气息的咖啡馆，面向同学们，让他们喝上最地道、最划算的咖啡。

不过，很快她就出国了，作为交换生去澳洲读两年书。

除了每天在网上和她聊天，我还在做一件事，就是要帮她完成梦想，在学校附近开一家咖啡馆。但是，我在规划了整个创业计划后，发现自己募集到的资金仅仅是杯水车薪，没法支撑项目运营。于是我发动各种关系，努力寻找能够为项目提供后续资金的渠道，然而，算上租金设备，资金总额还是不够。

有一天在逛某个购物软件时，我发现有一个众筹模块，我突发奇想，是否可以把自己咖啡厅未来的股权作为标的来众筹投资资金呢？我在网上一搜，果然有股权众筹投资的介绍，我决定采用股权众筹方式来实现我的创业。我还通过导师认识并约谈了本市一家企业老总，他是我们学校的校友，答应做领头人，我把自己的积蓄和家里给我准备的教育积蓄拿出来，我最好的朋友也加入，我们签约，合伙成立了这家名叫“等待”的咖啡馆。室内环境我们按照她喜欢的风格做了精心设计，只为等待我的公主从国外归来。

你知道股权众筹的流程吗？如果了解，或许你也可以不用出多少资，就可以当老板。

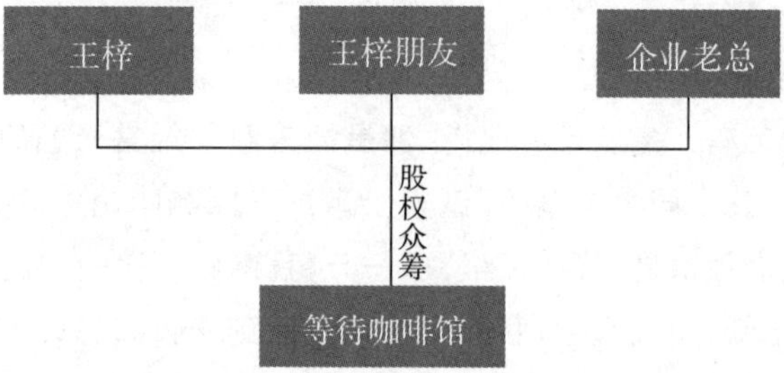

图 4－12　场景十五："等待"咖啡馆股权众筹关系图

场景 TIPS：股权众筹投资的流程是哪些？

目前，股权众筹投资典型流程如下（具体操作过程中，由于项目、平台等差异，或有顺序上的变更，但包括云筹在内的大多数股权众筹平台，基本流程均如下方所述）：

1. 项目筛选。
2. 创业者约谈。
3. 确定领投人。
4. 引进跟投人。
5. 签订投资框架协议。
6. 设立有限合伙企业。
7. 注册公司。
8. 工商变更/增资。

9. 签订正式投资协议。

10. 投后管理。

11. 退出。

小　结

如今的创业环境虽然激烈，但是如果你有好的项目并且项目前景好，那么即使你资金不足，还是可以通过股权众筹的方式实现自己的创业梦，就像这个场景中的王梓一样。

场景十六

一个项目，毁了几十年的兄弟情

我叫上官，35岁以前，我的人生顺风顺水，毫无波澜。但35岁之后，诸事不顺。第一，我自己的大型超市经营不善，到了要破产的境地；第二，跟了我多年的爱人，说离开我就离开了我；第三，和我要好了几十年的兄弟杨旭，这个时候翻脸不认人。这一切都应该是事业不顺惹的祸。

我和杨旭从小便要好，那时我们住在同一个四合院里，天天一起打闹，不到睡觉时间不分开。我也一直庆幸自己有这么一个比亲兄弟还亲的朋友。

不过，事实上，我俩还是有些不同的。比如他成绩好，而我成绩不怎么样。他戴眼镜，看着很斯文。而我吊儿郎当，像个小痞子。不过奈何人生就像戏剧一样，结局很难预料。因为后来，那么努力的他居然没有考上心仪的大学，反而进了一个大专。而本该上大专的我却进入了名校。

出榜那天，一直不沾酒的他喝得酩酊大醉，他说："上官，我一直不如你，就读书比你强，可现在我连读书都不如你了。"此时的我不知道如何安慰他。说实话，或许我们不希望朋友过得差，但自私的我们又不希望朋友过得比我好太多。人或许就是这么矛盾。我劝他复读，但他拒绝了我的提议。

进入大学后，因为不在一个省，我们的关系似乎也有些疏离了。不过，杨旭是一个很要强的人，即使读了大专，他也没有自暴自弃，他一直很努力，也每年拿奖学金。但他日子却过得非常苦。

而我呢，劳逸结合，该玩时玩，该用功时用功，把时间分配得恰到好处。该谈恋爱时，我是深情小王子；该旅游时，我是放飞自我的追梦人；该考试时，我又是拼命三郎。杨旭看到我QQ里的动态，总是留言说："你还是那个潇洒的你。"

日子本以为过得很平静，不过大三时，有一个女孩跟我表白。她不是别人，她是杨旭一直喜欢的王晴，从小也和我们一起玩到大。我这人动情晚，对王晴没什么感觉，更因为杨旭的关系，我拒绝了她。不过，女人追男人，其实真的挺容易。再加上王晴人又不赖，我也没理由再拒绝她，所以在王晴追了我3个月后，我们就在一起了。杨旭看到我们空间的合影照片，留下了几个酸涩的字："祝好！"从那以后，杨旭和我联系就非常少了。

大学毕业后，我自己创业，也赚了点钱。再加上王晴喜欢稳定的日子，所以我决定在老家市里开一家大超市。如此一来，事业、爱情什么都不缺，也算得上人生春风得意。

有一天，杨旭在微信上找到我，听他的意思是他看中了一个项目，现在处于众筹阶段。我这人比较相信兄弟，有时候脑子一热，就会做出重大决定。我决定拿出 50 万元参与他的项目。杨旭听后很开心，他表示，日后项目一定会赚钱。

可事实上，他的项目是一个养殖青蛙的项目，他没有做好具体规划，更没有考虑过青蛙的销路。这样的一个项目很显然没有任何前景。后来，我的超市经营出现了问题，我急于资金周转，所以想退出杨旭的项目。

不过杨旭此时却一本正经地回答我："做项目，可不能你说入股就入股，你说退出就退出。"他态度冷淡，绝情至极，让我感觉不认识他似的。也就是这个时候，王晴也离开了我，她认为我不够成熟，认为我没法给她想要的未来。人生突然之间一团糟，那种打击不言而喻。不过我需要从杨旭的项目中退出来，到底该怎么做呢？

场景 TIPS：股权众筹应该怎么退出？

首先，我们要明白，股权众筹的实质是风险投资而不是购买理财产品，因此其退出机制自然与投资退出的机制大同小异，一般有以下几种方式：

1. 股权转让，经过其他股东过半数同意将自己的份额转让给第三方；
2. 股权并购，通过下一轮的融资把上轮投资者的股权都并购了；
3. 大股东回购，通过和大股东协商或提前约定该项目如果在预期时间内未达到既定目标可要求强制回购；
4. 通过 IPO 上市或在新三板挂牌后退出，这是收益最大也是最困难的方式；
5. 破产清算，当然这也是最无奈的一种方式。

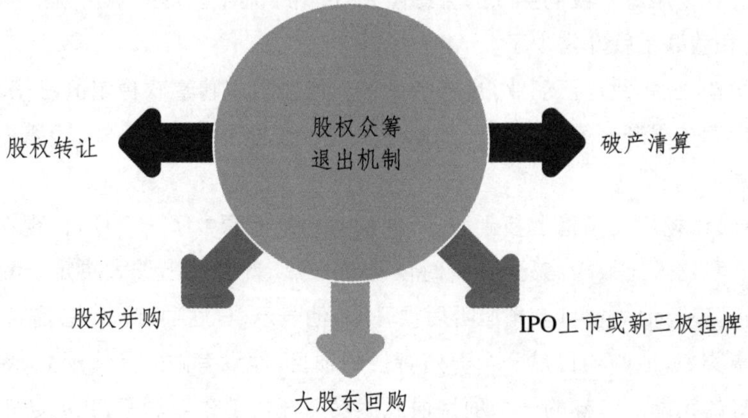

图 4-13 股权众筹退出机制

小 结

上官可以参考以上几种方式解决自己的问题,同时我们也建议在参与一个股权众筹项目或投资入伙时一定要事先约定好退出机制,以免产生不必要的纠纷。

场景十七

钱不够？这样做就能顺利开餐厅

我叫王珂，名字像个男人，但实际上我是一枚实实在在的美女。平时，别人都喜欢叫我黄蓉，为什么呢？首先，从长相上来说，因为我人比较娇小，长得又有点像林依晨，清纯可爱。而林依晨版本的黄蓉很深入人心，就这样我从长相上成了黄蓉。

再从性格上来说，我这个人鬼主意多，遇到事情应变能力很强，总能出其不意攻其不备。别人都说，如果我生在古代，估计也是像花木兰一样的女中豪杰。不过在如今这个时代，我还是挺满足的，虽然不能出征打仗，但是我可以经商。

因为家里条件不怎么样，所以九年义务教育后我就自己出去打工了。在一家饭店当洗碗工，但我这人不安于天命。除了洗碗，我还会帮大家洗菜、切菜、扫地，有些人以为我傻，但我知道傻人有傻福。正因为我的主动勤快，我很得人心。大厨们乐意教我厨艺，餐厅经理居然也乐意告诉我餐厅管理秘诀。再加上我喜欢看书，喜欢学习新的东西，就这样我都感觉自己成了全能人才。

在我20岁那年，当别的伙伴还在读大学时，我就已经开始经营自己的餐厅了。我把餐厅名取为“刁蛮蓉儿”，在装修上，我也用的复古风。整个店给人一种侠义之风，看了门面都想进去吃饭。就这样我的店生意特别好，每天都是高朋满座。25岁时，我身家已经400万元了。不过，这个时候发生了一件事，又打乱了我的计划。

有了资本后，我打算开一家分店。但此时，一个我喜欢了多年的男生却找我借钱。他叫张杰，在初中时，是我们班的班长，文静又帅气。很多人都说，他是才子。而这样的才子似乎注定和我没有缘分。所以当时，我的闺蜜都反对我借钱给他。借给他干嘛呢？借给他创业。

他当时是国家重点大学的才子，经常获得奖学金。他说他在学校看中了一个项目，但是缺少启动资金。我觉得，他能想到我，说明他一定是注意过我，或许他曾经像我喜欢他一样喜欢着我。就这样，我没有听任何人的劝告，借了200万元给他。陷入爱情的女人都是傻子,果真如此。

张杰拿到钱后,有一段时间没理我。后来我打电话给他,他支支吾吾说忙。虽然当时我起了疑心,可我还是选择了相信他。他答应过我,第一年可以还我50万元,以此类推,第四年全部还完。不过,第一年过去了,他并没有提起还钱的事,而我又不好意思提,我怕我一提,曾经的美好便会烟消云散。

不过,到了第二年时,我确实有点慌了。在现实面前,我的爱似乎也微不足道。后来我和他提起还钱的事,他这个时候才告诉我说:"不好意思,公司经营不善,没有盈利。"

听到这个答案,我对他曾经的好感已经所剩无几。因为如果他是个负责的人,应该提前和我说明公司的情况,可是他却选择沉默。怎么办呢? 我又不能逼着他还钱。后来,我提议让他给我转让公司的股份,用他欠我的钱相抵。就这样,我又成为一家咖啡厅的大股东,并参与咖啡厅的日常管理。我和他经常会开视频会议,了解咖啡厅的日常。在我的协助下,公司起死回生,日渐好转。

不过我的兴趣还是在餐厅上,我想开分店的想法也没有改变。不过开一家分店,需要500万元启动资金。而此时我手上只有300万元资金。怎么办呢? 这个时候我利用了众筹。

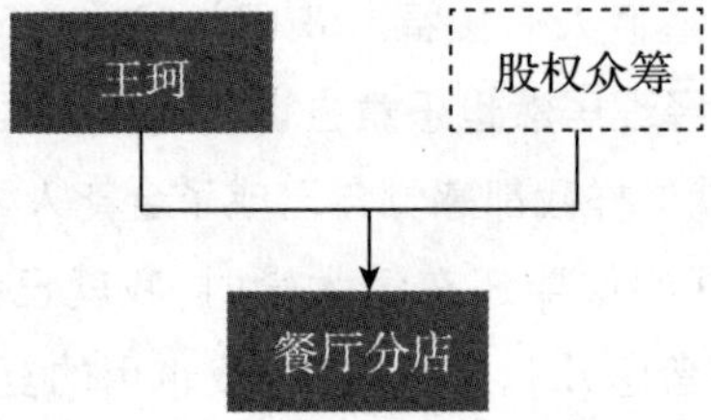

图4-14 场景十七:王珂项目股权众筹关系图

场景TIPS:一家餐厅如何通过众筹开分店?

我们可以将500万元资金分为50股,10万元1股。老板自己先认购30股,也就是300万元。剩下的20股,也就是200万元资金向社会公众募集。那如何吸引别人前来投资认购呢? 我们知道,现在的人有的应酬特别多,人脉特别广,他们也就很喜欢开会所,因为一来可以招待朋友,二来也很有面子。但是开会所的成本还是很高的,不仅要投入装修,还需要招服务员服务,请专门的厨师,等等。因此我们可以通过在饭店设立20个包厢,由外部投资者花10万元投资认购。这样一来投资者也不用投入过多资金,还能对外宣称对这家饭店是有股份的。还有就是通过包厢也能起到宣传作用,我们可以让投资者以自己的企业或名字冠名这个包厢,这样投资者也会更愿意带朋友来饭店吃饭。

平时这个包厢投资者可以自己使用,在消费上所有餐饮可以打8折,而不用的时候包厢将由饭店统一经营。除此之外,投资者还可以介绍朋友在应酬的时候使用这个包厢。如果投资的朋友在这个包厢里消费了,对于投资者而言还是以8折的消费计算,多出来的20%利润,可以由投资者和饭店对半分,也就是说投资者介绍朋友在包厢内消费可以拿到10%的提成。因此投资者花10万元投资这家饭店,不仅可以利用包厢起到宣传作用,还能通过介绍朋友来吃饭而获得利润。而对于饭店老板而言,投资者投资了这个包厢,可以获得包厢的冠名使用权和包厢对外经营的分红权,同时在各个投资者的介绍下饭店的人气也会越来越旺。因此饭店通过这种模式可以在很短的时间内把饭店的人气和知名度带旺。

小　结

利用众筹开店是非常明智的选择。这个案例中王珂的众筹方法很有吸引力,容易筹到资金。而且对于投资者来说,这样的方法有益于餐厅也有益于他们自己,一举两得。不过,任何众筹形式都要符合法律规定,都要合法。

公司治理

如果说公司是社会主义市场经济下股东们的一个保护伞，以其自身的全部资产对外承担责任。那么在伞下的股东和高管们如何撑起这把保护伞便是关键之所在。在公司的治理过程中，无论是起初的股权顶层设计，还是中期运营中的出资风险，亦或是法人代表对外的公司行为，包括一家公司最后可能会面临的破产风险等，其中之情形纷繁复杂，而归根结底都是事先对公司制度的风险防控。故而了解各种情形下关键之所在，具体问题具体分析才是公司治理的根本之道。

场景一

因为股东死亡、离婚等引发的公司危机，如何巧妙应对

创业踩坑指数：四颗星

关联问题：婚姻问题所引发的公司危机

合伙创业是非常常见的一种形式。不过合伙创业也会遇到很多问题，比如合伙人病危或者离婚、犯罪，那么由此会产生一系列的问题，最引人关注的就是股权继承的问题。那么有限责任公司该如何避免股东因离婚、死亡、犯罪等情况而产生的股权继承纠纷问题呢？下面我们一起找寻答案。

李山老家在江南，那里山清水秀，风景迤逦。最让李山自豪的是，老家的天然水质特别好，清甜可口。很自然，李山就把这当成了自己发家致富的商机。不过，在创业的问题上，李山也丝毫不敢马虎，他本是小心翼翼的人，害怕独自承担风险，所以后来他邀请了同样想创业的大学同学木子一起合伙，成立了农天饮用水公司。公司主要业务就是生产和销售饮用水。

木子这个人比较严肃，在管理生产方面是能手，而李山则比较外向，健谈，所以在销售上他很厉害。所以李山和木子各有分工，一个负责管理生产，另一个负责销售和开拓市场。公司经过几年的发展，很快站稳了脚跟。比如，公司东西南北都发展了市场，也都有自己的经销商。本以为，公司再过几年，或许就可以上市，但这个时候传来噩耗，二股东木子居然身患绝症。

在工厂监察时，木子突然倒地不起，后来进入医院检查，才知道，原来他肝癌已经到了晚期。这个木子，本就是个不爱惜自己身体的人，他工作起来总是那么拼命。身体不舒服，他也总是找各种借口，从来都不去医院看。以至于他一进医院，居然到了无法挽回的地步。

人们都说，大病如山倒。确实如此，病后的木子，面黄肌瘦，精神萎靡，知道自己命不久矣，居然很多事也看开了。后来，他也辞去了公司的职务，打算安心静养。这个时候，关于公司的股权问题自然需要解决。木子和李山说，要把他名下的股份都转给他儿子，让他儿子继承。李山听木子这么一说，心里咯噔一下，感觉

万分不是滋味。

这木子有个独生子名叫木磊，这木磊生得倒是仪表堂堂，一副富贵公子哥的好模样，却是个朽木。木磊从小娇生惯养，人没有主见，而且像姑娘家一样特别娇气。最让人受不了的是，他不学无术，好的不学，偏偏跟着狐朋狗友学会了抽烟、喝酒、打架、玩弄感情。据小道消息透露，他还吸了不该吸的，还进过少管所。而且他还经常借高利贷，最后让他父亲木子给他收拾残局。

这样的人如果成了农天饮用水公司的"二当家"，李山无法想象公司会如何发展。但是，木子只有这么一个儿子，股权按理说也是木磊继承，可木磊继承毫无疑问会阻碍公司发展。所以，李山想，是否有办法可以阻止木磊参与公司管理，甚至阻止他获得股权？

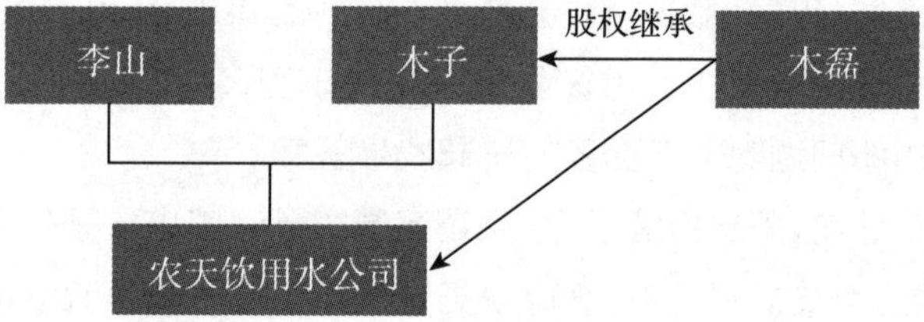

图5-1　场景一：李山项目股权继承关系图

场景 TIPS：如何应对股东病危或死亡引起的公司危机？

《公司法》第75条规定："自然人股东死亡后，其合法继承人可以继承股东资格；但是，公司章程另有规定的除外。"因此如果在公司章程在没有特殊约定的情况下，股东死亡的，其继承人有权获得股权。所以如果要避免这种情况，需要另行在章程中约定。在此建议公司的创始股东应根据自身的情况合理利用该项规定，在公司成立之初就应在章程中对股份继承事项予以约定：

1. 对于有意将公司传承给自己子孙的创始股东，应在公司章程中按照法律规定明确约定自己的子孙有权继承公司的全部股权且不受任何非法干扰。

2. 创始股东最好能以自己独立控制的公司、企业或其他组织形式作为出资人与他人合资设立公司，避免成为与他人合资设立的公司的自然人股东。

3. 对于希望公司保持人合属性、避免不认可的人成为公司股东的创始股东应在公司章程中明确约定股东死亡后所持有的股份应优先转让给其他原股东所有，死亡股东的继承人仅有权继承合理的股权转让收益。

最后即使二股东的儿子继承了股权，也不必然享有对公司的管理权。因为在公司治理过程中，一般由董事会承担着公司日常管理的职能，股东通常都是通过控制董事会来实现对公司的管理的。只要能限制股东对董事人选的过度干预，保证公司管理层的稳定性，也能防止公司走向歪路。

补充提示

一、婚姻问题所引发的公司危机

婚姻关系存续期间，一方配偶所取得的有限公司股权应归夫妻共有，这是共有股权的一种特殊形式。根据婚姻相关的规定，股东离婚的，其配偶有权要求对股权予以分割。股东配偶要求分割股权的情况类似于股权的对外转让，在一般情况下股东配偶只能取得股权中的财产利益，并不当然能获得公司的股东资格，除非公司其他股东过半数同意接纳该非股东配偶成为公司股东或放弃行使自己的优先购买权。因此为了避免不必要的纠纷，我们建议夫妻之间可以通过财产协议约定："以一方名义投资于有限公司的股权归一方个人所有，其配偶一方仅在婚姻期间内享有利益分配权。"

二、土豆网案例及土豆条款

2007年8月，土豆网与追光动画创始人王微和杨蕾在香港登记结婚，在巴厘岛举办了婚礼，耗资数百万元。本以为因爱而结合，或许他们会谱写浪漫的爱情故事，但一年不到，两人就貌合神离，经三次诉讼，上海市第一中级人民法院终审判决准予双方离婚。对于相关财产则另案处理。

在离婚案期间，土豆网正预备在美国上市。可是此时，杨蕾的代理律师对其公司股权提出诉讼保全，冻结了王微名下土豆网公司38%股权，并限制过户或转让，这样一来土豆网想在美国上市这个进程就更加曲折了。

"土豆条款"最初源自上海PE（私募）业界人士朱威廉的一条微博："听说最近不少PE试图在SA（股东协议）中增加条款，要求他们所投公司的CEO（首席执行官）结婚或者离婚必须经过董事会批准，尤其是优先股股东的同意后方可进行。"朱威廉其实与王微并不相识，但王微看了他的微博后，感觉不无道理，所以就在微博后评论"前有新浪结构，后有土豆条款，大伙儿一起努力，在公司治理史上留个名”。总之,“土豆条款”就是公司创始人的婚姻变动须经公司董事会批准。

小结

详细阐述离婚对不同情况下的股权分割问题(股份有限公司、有限公司、离婚前、离婚后):

《民法典》第1062条规定,夫妻在婚姻关系存续期间所得的下列财产,为夫妻的共同财产,归夫妻共同所有:

(1)工资、奖金、劳务报酬;

(2)生产、经营、投资的收益;

(3)知识产权的收益;

(4)继承或者受赠的财产,但是本法第一千零六十三条第三项规定的除外;

(5)其他应当归共同所有的财产。

夫妻对共同财产,有平等的处理权。

《最高人民法院关于适用〈中华人民共和国民法典〉婚姻家庭编的解释(一)》第25条规定,婚姻关系存续期间,下列财产属于民法典第1062条规定的“其他应当归共同所有的财产”:

(1)一方以个人财产投资取得的收益;

(2)男女双方实际取得或者应当取得的住房补贴、住房公积金;

(3)男女双方实际取得或者应当取得的基本养老金、破产安置补偿费。

所以,在婚姻存续期间获得的股权或股份是夫妻共同财产。如何分配呢?有限责任公司和股份有限公司各有不同。

1. 因为有限责任公司的人合性强,所以要参考股权对外转让的规定。《最高人民法院关于适用〈中华人民共和国民法典〉婚姻家庭编的解释(一)》第73条规定:人民法院审理离婚案件,涉及分割夫妻共同财产中以一方名义在有限责任公司的出资额,另一方不是该公司股东的,按以下情形分别处理:

(1)夫妻双方协商一致将出资额部分或者全部转让给该股东的配偶,其他股东过半数同意,并且其他股东明确表示放弃优先购买权的,该股东的配偶可以成为该公司股东;

(2)夫妻双方就出资额转让份额和转让价格等事项协商一致后,其他股东过半数以上不同意转让,但愿意以同等价格购买该出资额的,人民法院可以对转让出资所得财产进行分割。其他股东过半数以上不同意转让,也不愿意以同等价格购买该出资额的,视为其同意转让,该股东的配偶可以成为该公司股东。

用于证明前款规定的过半数股东同意的证据,可以是股东会议材料,也可以是当事人通过其他合法途径取得的股东的书面声明材料。

2. 股份有限公司更强调资合性,股份转让并没有类似有限责任公司那样的限制。但是对于特殊身份的股东,例如发起人、高管,会有减持的限制,如果离婚,获得股份的一方配偶也可能受到此种限制。另外,如果是上市公司,股东离婚可能影响公司的控制权或公司架构,从而影响公司股价。所以,要采取其他手段来减轻影响。例如签署一致行动人协议。

场景二

公司在经营过程中的担保行为，公司股东可以为公司向个人借款的行为做担保吗？

创业踩坑指数：三颗星

关联问题：各种情形下担保问题分析

很多人都说钱能解决的问题都不是问题。但是金钱生不带来，死不带去，要有正确的金钱观，就好像马云所说："对钱，我是没有兴趣的。"话虽如此，现实生活中，没有钱那还真的万万不能，且不说没钱吃不了饭，没钱买不了喜欢的衣服，单单是没钱，你一定创不了业。巧妇难为无米之炊，英雄也可能会为半斗米折腰。这不，曾经叱咤风云的里诺，如今也认清事实，低下了高贵的头颅，开始借钱了。

里诺在几年前拥有一家大型的游艇公司。他公司制造的游艇，高大上而又时尚，很多有钱老板都争相购买，作为闲暇娱乐时出海的工具。很自然，凭借这个公司，里诺挣了很多钱。

有了钱的里诺没有乱挥霍，又投资了养殖场，后来还与彭万里等几个人一起投资了房地产。不过，里诺无法一人分饰 N 角，所以房产公司虽然占有 20% 的股份，但他一般不参与管理。另外，养殖因为他自己也不在行，所以就雇用了专业的人进行管理，他自己的大部分时间就放在了游艇公司。

有一些旅游公司也租赁了他们公司的游艇，每到节假日，生意火爆。但好景不长，有一次出了意外，而这意外，也让公司损失惨重。

原来，一个旅游公司和他们公司签订了长期合作协议，旅游公司经常会带游客上游轮游海，而这些游艇都是里诺公司的。但有一次，旅游公司带游客出海时，游艇居然浸水，吓得游客三魂丢了五魄，好在最后，大家都相安无事。后来检查发现，原来确实是游艇的某个部件出了点问题，才导致了事故发生。

虽然事故没有酝酿成大事件，但是这也会让公司蒙羞，更是导致很多公司都直接撕毁合约，从此不再与其公司合作。更惨重的是，此前售出的 100 多艘游艇居然都被退回。更让里诺意外的是，他投资的养殖场因为管理不善，也倒闭了。

如此一来,里诺的投资就剩下房地产公司这一个完好的了。怎么办?里诺思考再三,打算放弃游艇公司和养殖场,因为他又找到了好的项目。

他发现近年来农家乐比较有前景,而且他定位的地方游客多,如果开了农庄,生意也自然会非常好。不过,这个时候他缺乏资金。他想到的办法就是向自己投资的房地产公司借钱。因为房地产公司这几年发展不错,也盈利了一些。不过公司董事会讨论提出需要一个有实力的人为他提供担保,才能考虑借款。这个时候,里诺就想让同样是公司股东的彭万里为自己担保。而且里诺表示日后的农庄可以算彭万里一股。彭万里对于里诺的新项目也进行了调查,发现前景不错。但是他也有些困惑,作为公司股东,可以为公司向个人借款的行为做担保吗?

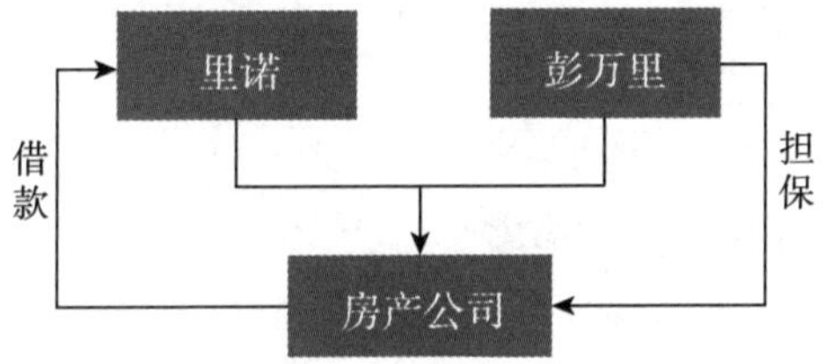

图 5-2 场景二:里诺项目贷款担保关系图

场景 TIPS:公司股东可以为公司向个人借款的行为做担保吗?

首先,股东向公司借款是完全可行的,形成对公司债权。因为公司是企业法人,有独立的法人财产,享有法人财产权。公司以其全部财产对公司的债务承担责任。有限责任公司的股东以其认缴的出资额为限对公司承担责任;股份有限公司的股东以其认购的股份为限对公司承担责任。

其次,公司股东为公司借款提供担保,没有违反法律的强制性规定,双方意思自治,股东的行为也是合法有效的,提供担保的股东需要对公司债务承担担保责任(视担保方式承担一般或连带责任)。

最后,公司面临破产,债权人可以要求公司及时清算偿还债务,若公司无法清偿债务或逃避清偿债务,既可以要求公司股东在其认缴或出资的限额内(视公司性质)承担连带责任,同时也可以要求提供担保的股东承担担保责任。

综上,向公司提供借款是合法有效的,接受公司股东提供的担保也是可行的。

补充提示

公司为他人进行担保的情形：

公司对内为公司股东或者实际控制人提供担保的，必须经股东会或者股东大会决议。前款规定的股东或者受前款规定的实际控制人支配的股东，不得参加前款规定事项的表决。该项表决由出席会议的其他股东所持表决权的过半数通过。

公司对外向其他企业投资或者为他人提供担保的，由董事会或者股东会、股东大会决议；公司章程对投资或者担保的总额及单项投资或者担保的数额有限额规定的，不得超过规定的限额。

小　结

如何做好担保法律风险防控措施？

1. 完善公司章程，建立警戒线及担保审批制度。

《公司法》第16条规定，“公司向其他企业投资或者为他人提供担保，依照公司章程的规定，由董事会或者股东会、股东大会决议；公司章程对投资或者担保的总额及单项投资或者担保的数额有限额规定的，不得超过规定的限额”，“公司为公司股东或者实际控制人提供担保的，必须经股东会或者股东大会决议”。

公司对外担保是无法避免的，但如高度重视、妥善处理，始终把担保法律风险控制在合理的范围内，建立对外担保的警戒线，不得逾越，并根据企业风险承受能力、管理者风险偏好等确定担保的总额及单项担保限额，加以细化和量化，完善到公司章程，以确保其具有硬性约束和可操作性，以免被对外担保法律风险所累，影响到企业的生存和发展。同时，公司章程预先有相关担保数额限制和审批程序的明确约定，也是拒绝对外提供担保的合理理由，不易伤及商业伙伴的感情。

2. 对被担保人的资信、资产状况及履约能力进行调查。

担保法律风险主要来源于被担保人。对被担保人的业务范围、生产情况、财务状况等有更深刻、更全面、更准确的调查了解，对被担保人的资信、资产状况及履约能力作出正确评估，是确定可否审批通过对外担保的基础，努力把担保法律风险控制在合理的范围内。

了解的方式，可以要求被担保人提供最近一期的审计报告以及资产负债，利润表,现金流量表,借款用途、偿债来源,合同履行能力等资料,以准确掌握被担保人的财务状况、资产抵押情况以及未来盈利趋势、现金流量,合同履行能力。并通过多途径了解被担保人的商业信誉、诚实信用情况。这是风险防控的重要举措。以避免感情用事,酿成苦果。

3. 签订条款齐备的担保合同。

签订担保合同应谨慎对待。实践中,很多企业不重视担保合同的审查,按照被担保人要求,在事先准备好的合同上签字盖章;甚而将公章、法定代表人名章交给被担保人,由其代为签字盖章。这使得担保法律风险人为地增大风险系数。

担保合同是担保人、债权人、债务人三方约定的条款和规则。担保合同可单独签订,也可以在主合同中约定担保条款。本书建议签订单独的三方担保合同,担保合同条款要齐备、完整。对被保证的主债权种类、数额,债务人履行债务的期限,保证的方式,保证担保的范围,保证的期间及其他事项,要约定清楚明晰。

保证方式,尽可能采用一般保证,而不作连带责任担保。

保证范围要明确具体。《民法典》第 686 条规定:“保证的方式包括一般保证和连带责任保证。当事人在保证合同中对保证方式没有约定或者约定不明确的,按照一般保证承担保证责任。”《民法典》第 691 条规定:“保证的范围包括主债权及其利息、违约金、损害赔偿金和实现债权的费用。当事人另有约定的,按照其约定。”

有多个担保人的,必须明确各自的担保范围及份额,以减轻担保责任。《民法典》第 699 条规定:“同一债务有两个以上保证人的,保证人应当按照保证合同约定的保证份额,承担保证责任;没有约定保证份额的,债权人可以请求任何一个保证人在其保证范围内承担保证责任。”

既有保证又有物的担保的,如果没有明确担保范围,将使保证人承担保证责任的风险增大。《民法典》第 392 条规定:“被担保的债权既有物的担保又有人的担保的,债务人不履行到期债务或者发生当事人约定的实现担保物权的情形,债权人应当按照约定实现债权;没有约定或者约定不明确,债务人自己提供物的担保的,债权人应当先就该物的担保实现债权;第三人提供物的担保的,债权人可以就物的担保实现债权,也可以请求保证人承担保证责任。提供担保的第三人承担担保责任后,有权向债务人追偿。”

保证期间,要明确约定起止时间,一般不要超过主债务履行截止日期后 6 个月。以促使债权人及时行使诉权,避免因被担保人财务继续恶化,给担保人造成更大的损失;并可能给担保人提供产生免除担保责任的抗辩理由。《民法典》第

693 条规定:“一般保证的债权人未在保证期间对债务人提起诉讼或者申请仲裁的,保证人不再承担保证责任。连带责任保证的债权人未在保证期间请求保证人承担保证责任的,保证人不再承担保证责任。”

4. 尽量要求反担保。

为降低担保法律风险,担保人应尽量要求被担保人签订与担保合同约定内容完全相同或高于担保条件的反担保合同,当企业代偿债务产生损失时,可以从反担保中得到补偿。反担保会给企业增加担保法律风险的保险系数。《民法典》第387 条第 2 款规定“第三人为债务人向债权人提供担保的,可以要求债务人提供反担保。反担保适用本法和其他法律的规定”,这设立了反担保法律制度。

在签订反担保合同时,应注意以下事项:(1)反担保人的担保资格,根据《民法典》及《最高人民法院关于适用〈中华人民共和国民法典〉有关担保制度的解释》的规定:学校、幼儿园、医院等以公益为目的的事业单位、社会团体,国家机关,企业法人的分支机构、职能部门,不得作为保证人;(2)反担保人提供的企业法人营业执照、公司章程、法定代表人和委托代理人身份证时及授权委托书等资料应真实、可靠;(3)反担保人履行了相关的审批程序。这是上述所讲完善公司章程、建立警戒线、完备担保审批制度的论述,在相反层面上的注意义务,以免反担保人有合理抗辩理由,拒绝承担担保责任,使反担保失去意义,无法降低担保法律风险。

5. 预防被骗取提供担保。

在提供担保前,要严格调查主债务合同的真实性及实际可履行性,防止债权人与债务人恶意串通骗取担保,无妄地增加担保法律风险。

6. 建立执行与监控制度。

企业要建立对外担保执行与监控制度,在签订担保合同后,安排专人负责,密切注意主债务合同的履行情况,定期监测被担保人的经营情况和财务状况,对被担保人履行主债务合同及财务状况进行跟踪和监督,适时评估担保法律风险,及时采取应对措施,减少担保法律风险,最大限度维护自身的合法权益。

7. 发生代偿债务后,及时主张权利。

企业在发生代偿债务担保责任后,往往碍于情面,不及时主张权利、追偿损失,在被担保人财务状况恶化、没有清偿能力时,才想起追偿事宜,导致代偿债务损失无法弥补,给担保人造成极大的损失,影响企业的发展和生存。因此,在发生代偿债务担保责任后,应及时提起诉讼或仲裁,主张权利,避免发生追偿困难,造成更大的损失。

场景三

愿望是美好的，但现实是残酷的，一不小心，创业失败了

创业踩坑指数：四颗星

关联问题：破产所引发的关联责任分析

创业时，我们都曾抱着美好的幻想，希望可以一举成功，成为商界的知名人士。可是很多时候，在我们抱着美好愿望时，却又不得不忍受失败的惨剧。马宏宇创业时，又何曾不希望自己成功呢？

马宏宇其实是个非常聪明的人，在大学时，他就是搞研究的料，像《致我们暖暖的小时光》中的顾未易一样聪明。但是马宏宇也有他自己的弱点，那就是他这个人没有什么抱负，也没什么理想。人们都说笨鸟先飞，而他太过于聪明，反而很容易飞不起来。好比龟兔赛跑中的乌龟，虽然速度慢，但是它有目标，再加上不懈的努力，所以比赛的结果是乌龟赢了。

大学毕业后，马宏宇的同学们有的找工作，有的继续深造。可是马宏宇却不知道自己要干什么。他的老师建议他继续升学读研究生，他的家人希望他出来找工作，怕他越读书越傻。至于他自己呢，他完全不知道下一步该如何走。后来，他索性什么都不想，或许也是因为害怕过早步入社会，融入钩心斗角的社会洪流中，所以他后来读了几年研究生，又读了博士。博士读完，他没有理由再逃避了，只能步入社会。

他出来工作时，他的很多同学都已经是成功人士了，比如以前在班上总是挂科的刘玉，已经是外贸公司的老板；再如以前总是睡懒觉的张建，如今也是销售公司的负责人，年薪也是50万元以上。而他虽然有博士学位文凭，但因为为人过于内敛，所以在应聘时，老板看着发抖的他都摇头。

马宏宇也自觉丢脸，自己虽然读了那么多书，而且一直是好学生，如今却要遭社会淘汰，想想都心痛。颓废了一阵后，他重新振作起来。这个时候他想，何不自己开公司呢？自己当老板，不用看别人脸色，不是更好。后来，他果真创立了一家主打量子生物科技养生产品的公司，公司名为宏宇量子生物科技有限公司。作为

全国创立速度首屈一指的企业，公司近两年在养生产品行业做出了不小的成绩，马宏宇倍感欣慰。

不过，他有点急于求成，为了加速公司发展，马宏宇斥巨资全资收购了一家新能源光伏企业，希望打造双创收的立足点。不料由于光伏市场过于饱和，产能严重过剩，加上之前供应商的债款催收，公司一下子进入了破产边缘的状态。为了止损，马宏宇决定将这家光伏企业破产，但是一旦有限责任公司破产了，他作为股东和法定代表人应如何承担责任？

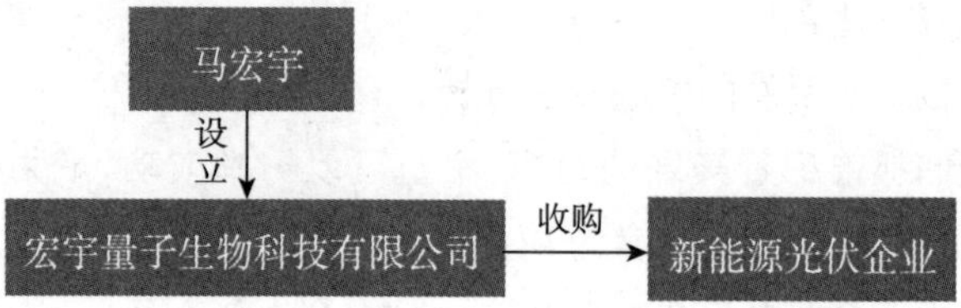

图 5－3　场景三：马宏宇项目收购关系图

场景 TIPS：如若有限责任公司破产，股东和法定代表人应如何承担责任？

一般情况下，有限责任公司的股东承担有限责任，即以其认缴的出资额为限对公司承担责任，除非存在滥用公司独立法人地位的情况，即公司股东滥用公司法人独立地位和股东有限责任，逃避债务，严重损害公司债权人利益的，应当对公司债务承担连带责任。同时，若股东出资后又抽逃出资或者未出资、出资不足额，债权人作为原告就可要求该股东承担补充赔偿责任。

作为公司的法定代表人，若公司在经营管理活动中涉嫌犯罪，除了对单位进行处罚外，还可能追究“直接负责的主管人员和其他直接责任人”的刑事责任。而对于上述“直接负责的主管人员”的具体范围，虽然法律未明确规定，但是司法实践通常均将法定代表人认定为属于单位“直接负责的主管人员”，并据此判定法定代表人对公司的行为亦应承担刑事责任。在民事纠纷中，若公司不履行法律文书确定的义务而被申请强制执行，法院可以对法定代表人采取限制出境的强制措施，对长期不履行纳税义务的纳税人采取强制执行措施，税务机关依法对其法定代表人采取阻止出境、通报征信机构等措施。此外，《最高人民法院关于限制被执行人高消费及有关消费的若干规定》规定，被执行人为单位的，被限制高消费后，禁止被执行人及其法定代表人、主要负责人、影响债务履行的直接责任人员以单位财产实施某些高消费的行为。

小　结

法定代表人如何防范法律风险?

1. 在公司章程、股东协议中增加相关免责条款,防范风险。

公司可以在公司章程或股东协议中增加如下类似约定,以降低法定代表人的法律风险:“公司的董事、董事长、法定代表人无需对在董事会和公司章程规定的其职责范围内的任何行为承担个人法律责任,除非其行为构成营私舞弊、严重玩忽职守、肆意渎职或故意损害公司利益。若发生任何因与公司经营有关的针对董事、董事长、法定代表人个人的索赔,董事、董事长、法定代表人因上述索赔而受到损失,公司应对其损失予以赔偿,并补偿其合理的律师费及其他开支和费用。”

2. 通过集体决策程序,避免风险。

根据《公司法》的规定,公司的重大经营活动应由股东(大)会或董事会决议决策,对于董事会集体决策的事宜,除非法定代表人在行使表决决策过程中存在过错,经董事会或股东(大)会表决通过后即视为公司的决策,此时法定代表人不存在个人的直接责任。

因此,在公司的董事长、执行董事或经理担任法定代表人职务时,对于公司的日常经营活动,最好根据公司章程的规定,由股东会或董事会进行决策;同时,对于违反法律、行政法规或公司章程的事项,也应明确提出异议,并记载于相应的会议记录,以避免风险。

3. 加强法定代表人的授权委托管理,避免发生越权行为。

法定代表人授权委托的职责范围不明系造成法定代表人个人风险的直接来源之一。一些法定代表人缺乏对授权委托的风险及后果的认识,因而对法人代表的履职行为特别是越权行为缺乏必要的管控制度安排。因此建议明确对法定代表人职权的授权管理,防范因越权履职而损害企业的合法权益,给法定代表人带来直接的法律责任。

场景四

公司章程设置如何做到表决权、分红权平衡

创业踩坑指数:五颗星

无规矩不成方圆,社会如此,公司也是如此。合伙公司一旦创立,因为股东多,所以自然涉及各自的利益问题。这个时候就需要公司章程。有了公司章程,很多事情就有章可循。最重要的是,这些章程需要维护创始人和小股东们的利益。

区块链近些年比较火,所以对于一些有理想、有抱负、有头脑的年轻人来说,区块链无疑是很好的创业项目。冯兴国、郝爱民、于学忠、马连良四人就抓住了创业的好时机,放手一搏,开发了一款区块链产品。

这四人中,冯兴国、郝爱民是科技人才,也是栋梁之材,两人都博士毕业,又是研发型人才,所以在区块链产品研发成功这点上,这两人功不可没。

而于学忠、马连良两个人则不像前面两个人那么有学问,他们和冯兴国、郝爱民是发小。冯兴国、郝爱民发现创业机会时,就邀请于学忠、马连良入股。于学忠、马连良虽然没什么学问,但因为外出拼搏比较早,所以积累了一定的财富。这四个人的结合,可谓天衣无缝,出钱的出钱,出脑力的出脑力,想不成功都难。

在出资比例上,四个人有所不同。冯兴国、马连良分别出资50万元和40万元,郝爱民因为囊中羞涩,所以出资20万元,至于于学忠虽然有钱,但却害怕区块链项目会失败,所以只投资20万元。如此一来,冯兴国成为公司最大的股东,享有话语权。

虽说四人是发小,平时微信上联系得也比较多,但面对面接触的机会还是少。以前总觉得兄弟情深,可是一合伙开公司后,很多矛盾就出来了。这冯兴国颇有知识分子气息,说话总是咬文嚼字,最让人难以忍受的是,他总是以董事长身份自居,做一些重大决定时喜欢一意孤行,完全不把其他几个股东放在眼里。

郝爱民则因为自己股权少,而且他性格内向,平时只埋头工作,不太理世事,所以他对于冯兴国的做法总是睁一只眼闭一只眼。

不过于学忠、马连良就觉得很受气，毕竟大家都有出资，凭什么都是冯兴国说了算，按理说，他们除了有分红权外，还应该享有表决权。冯兴国不该一人独大，摆出“当家人”的姿态。

众所周知，公司的发展与创始人是否和睦有很大的关系。所以这四人心不往一处使，很容易就限制了公司的发展。区块链产品虽然开发了出来，但是因为管理不当，市场不太理想。

这个时候，身为股东的冯兴国也意识到了问题的严重性。有一次，他无意间听到于学忠、马连良两人抱怨，大意是董事长不该摆谱，不该什么事都自己说了算。冯兴国也是明白人，听了于学忠、马连良的秘密谈话，他也开始自我检讨。

后来公司开了董事会，大会上，股东们希望公司制定系统的章程，同时希望这些章程可以保护小股东的权益。公司创立后确实还没制定相关章程，所以制定章程的事迫在眉睫。那么公司章程该如何保护公司股东们各自的利益呢？这确实是一个问题。

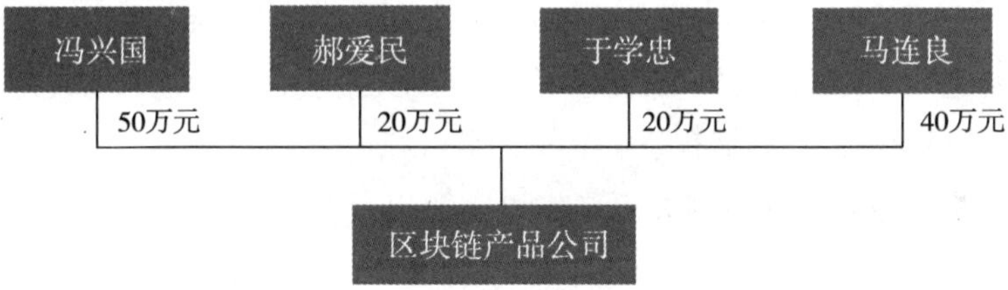

图5-4　场景四：区块链项目股权关系图

场景TIPS：公司章程如何制定保护创始人、小股东利益？

有限责任公司更多体现了人合性，股东在公司行使事项、权利可概括为以下两项：一项是表决权，即谁说了算；另一项是分红权，指谁的利益最大。在一般情况下，表决权是根据认缴的出资比例来行使的，分红权在没有约定的情形下按实缴出资比例分配。但是《公司法》规定章程可以对表决权、分红权的行使另行作出约定。有关有限责任公司股东表决权，《公司法》第42条规定：“股东会会议由股东按照出资比例行使表决权；但是，公司章程另有规定的除外。”而关于股东分红权，《公司法》第34条规定：“股东按照实缴的出资比例分取红利；公司新增资本时，股东有权优先按照实缴的出资比例认缴出资。但是，全体股东约定不按照出资比例分取红利或者不按照出资比例优先认缴出资的除外。”

补充提示

表决权、分红权与出资比例的关系：

由上可知，股东表决权与分红权的共同点是常规情况下二者都依出资比例行使权利；同时，也都允许公司章程作出不同于常规的特殊规定，并且根据章程自治优先于公司法的规定，这也充分体现了有限责任公司的人合性和股东意思自治原则。

而表决权与分红权的不同点在于，股东表决权是按照股东“认缴的出资比例”确定的；而股东分红权是按照股东“实缴的出资比例”确定的。在目前公司注册资本认缴制的大环境下，显然，股东表决权所依据的股东“认缴比例”与股东分红权所依据的股东“实缴比例”有着明显的区别。尤其值得注意的是，无论是股东表决权，还是股东分红权，股东都可以通过公司章程条款的安排，实现“同股不同权”，即股东的表决权或分红权可以完全与其所持有的股权比例不一致。例如，某有限公司的甲股东与乙股东分别持有该公司50%股权，但两人完全可以通过章程规定，甲拥有公司100%的表决权，而乙不享有任何表决权；同样也可以规定，甲享有公司90%的分红权，乙只享有公司10%的分红权。

同时，股东参与公司分红并不必然以实缴出资为前提，在全体股东一致同意的基础上，公司可约定按股东人数或其他标准分配公司盈余，即除非全体股东一致同意，否则公司必须按照实缴的出资比例分红。未经全体股东一致同意，未按实缴的出资比例分红或变相分红，会导致有关分红的公司决议无效。

场景五

股权赠与原来也会带来一些问题，那么这些问题是什么呢？

创业踩坑指数：四颗星

关联问题：股份转让的问题

郑恺是三川市一家科技公司的老总，从A大学毕业后他顺利创业，成为A大学学弟学妹心中的偶像。不过，创业说起来容易，过程却是艰辛的，在创业过程中，郑恺也是吃尽了苦头。比如最初公司开始运营时，他几乎每天都睡不着觉，想着运营策略，想着未来发展，想着如何壮大，几乎一夜白了少年头。

不过，功夫不负有心人，在郑恺和其他股东以及员工们共同努力下，他们的科技公司逐渐发展壮大。当然，如今大企业遍地开花，他们的小企业虽然有发展，但还做不到一鸣惊人。不过，在去年的某一天，公司迎来了一个绝好的机会。

甲方为国内一家大型的科技公司，这家公司和郑恺的公司达成协议，如果郑恺的公司在技术上达到甲公司的要求，那么日后可以长期合作。那么郑恺的公司如何在上千个公司中脱颖而出呢？他甚是烦恼，后来，他想到，自己大学时的导师孙玉轩。

孙老师是郑恺大学时的博士生导师，他知识渊博，做事认真，唯独脾气有点臭。曾经跟着孙老师时，常常被他责骂。但正因为老师的严格，才让郑恺有了今天的成就。而且孙老师刚好是国内某技术方面的权威。所以这个时候郑恺就想到了孙玉轩老师。

孙老师知晓了郑恺遇到的问题后，也十分爽快地答应帮助郑恺渡过难关。后来孙老师带着自己的一大帮学生，夜以继日地帮助郑恺的公司攻克技术难关。过了大概半个月，问题迎刃而解，经过改良的技术完全达到了甲方的要求。

甲方最终在众多公司中选择与郑恺的公司合作。要知道有了甲方作为合作方，对于刚起步的公司来说无疑是如虎添翼，对未来的发展大有好处。甲方认可郑恺的公司后，与其公司签订了3000万元的订单，这个订单量无疑让郑恺的公司出现了实质性的逆转。如此一来，他们公司由此前的小公司算是发展成为一家稍微有点实力的中型公司，而且很多其他公司也慕名而来与郑恺公司进行合作，这样的蝴蝶效应都归结于孙玉轩教授。

郑恺是知恩图报的人，为了表达对老师的感谢，他特意邀请孙玉轩作为公司的技术顾问，还特地为老师设立了新的规则，老师无须天天坐班，学校有课时他也无须去公司，只是在公司遇到技术“瓶颈”时才会麻烦老师。这样灵活的规则，无疑可以达到双收益的效果。另外，郑恺还无偿赠与了老师公司1%的股权。

不过，这1%的股权，郑恺并没有实缴。因为成立公司时，他尚且是刚出大学不久之人，口袋里没钱，后来还是家人资助了他30万元，他才拥有了公司48%的股权，而这48%的股权，还有1%并没有实缴。好在公司如今已经开始盈利，所以后来郑恺把剩下的1%实缴了，这样才把股权赠与给了孙教授。

那么孙教授获得了这1%的股权，他日后需要承担什么责任呢？

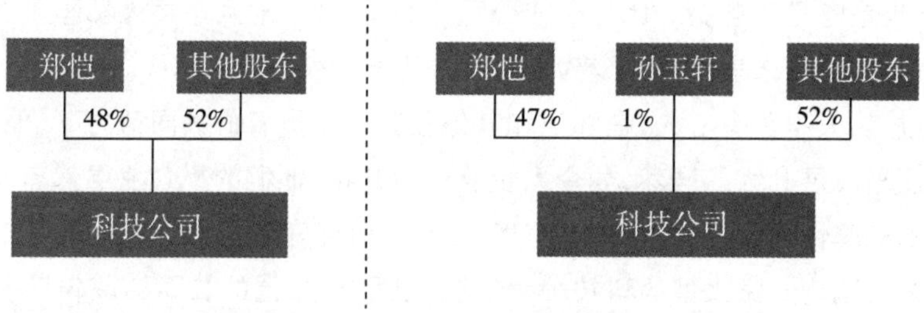

图5－5　场景五：郑恺股权赠与关系图

场景TIPS：有限责任公司股东以其认缴的出资额为限对公司承担责任。孙教授无偿获得1%的股权，他以后需要承担什么责任？

有限公司股东以其认缴的出资额为限承担责任，若股东的股权是其他股东无偿赠与得来，那么赠与的不仅仅包括股东享有包括分红权在内的权利，还有包括认缴出资的义务、以认缴出资为限承担责任的股东义务。若股东已经履行了实际缴纳出资的义务，那么只需要以该部分出资对公司债务承担有限责任。若赠与的该部分出资并没有实缴出资，那么股东就有如实履行出资的义务。出资不实的股东，在公司无法偿还债务时需要在未出资范围内对公司的债权人承担补充赔偿责任，所以尽管孙教授是通过无偿赠与获得的公司股份，但仍要对此承担相应的义务。

如果是股权转让，该如何避免风险？

股权转让是股东将自己所持有的股权让渡给他人的行为，那么如果转让股权存在出资瑕疵，受让人受让的必然也是存在瑕疵的股权。因原股东未履行或未全面履行出资义务或者抽逃出资，公司可根据公司章程要求原转让的股东承担责任，受让的新股东承担连带责任。公司的债权人也可以根据相关规定要求受让股权的股东承担责任。

《最高人民法院关于适用〈中华人民共和国公司法〉若干问题的规定(三)》第18条规定，“有限责任公司的股东未履行或者未全面履行出资义务即转让股权，受让人对此知道或者应当知道，公司请求该股东履行出资义务、受让人对此承担连带责任的，人民法院应予支持；公司债权人依照本规定第十三条第二款向该股东提起诉讼，同时请求前述受让人对此承担连带责任的，人民法院应予支持。受让人根据前款规定承担责任后，向该未履行或者未全面履行出资义务的股东追偿的，人民法院应予支持。但是，当事人另有约定的除外”。所以，受让股权存在瑕疵，受让人不仅要对公司承担责任，还要对公司的债权人承担责任。

场景六

集团公司股权架构设计原来这么讲究

创业踩坑指数:四颗星

关联案例:复星集团股权架构

母公司、子公司算是大家耳熟能详的代名词了,但是孙公司大家听的或许少一些。但在实际过程中,孙公司也是普遍存在的,特别是在集团公司中。

20 世纪 80 年代赶上改革开放的好政策,孙微开始下海经商。最初,她只是在海南一带批发水果卖,因为勤奋,所以不到 2 年,她就赚了 50 万元。有了钱的孙微想,卖水果终究不是她的所想,她一定要转行。做什么呢? 孙微冥思苦想,后来她开了一家五金公司。这五金公司虽然发展前景不错,但投资大,而且欠款多,做了 1 年,虽然赚了钱,但是很多账要不到。所以她很是苦恼。

在她苦恼之际,有一天,她接到了一个电话,电话里的人戏谑地问她:“你知道我是谁吗?”那声音熟悉又陌生,孙微想了很久也想不出来。这时那边的人又噗嗤笑出了声还开玩笑说:“你再想想,我可是暗恋你多年的人。”

听了这话,孙微只觉得是哪个无聊的人打来电话,所以索性挂了。但挂断电话后,对方居然又打过来了,孙微想“难道真是哪个认识的人吗?”接起电话后,对方也不再开玩笑了而是自报家门:“微,我是王凯啊。”这王凯可不得了,他是孙微以前的邻居,也算是半个发小。后来孙微随着父母搬家后,两人再没联系。但孙微却总能从熟人那里得知,王凯如今是厉害角色,上了名牌大学,还是一家科技公司的经理。

多年不见,孙微对于王凯的突然联系也是感到意外。不过,她还是礼貌地问了下好。寒暄过后,王凯进入正题。原来王凯是想邀她入股,与他共同成立一家科技公司。

孙微顿感莫名其妙,后来才得知,另外一个发小偶然间与王凯聊起了孙微,说孙微一个女人做五金不容易,还经常要不回来账。这王凯从小就对孙微好,一直以来也对她念念不忘,而且他也正打算辞去公司总经理的职位,打算自己单干。

孙微也正打算转行，这时王凯正好邀请她入股，可谓柳暗花明，让她的迷茫有了出路。所以他们一起合伙创建了一家科技公司。公司一直走在科技的前沿。经过10来年的发展，逐渐壮大，并在多个省市设立了子公司。5年时间内，母公司旗下已经设立了5家子公司。子公司和母公司一起齐头并进，公司发展迅速，并迅速开拓新的市场，接手新的项目。此时，母公司决定在子公司旗下设立一家孙公司来负责新项目。

具体由哪个公司设立孙公司呢？一下子犯了难。在5家子公司中，各自都有各自的优势，而且各子公司分别都负责重要的项目，完全没有能力独自再去承担一家孙公司。再说，如果独自由一家子公司设立孙公司，那么该子公司和孙公司就存在着直接的关系，一旦该子公司出现问题，那么孙公司也会波及。

所以，这个时候，集团公司决定由各子公司投资设立孙公司，这样各子公司都可以占部分股权，相互制约、牵制，相互助力。至于具体的一些情况，下文有详细解析。

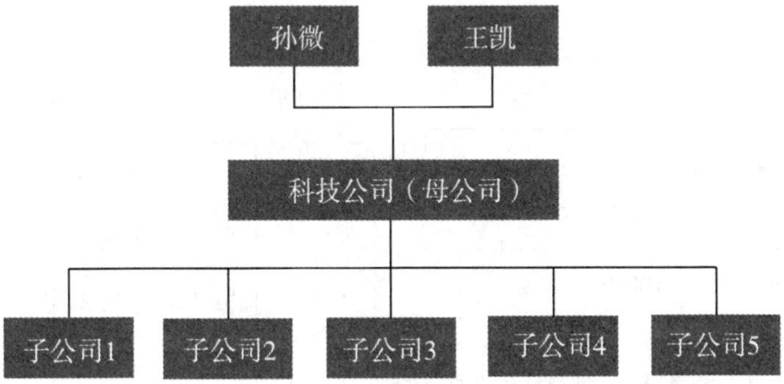

图5-6　场景六：集团公司股权架构设计图

场景TIPS：为什么集团母公司要通过多个子公司交叉参（控）股同一家孙公司？

该情况应该是间接持股。这就涉及股权设计问题，包括国有和民营，无论是上市领域还是非上市领域都普遍存在的一种股权现象。因为这种手段（间接持股）可以很大地提升母公司的单位资金的控制权。如果规模大，母公司通过控制众多的子公司、孙公司而成为庞大的公司集团，可以形成所谓的金字塔式控股结构，能够实现以较低的现金流和风险获得较大甚至不对称控制权的目的。当然，相对应的是,此种模式对中小股东不利,大的金字塔公司集团存在着一些弊病。

所以股权结构的合理设计可以提升较大的功效。通过合理的产业运作,可以增强企业相关行业竞争力,或做成生态型企业。同时母子公司相互运作还能实现合理避税以及方便股权激励和股权众筹。

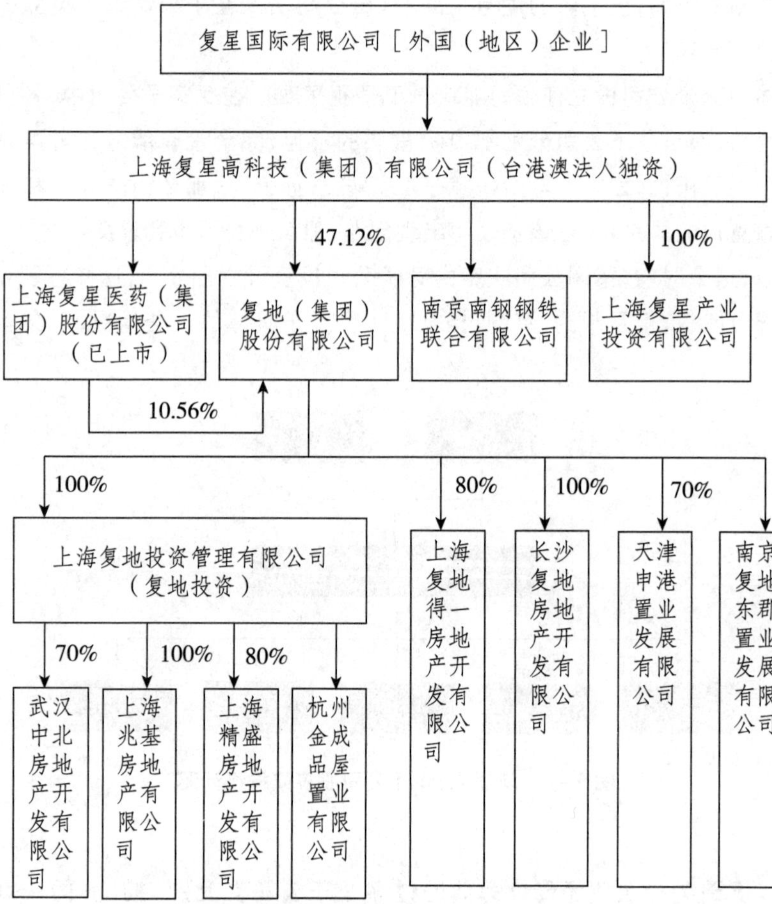

图5-7 复星集团股权架构

场景七

为什么李铁军不是福尚有限公司的股东却成为公司的法定代表人？

创业踩坑指数：四颗星

关联问题：公司其他参与人员的资格问题

李铁军在时尚方面颇有心得。从小他就特别会装扮自己，虽然长相一般，但经过打扮，还真体现了不同的气质。之后他一路拼杀，在时尚界杀出一条路，成为时尚界的职业经理人。

说来也奇怪，李铁军所到之处，几乎公司就会转运，运行也会十分顺利。随着李铁军名气越来越大，他觉得自己名字老土，还为自己取了个英文名，叫 Jerson。

Jerson 在时尚界无疑成了名人，很多公司都开始挖他。3 年前，他被现在的公司——魔道时尚公司最大股东李可挖过来，负责公司日常经营。魔道时尚公司是时尚界的作风标，特别权威，最重要的是李可特别看重 Jerson，很多决策都会听 Jerson 的意见。同时公司给的待遇也是非常优厚的，月薪 10 万元。很自然，Jerson 就被这样的糖衣炮弹击中，选择了魔道时尚公司。

不过，进了公司后，Jerson 也遇到了麻烦。因为公司还有其他股东，还有董事长李可的儿子李健，这些人思想过于保守，在很多时尚理念上和 Jerson 相悖。比如在 2017 年的夏季服装设计上，Jerson 建议融合中西方特色，再创造新的元素，而李健却要坚持古风，只传承我国经典元素，不建议创新。

当双方矛盾时，还是由李可出面调解，他大胆相信 Jerson 的设计。最后证明，李可眼光独到，Jerson 设计潮流，服装大卖。从那以后，李健多少对 Jerson 有点意见，或许出于嫉妒。明明他是李可的儿子，凭什么很多事情要让 Jerson 做主呢？

这李健虽然是李可的儿子，但是在时尚方面没什么建树，也没什么品位，但他却仗着自己是董事长的儿子嚣张跋扈，公司员工总是看不惯他。

最让人意外的是，李健还伙同公司会计，挪用公司公款 30 多万元，用于个人吃喝玩乐。后来这件事虽然被李可压下来了，但李可也彻底对他这个儿子失去了信心。

李可是60后，一路打拼多年，60来岁的人看着却有70岁人的沧桑，眼角的皱纹都可以压死蚊子。后来，Jerson才知道，原来李可是生了重病，但具体什么病，他并没有透露，或许是怕影响公司的运营。

有一天，李可找到Jerson，并表示，希望他可以担任魔道时尚公司暂时的法定代表人，全权负责公司的运营。说实话，李可的这个提议，还是让Jerson感到惊讶，要知道李可自己有儿子，而且Jerson又不是公司的股东，他怎么能担任公司的法定代表人呢？不过，对于李可的信任，他还是深表感激。

但最大的困惑是，Jerson只是魔道时尚公司的员工，他并没有任何公司的股权，这样的他能成为公司法定代表人吗？

场景TIPS：法定代表人可以由公司股东之外的自然人担任吗？

公司法定代表人可以是公司股东，也可以不是公司股东。《公司法》第13条规定：公司法定代表人依照公司章程的规定，由董事长、执行董事或者经理担任，并依法登记。公司法定代表人变更，应当办理变更登记。

补充提示

1.《公司法》第146条第1款规定了公司董事、高管任职的五项消极条件，包括：

（1）行为能力要求：无民事行为能力或者限制民事行为能力；

（2）经济犯罪限制：因贪污、贿赂、侵占财产、挪用财产或者破坏社会主义市场经济秩序，被判处刑罚，执行期满未逾五年，或者因犯罪被剥夺政治权利，执行期满未逾五年；

（3）破产清算责任：担任破产清算的公司、企业的董事或者厂长、经理，对该公司、企业的破产负有个人责任的，自该公司、企业破产清算完结之日起未逾三年；

（4）吊销关闭责任：担任因违法被吊销营业执照、责令关闭的公司、企业的法定代表人，并负有个人责任的，自该公司、企业被吊销营业执照之日起未逾三年；

(5)个人重大负债:个人所负数额较大的债务到期未清偿。

以上五种情形下的自然人不能担任公司的董事、经理等职务,当然也无法成为公司的法定代表人。

2. 使用挂名法定代表人的法律风险:

(1)挂名法定代表人签字后合同即成立。

很多公司的实际控制人以为手握着公司公章就可以把法定代表人的"武功"废掉。这里其实有一个很大的认识误区:低估了法定代表人签字的法律效力。

法人之间的合同约定,合同经双方当事人签章后生效,但并未明确要求合同生效需要同时具备当事人的签字、盖章的,公司法定代表人代表法人行使职权,其在合同上签字的行为,代表法人的意思表示,并不要求再加盖公司公章而使合同成立。

(2)挂名法定代表人的私人借款有可能要由公司承担责任。

公司法定代表人向第三人借款,并以公司名义向第三人补出借据,并加盖公司的公章,应视为代表公司作出自愿承担该法定代表人借款的意思表示,公司应当承担还款责任。

实践中,很多挂名的法定代表人跟公司经营并没有任何关系,从不出现,但也有一些实际控制人为了方便就近管理,会在公司内部选择挂名的法定代表人,在此类情形下,管理好公司的公章就显得尤为重要。诉讼中,若仅有法定代表人签字,而没有加盖公章,还可以辩解加盖公章是公司行为的主要证明,法定代表人的亲笔签名并非公司行为的法定要件,而一旦加盖公章,则具有证明行为人主体、确认民事法律行为等效力。

(3)挂名法定代表人私刻公章引发无权代理行为。

公司实际控制人大概率情况下,不会让挂名法定代表人接触到公章,那么,挂名公司法定代表人要想"获得"公章就剩下了"私刻公章"一条路了。通过私刻公章,以公司财产偿还其个人及个人控制的其他公司的债务,属于违反法定忠实义务的无权代理行为。

这种情形下,为了防止无权代理行为过早败露,案涉合同条款往往使公司只承担巨额债务而不能获得任何对价,显然具有明显的超越代表权的外观,不属于公司正常的经营活动。协议相对方以协议和委托书加盖了公司公章为由主张善意信赖法定代表人代表权的理由不能成立。

小 结

由上可知，即使不是公司的股权，也可以成为公司的法定代表人。所以李铁军自然能够成为魔道时尚公司的法定代表人。

场景八

铁山在合川市注册了公司，却想在隔壁的三川市开厂，可以吗？

创业踩坑指数：四颗星

关联问题：分支机构类型分析

铁山从小就重口味，吃东西喜欢咸、喜欢甜、喜欢放调料。小时候家里经济条件差，所以九年义务教育后铁山就去深圳工作。学历低又没有手艺，想要立足的最好的办法就是进厂子。后来，铁山在老乡的介绍下进入了一家调味品公司工作。他的日常工作就是负责包装调料，把各色各样的调料按照需求包装好。工作虽然轻松，但是却经常要加班到很晚。铁山经常累得腰酸背痛，因为不是技术性的工作，所以累死累活，一个月工资也不过3000元。

不过，铁山这人在调料方面似乎有天赋，很多东西只要进入他的嘴，他就能够分析出他的配料来。比如酱油、各种调料粉等，他都能正确说出配料。因为他的独特才能，后来他被调到研发部。

最开始，调入研发部的日子并不好过。因为研发部的人员不是元老就是学霸型人才，所以大家对他都不看好，很多人甚至挖苦他。不过，铁山都顶住压力，虚心请教、耐心学习。进入研发部后，他的空闲时间越来越少了，除了现场学习外，他又买了很多理论书籍看，另外他还会进行实验。研发部工作的日子过起来非常快，半年后，他成为研发部不可多得的人才，不仅得到部门的认可，更赢得了老总的赏识。

此时的铁山，收入也从之前的3000元涨到了10000元，或许对于很多人来说，这样的日子已经算非常好了。不过，铁山的梦想是拥有自己的工厂，他想有一天终究会有自己的工厂。

后来他又工作了2年，这个时候虽然他研发出了多款调料，不过他们工厂管理疏忽，而且老总不作为，公司一盘散沙。后来又过了2年，工厂无奈倒闭。

工厂倒闭后，铁山就开始着手自己创业。他回到老家合川市，并注册了一家调味品公司，想要从事调味品制造与销售行业。不过，后来铁山调查发现，在合川市开厂，员工工资高，消费高，而且税收也不低，这样一算，整个成本就超出了预算。

他有一个发小，在隔壁三川市开灯泡厂，这个时候发小就告诉铁山，三川市人口多，工资低，消费水平也比合川低，更重要的是三川市在搞实业补贴，3 年内不上税。这样一算计，铁山认为去三川市开厂最划算。不过，铁山疑惑了，他在合川市注册的公司，可以在隔壁的三川市开厂吗？如果要在三川市开厂，需要另外注册一家公司吗？

场景 TIPS：当地注册的公司可以在异地办厂吗？

异地办厂存在风险，必须要办理好相应的法律手续，比如通过设立子公司或者分支机构的方式。若违反工商规定未办理相关手续，则属于违法经营。情节轻者会被要求责令整改，若情节恶劣对社会、群众造成重大损失则有可能构成非法经营罪。

补充提示

分公司不具有独立的法人资格，不独立承担民事责任。而且法律规定，分公司发生的利润与亏损要与总公司合并计算，即“合并报表”，因此分公司的债务将由总公司承担。而子公司具有独立的法人资格，以自己的名义从事经营活动，可以独立承担民事责任，以其全部财产为限对其债务承担责任。

当企业在异地经营时，到底是设立分公司还是子公司可以基于以下两点考虑：

1. 在开办初期，新公司可能会发生亏损。而设立分公司，因与总公司“合并报表”后会降低总公司的利润，减轻企业赋税负担。（而设立子公司就得不到这一项好处）

2. 但如果新公司发展前景良好能够很快盈利，或能很快扭亏为盈，那么设立子公司就比较适宜。而且子公司作为独立法人在经营上有很多便利之处，还可以享受未分配利润递延纳税的好处。所以说，该采用哪种组织形式，应该根据公司的实际情况来看。

另外，跨境分支机构与总机构属于统一法律责任主体，分支机构从属于总机构。在对外经济业务中除有特殊规定外，由总机构承担对外法律责任，也即在没有明确的法律规定授权的情形下，分支机构不得进行需要承担法律主体责任的行为（如无授权独立签订协议等）。

国内总分机构可以汇总纳税，也可以独立核算，但是，跨境分支机构有所不同，正常情况下境外分支机构取得的所得，境外当地税务机关有依据该地与我国的税收协定或者当地税收法律收税的义务，同时作为没有独立法律主体的分支机构，不具有独立纳税地位。

因此，根据财政部、国家税务总局《关于企业境外所得税收抵免有关问题的通知》（财税〔2009〕125 号）规定，国内企业在境外设立不具有独立纳税地位的分支机构取得的各项境外所得，无论是否汇回中国境内，均应计入该企业所属纳税年度的境外应纳税所得额。同时，准确计算并确定当期实际可抵免的境外所得税税额和抵免限额（根据双方税收协定等规定确定），并计算申报国内企业的企业所得税。

简言之，国内企业在境外设立不具有独立纳税地位的分支机构，分支机构取得的境外所得，无论是否汇回国内，均作为境外应纳税所得额汇总申报企业所得税，并按照规定计算境外所得税税额和抵免限额，据以抵免。

需要注意的是，境外分支机构所得按照规定计算后属于亏损的，则不得抵减其境内应纳税所得额，也不能抵减来源于其他国家的应纳税所得额，但可以用所在国家的其他项目或以后年度的所得按规定弥补。

场景九

个人独资有限公司在注册资本方面需要注意的事项

创业踩坑指数：四颗星

关联问题：其他案例分享

尚喜山是温州皮革厂的老板，他来自江苏，后来去温州打工，进了皮革厂。皮革厂老板有一个女儿叫梦溪，长得肥头大耳，但她喜欢尚喜山。尚喜山年纪不过25岁，眉清目秀，而且话不多，为人诚恳。就这样皮革厂的老板有意招他为上门女婿。

梦溪更是乐得合不拢嘴。最开始，尚喜山有抵触情绪，处在美好的年华里，就要被自己不认可的婚姻捆绑，他心有不甘。而且他总认为，他可以遇到更好的她，遇到有爱情的婚姻。不过，当时，他的父母和他一起在温州上班，进的也是同一家皮革厂。尚喜山父母对于这门亲事非常认同，他父母认为，有了这门亲事，日后他们在工厂里也会有个好差事。更重要的是，梦溪是老板的独生女，也就是说只要他们结婚，以后这个皮革厂就是尚喜山的。所以尚喜山的父母一再说服尚喜山答应这门亲事。

在父母的软磨硬泡下，尚喜山态度发生了转变，答应了亲事。不过，好景不长，本以为婚后他和父母的处境会有所改善，但梦溪婚后并没有把他和他父母当作丈夫和公公婆婆对待。梦溪刁钻任性，而且疑心特别重。日常生活中，她总是对尚喜山指手画脚，对公公婆婆也是如此。尚喜山的父母总是叫他忍，而他也认为，自己既然选择了婚姻，自然要忍，毕竟这是自己的选择。

梦溪除了蛮横外，她还不允许尚喜山和女员工说话。有一次，尚喜山和一个女员工在讨论包装的问题，尚喜山算是管理者，很多事情他都得管。因为包装出现问题，有个顾客退货，刚好被尚喜山撞上了，他就和一个女员工讨论起这个问题。梦溪看到他和女员工说话，不管三七二十一，急匆匆地跑上去，就给了女员工一巴掌，打得她眼冒金星。从那以后，女员工看到尚喜山都绕道走。

尚喜山其实是一个挺文艺的人，平时喜欢看书，多少有点多愁善感。他的婚姻并非他所愿,婚后他更是没法把梦溪当妻子一样看待。两个人同床异梦,好不悲伤。后来无奈之下,尚喜山提出了离婚,最开始梦溪不答应,但尚喜山去意已决,所以最后尚喜山什么都没要,独自一人离开了。

不过他这人勤奋好学,所以关于皮革厂的管理方面他都懂,离开后他打算自己办个皮革厂。但当时他手头资金不多,所以就注册了20万元资本的小型工厂。多年后,他的小厂也慢慢变大,盈利也变多,另外这个时候,尚喜山发现现在公司的注册资本制度由实缴制转变为了认缴制,作为一家一人公司,尚喜山想要把自己公司的注册资本由20万元改到2000万元,便利自己对外发展客户,但他对这个想法有些担心,自己到时候如果没有出资这么多,会有什么风险吗?

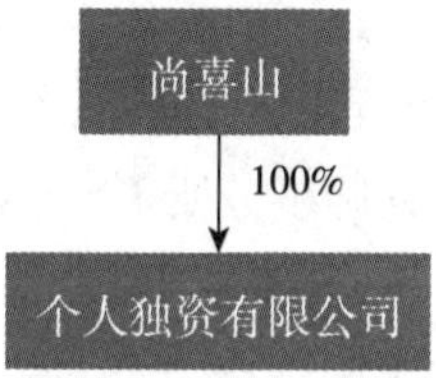

图5-8　场景九:尚喜山的个人独资有限公司

场景TIPS:个人独资的有限公司注册资本2000万元,出资不到位有什么风险?

《公司法》明确规定一人有限责任公司的股东不能证明公司财产独立于股东自己的财产的,应当对公司债务承担连带责任。一人公司区别于普通有限公司的特点在于,关于个人财产和公司财产没有产生财产混同的举证责任要由股东承担。这对该一人股东非常不利,而注册资本2000万元的,无论是一人有限公司还是普通公司,如果公司资产抵不过债务,那么因股东未履行或未全面履行出资义务,股东在未出资本息范围内对公司债务不能清偿的部分承担补充赔偿责任。

补充提示

因为一人公司股东更容易滥用一人公司外壳,达到损害债权人的目的,所以为了更好地保护债权人的利益,降低交易风险,《公司法》规定了许多针对一人公司的制度,从而使得对债权人的保护更加彻底。

1. 一个自然人只能投资设立一家一人有限责任公司,且一人有限责任公司不能再重复设立一人公司(第 58 条)。但法人可以同时或者先后设立多家一人有限责任公司,法人设立的一人有限责任公司亦可设立孙子一人公司。许多公司为了避免股东多元化公司蕴含的法律风险,被迫采取分公司的形式开展投资与交易活动。但分公司不能独立承担民事责任,分公司创设的债务就是总公司的债务。因此,分公司的法律风险之高可以想象。而一人公司制度则使企业如虎添翼。

2. 名称披露要求。一人有限责任公司应在公司登记中注明自然人独资或者法人独资,并在公司营业执照中载明(第 59 条)。

3. 特别书面决策要求。一人有限责任公司股东行使股东会决策范围内的决策权应以书面形式做出,并由股东签字后置备于公司(第 61 条)。

4. 法定强制审计。自然人投资设立的一人有限责任公司在每一会计年度终了时编制财务会计报告,并经会计师事务所审计(第 62 条)。

5. 法人人格滥用推定制度(第 63 条)。倘若一人有限责任公司股东能够自证清白,固然免于对公司债务承担无限连带责任;倘若一人有限责任公司股东不能慎独自律,致使个人与一人公司的财产混同、人格混同,一人有限责任公司股东的连带责任风险就会到来。仅看到一人公司好处,忽视一人公司风险的缺点,诚属一叶障目。

一人有限责任公司的优势:

由于一人有限责任公司只有股东一人,没有其他股东作为制衡、监督的力量,且一人有限责任公司属于有限责任公司,股东对于公司的债务承担有限责任。为了保障债权人的利益以及维护社会交易的稳定,《公司法》第 58 条特别规定一个自然人只能投资设立一个一人有限责任公司。该一人有限责任公司不能投资设立新的一人有限责任公司。增加设立一人有限责任公司的难度,目的在于防止一人有限责任公司的泛滥设立。

成立一人有限责任公司的好处,在于可充分利用公司经营的高效率,公司在经营过程中不会因为股东之间的纠纷而影响到公司的存续,减少了内部的法律纠纷。

场景十

合同一定要盖公章才生效吗?仅有法定代表人的签字可行吗?

创业踩坑指数:四颗星

顺鑫服装辅料贸易有限公司在2015年公司上层大换血,特别是换了法定代表人。公司最初的法定代表人是李达,这个李达倒是个尽心尽力的人。他被公司大股东王莉任命为法定发表人后尽心尽力,希望让公司稳步上升。

不过,做事业没有一帆风顺的,李达像个死读书的孩子,虽然操劳到半夜,却总是忙着鸡毛蒜皮的小事,在大事上从来都不未雨绸缪,事先布局。很自然顺鑫服装辅料贸易有限公司在李达的管理下,生意一落千丈。李达这个时候也主动请辞。

公司并不是王莉创办的,是从父辈手上继承过来的。她父亲出车祸去世后,她作为独生女自然要承担起继承家族事业的责任,所以她成为顺鑫服装辅料贸易有限公司的大股东。王莉虽然从小在优渥的环境中长大,倒也不是纨绔子弟,反而很拼命。不过,她的志趣不在辅料公司,而在护肤类。她自己创立了护肤品牌,经营得也非常好。所以她没有时间和精力打理顺鑫服装辅料贸易有限公司。

李达是她表哥,她信任他所以把顺鑫服装辅料贸易有限公司交给他打理。但有时候盲目的信任也会坏事。李达辞职后,王莉就一直在寻找能人。

一天,她下班,从办公楼刚下来,就给一个人堵住了。这男的面貌清秀,但有几分坚毅。后来,她知道,这是顺鑫服装辅料贸易有限公司的部门主管叫张谦。他拦住王莉不为别的事,居然是自我推荐。他想成为顺鑫服装辅料贸易有限公司的法定代表人。王莉刚开始一听,觉得好笑。只记得以前学过《我选我》的课文,没想到现实生活中还真有这么自信的人。不过王莉看张谦认真的态度,倒有了几分兴趣。

后来王莉了解到,张谦原来是个很有能力的人,非常有眼光,管理工作也做得非常好。所以她打算放手一搏,就任命张谦为公司法定代表人。

还别说，公司在张谦的管理下，发展特别快。张谦第一步就是对管理者开刀，把一些只知道拍马屁不干实事的领导都开了，其中一些还是王莉的亲戚。之后，张谦抓牢产品质量，对市场方面也大力开拓。不到 1 年的时间，顺鑫服装辅料贸易有限公司起死回生，业务猛增。这个时候公司需要非常多的辅料，张谦还会亲力亲为找辅料。经人推荐，他与内蒙古羊毛原料贸易有限公司签订合同，约定于 8 月提供 20 吨羊毛原料给顺鑫服装，当时由于是内蒙古企业来到顺鑫当地进行磋商，所以只进行了法定代表人的签字，并没有盖公司章。

眼看着 8 月到了，张谦催内蒙古羊毛原料贸易有限公司交货，可对方这个时候却变卦。内蒙古羊毛原料贸易有限公司负责人表示，当时签订的合同只是双方法定代表人签字，并没有加盖公章，所以合同无效。后来，张谦才知道，原来内蒙古羊毛原料贸易有限公司把原本给顺鑫服装辅料贸易有限公司的 20 吨羊毛原料高价卖给了竞争对手。张谦认为内蒙古羊毛原料贸易有限公司的做法违约，因为合同是有效的。那么只有法定代表人签字没有加盖公章的合同真的有效吗?

场景 TIPS：法定代表人签字但没有公司盖章，合同有效吗?

一般情况下是有效的。法定代表人代表法人行使职权，以法人名义对外作出的行为应由法人承担责任，而盖具公章并非合同生效的必备条件。双方当事人意思表示一致，合同即已成立。法定代表人作为当事人的法定代表，当然有权在合同上签名以示对合同的确认。在此，强调的是双方合意，而不是形式上的盖章。

例外情形：《民法典》第 504 条规定，"法人的法定代表人或者非法人组织的负责人超越权限订立的合同，除相对人知道或者应当知道其超越权限外，该代表行为有效，订立的合同对法人或者非法人组织发生效力"。所以，在合同一方当事人明知对方的法定代表人超越权限而仍与其签订合同的情况下，只有法定代表人签名而没有盖章的合同对该法人代表的单位没有约束力。

但是，从防范风险的角度来说，最好盖公章 + 法定代表人签字。

补充提示

法定代表人与法人代表的区别以及效力：

法定代表人：《民法典》第 61 条对法人的法定代表人有明确规定，依照法律或者法人章程的规定,代表法人从事民事活动的负责人,为法人的法定代表人。简单地说,法人的负责人就是法定代表人。法定代表人是唯一的,要登记在营业执照上的,变更要到工商局备案。根据《公司法》规定,法定代表人由董事长、执行董事或者经理担任。

法人代表:法人的代表人简称法人代表,凡是代表法人组织从事对外活动的人都是法人的代表,从上到下,整个法人组织的职工包括负责人、财务总监、会计、市场部经理、业务员等组织人员对外从事公务时都是法人组织的法人代表,其行为对法人组织负责,责任由法人组织承担。

法人的法定代表人一定是法人代表,但是法人代表不一定都是法人的法定代表人。法人的职员对外代表法人从事活动的时候也是法人代表,法人授权法人职员以外的人代表法人组织从事对外活动,被授权人也是法人代表,比如授权律师出庭,被授权的律师在授权范围内从事授权事务的时候就是该公司的法人代表。过去人们习惯性的会把任何企业社会团体的法定代表人都称作法人代表,这是对法人代表认识的误区,更是对法人概念理解的误区。

小 结

在这个案例中,顺鑫服装辅料贸易有限公司与内蒙古羊毛原料贸易有限公司是在平等自愿的条件下签订的合同。合同中双方代表人也都签字了,虽然没有盖章但合同还是有效的。因此,内蒙古羊毛原料贸易有限公司把原本给顺鑫服装辅料贸易有限公司的20吨羊毛原料高价卖给了竞争对手的行为是单方面撕毁合同的行为,要承担违约责任。

场景十一

一人有限责任公司是不是普通有限责任公司？两者一样吗？

创业踩坑指数：四颗星

梁婧是商学院大二学生，她从小就喜欢折腾，喜欢捣鼓东西卖。她卖过很多东西，比如小时候卖过雪糕，卖过凉鞋，卖过学生用的本子和笔。虽然没赚很多钱，却让她锻炼出了吃苦耐劳，眼光独到，思维敏捷，敢于闯荡的性格。后来，她卖的东西渐渐多了，也渐渐赚得多了。高中时，她卖过电话卡，卖过服装，卖过护肤品。梁婧开玩笑说，只要能卖的，她几乎都卖过。

进入商学院后，梁婧自然不会闲着。那么干什么呢？这个时候她不想当小贩，因为做小贩只能小打小闹，没有规模，根本不能称之为事业。加上当时，他们学校也在鼓励大学生创业，所以梁婧就想自己创业。

做什么呢？梁婧做了一番调查，大学生喜欢网购，所以何不在校内搭建一个零售平台呢？这样既满足学生所求又可以达到创业赚钱的目的。不过，在启动资金下，梁婧还是犯难了。虽然她这么多年是赚了点钱，但她正因为自己能赚钱，所以在用钱上从来不吝啬，经常请同学吃饭，经常买新衣服、新鞋子，还经常给爸妈零用钱花。就这样，她怎么可能有“小金库”呢？

那创业钱从哪里来？她想到可以找家人借，但是她一个人又不想承担风险，所以她想找同学合伙。她们室友中有一个叫王思思的家里比较有钱，每个月她的生活费都是上万。所以梁婧想找她合伙创业。

这王思思是个心直口快的人，而且她多少有点公主的傲慢脾气。所以当梁婧和她说创业的事时，她很不以为意地说“创业一个月能赚多少钱？”梁婧老实回答：“这个不清楚，而且创业是有风险的，可能会亏损也不一定。如果生意好的话，日后或许一个月应该有过万吧。”

王思思听了梁婧的话，不说话，只是一脸不屑地笑了笑。梁婧知道了她的意思后，很是伤感。后来她又邀请了几个同学合伙，但是大家不是说没钱就是说没时间。一气之下，梁婧就自己注册了一个公司。不过，这个公司写的是一人有限责任公司。

梁婧经常听到别人说有限责任公司，但是一人有限责任公司她听的还是比较少。她不知道这个一人有限责任公司和普通的有限公司之间到底有什么区别？以后如果出现债务问题，她需要对公司的债务承担连带责任吗？

图 5-9　场景十一：一人有限责任公司与有限责任公司

场景 TIPS：一人有限责任公司与有限责任公司的区别？

根据名称就可以理解，首先，人数上的区别："一人有限责任公司"的股东只有一个人，可以是法人或者自然人；"有限责任公司"的股东人数为 2-50 人。其次，《公司法》为了规范一人有限责任公司，对其有特殊的规定：(1) 公司登记中应当注明自然人独资或者法人独资，并在公司营业执照中载明；(2) 一人有限责任公司不设股东会；(3) 一人有限责任公司的股东不能证明公司财产独立于股东自己的财产的，应当对公司债务承担连带责任。

补充提示

个体工商户、个人独资企业、个人合伙、合伙企业、股份有限公司、有限责任公司的区别：

个体工商户是指公民个人或家庭依法经核准登记，以个人财产或家庭财产为经营资本，在法定范围内从事工商业经营的一种特殊民事主体，适用《个体工商户条例》。

个人独资企业是指个人出资经营、归个人所有和控制、由个人承担经营风险和享有全部经营收益的企业，适用《个人独资企业法》。

个人合伙是两个以上合伙人为了共同的事业目的，订立的共享利益、共担风险的协议;合伙人应当按照约定的出资方式、数额和缴付期限,履行出资义务。个人合伙主要由《民法典》第 27 章合伙合同调整。

合伙企业是指依照《合伙企业法》在中国境内设立的由各合伙人订立协议,共同出资、合伙经营、共享收益、共担风险,并对合伙企业的债务共同承担责任的营利性组织。《合伙企业法》第 2 条规定,本法所称合伙企业,是指自然人、法人和其他组织依照本法在中国境内设立的普通合伙企业和有限合伙企业。普通合伙企业由 2 人以上的普通合伙人组成,其合伙人对合伙企业债务承担无限连带责任。有限合伙企业由 2 人以上 50 人以下的普通合伙人和有限合伙人组成,其中普通合伙人和有限合伙人都至少有 1 人。普通合伙人对合伙企业债务承担无限连带责任,有限合伙人以其认缴的出资额为限对合伙企业债务承担责任。

公司包括有限责任公司和股份有限公司。股份有限公司一般规模比较大,我国所有的上市公司都是股份有限公司。但是有限责任公司是经济生活中最常见的组织形式,也是初创企业选择最多的组织形式。

有限责任公司,简称有限公司,是指股东以其认缴的出资额为限对公司承担有限责任,公司以其全部资产对公司债务承担全部责任的经济组织。股东只以其出资额为限承担公司的经营风险,出资额以外的财产不受影响,有限公司在风险的隔离方面对创业者具有天然的吸引力。此外,有限公司财产所有权与经营权的分离,有利于企业扩张和保持连续性,能够保证公司经营的稳定和长远发展。

非公司制组织因为不具有法人资格,也就是说它们不能独立承担责任,它们的责任是与创业者绑定在一起的。当非公司制组织资不抵债时,创业者(有限合伙人除外)仍需承担无限连带责任,从这个意义上来说,创业者设立非公司制组织面临的风险更大。但尽管如此,相比公司而言非公司制组织仍然存在一些优点:

1. 降低税负。

公司在能够有效降低风险的同时,也存在一个巨大的问题,即双重征税。公司盈利后须缴纳企业所得税,股东在取得分红时还需被征收个人所得税,而非公司制组织盈利后,创业者只需要缴纳一次个人所得税即可,税负较低,这就是不少 VC、PE 都采取合伙企业制的原因之一。

2. 组织架构简单,降低管理成本。

一般来说,非公司制组织内部架构比公司制组织简单,无须设立股东大会、董事会、监事会等,决策效率更高。除此之外,非公司制组织的成立、注销程序也相对简单。对于业务模式单一、经营风险较低且未来无扩张计划的组织而言采用非公司制的形式可能更为适合。例如,我们常见的商铺,绝大多数采取个体工商户的形式,就是因为成立、经营管理、注销程序等都相对简单,管理成本较低。

3. 经营管理需要。

私募股权投资等创投企业一般采取有限合伙制,除了降低税负之外,带给普通合伙人提供较好的激励机制也是一个非常重要的原因。这样的制度让有能力的普通合伙人投入少量金钱、承担无限责任,更好地绑定自身目标和企业发展目标;有限合伙人投入大量金钱、承担有限责任,在不干涉普通合伙人经营管理的同时,更放心地向合伙企业投入大量资本。

4. 法律、法规的强制规定。

涉及公众利益的组织,如律师事务所、会计师事务所等,必须采用合伙企业的形式。由于将承担无限责任,合伙人将面对更大的风险,这样的做法更有利于保护公众利益。

场景十二

有限合伙企业的形式好不好？有什么优势和劣势？

创业踩坑指数：四颗星

曹海云婚后一直在外打拼，打拼了10多年，孩子一直由公公和婆婆照看。每年过年的时候，她会回家待一段时间，这段时间是她最开心的日子。她女儿天天粘着她，一直在她身边唠叨"妈妈不要去打工吧?"曹海云总是点头骗她。可是正月一过，她和丈夫又领着大包小包出去了，女儿可怜巴巴地望着她。可是看着她进入车子内后，又急了，开始哭，又以哀求的口吻求她。

不去打工能怎么办？家里上有老下有小，老家工资又低。所以曹海云只能忍心不去看女儿，告诉司机开车。车子发动后，她扭头过去看，竟然发现女儿在后面跟着跑，边跑还边哭。看着这情景，曹海云心疼急了，眼泪自然而然地流下来。她心里发誓，过几年一定回来带娃。

她回来的这年，孩子已经初三毕业了。她女儿特别乖巧，学习成绩也特别好。所以她希望回家带女儿读书，让孩子有个好的环境安心学习。

回来后怎么办呢？总不能无所事事吧？最开始曹海云想去公司上班，不过找了半个月的工作也没找到合适的，最主要是工资低，每个月只休息一天，只有一家公司工资开到了3000元，其他公司都只开2500元。

在外上班时，曹海云做的是美容业。她的手法特别好，无论是脸上按摩还是脸上美容抑或者全体护理她都非常精通。在外面上班，业绩好时，她可以拿到1万元一个月，有一次她一个月还拿了2万元。如今美容业发展特别快，而且市场非常大。爱美和懂得保养的人越来越多，放眼望去，大街上的成年女人们大多会纹眉、做眼线。很多爱美的年轻女性还会办护理卡，每周都会到美容院做护理。

曹海云有技术，市场又有需求，那么毫无疑问这个时候做美容产业是不错的选择。不过做美容产业她一个人是没办法全部管理好的，所以找合伙人是不错的出路。

刚好此时她以前的同事王芳，也是她老乡，最近也回家发展了。所以曹海云就想和王芳一起做美容业。王芳听了曹海云的想法后，非常赞同，她表示自己正愁回家没事做呢。

两人合计后，打算预备先开设一家公司，按照各自资金比例，再以公司名义开设线下美容体验馆，以后如果生意好再开几家分店。不过两人对公司的形式一窍不通，她们不知道是采取有限责任公司的形式，还是有限合伙企业的形式。有限责任公司对于股东责任承担明确，这是一个很大的优点，但她发现有很多小公司是有限合伙企业模式的，那么有限合伙企业的优势是哪些呢？有限合伙企业又有没有劣势呢？她们希望详细了解后再决定。后来找了这方面的专家进行了解。

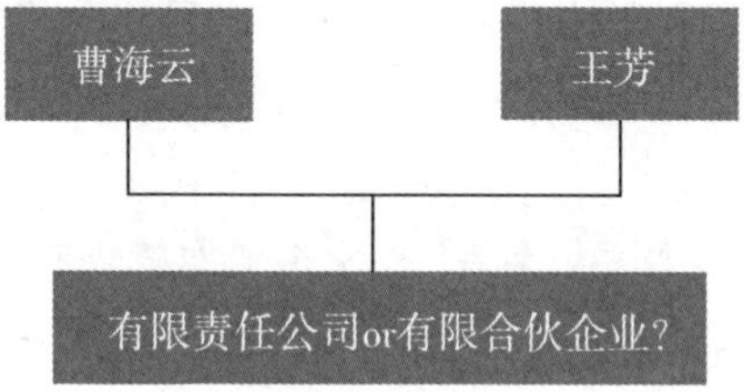

图 5－10　场景十二：曹海云开设公司类型图

场景 TIPS：有限合伙企业的优势

一、有限合伙企业的优势

1. 从税收上来说，合伙企业免除对企业收入的双重征税，相较公司而言起到了合理避税的优点。

2. 合伙企业相较于公司制而言，组织结构简单灵活，决策效率高，设立和解散更容易。业务模式单一、经营风险较低且未来无扩张计划的组织采用非公司制的形式可能更为适合。

3. 对经营管理需要而言，私募股权投资等创投企业一般采取有限合伙制，除了降低税负之外，带给普通合伙人提供较好的激励机制也是一个非常重要的原因。这样的制度让有能力的普通合伙人投入少量金钱、承担无限责任，更好地绑定自身目标和企业发展目标；有限合伙人投入大量金钱、承担有限责任，在不干涉普通合伙人经营管理的同时，更放心地向合伙企业投入大量资本。

4. 合伙企业大多是非强制性法律规定，法律干预较少，企业运营比较自由。

5. 有限合伙企业出资方式较为灵活，并且对有限合伙人来说只需承担出资范围内的有限责任。

二、合伙企业的法律风险

1. 普通合伙人需承担无限连带责任。根据《合伙企业法》第 2 条规定，普通合伙人需对合伙企业的债务承担无限连带责任。这意味着普通合伙人不仅要以其合伙企业的出资额对企业债务承担责任，在一定条件下，其个人财产亦有可能要用来抵债。因此，一旦合伙企业经营失败。不仅所有的合伙人都要被连累，更可能导致合伙人投资的其他企业也要被累及，造成一连串的不良后果。

2. 管理权分散，决策成本较大。在合伙企业中各合伙人平均享有权利，一旦合伙人不能形成统一意见，容易导致某些问题久拖不决，影响企业的决策效率，丧失很多商机。

3. 合伙企业的稳定性较差。首先，合伙企业在很大程度上依靠的是合伙人之间的信任，合伙人之间的默契程度对合伙企业运作的成功与否有着重大的影响。如合伙人之间出现嫌隙，则合伙关系很容易破裂，继而影响到合伙企业的生存。其次，正是因为合伙企业间的人合性，因此当任何一个合伙人破产、死亡或退伙皆有可能导致合伙企业的解散，使企业的存续发展具有很大的不稳定性。

4. 易进难出。由于合伙人的财产转让影响着合伙企业和合伙人的切身利益。因此法律对此要求比较严格。向外转让其财产份额时必须经合伙人全体同意，而不是采取少数服从多数的原则。合伙人退伙也不容易，除非在合伙协议和法律有明确规定，否则很难抽身而退。

三、有限合伙企业的应用

1. 有限合伙持股平台在股权激励中的应用。

相较于代持而言，设立持股平台可以保证权属更加清晰简单，避免产生股权归属争议的可能。相较于员工直接持股而言，设立持股平台可以避免目标公司股东增减导致的工商登记的频繁变动以及股东众多导致的议决程序的低效，维持目标公司股东的相对稳定和股东会决策的相对高效。

公司员工与公司的创始人共同出资组成有限合伙企业，该合伙企业通常由创始人担任普通合伙人，被激励的员工为有限合伙人。这样安排一是可以保证创始人的决策权，创始股东不愿意被其他利益相关者影响其对公司的控制权；二是被激励对象主要关注企业的成长及分红收益，对公司的管理权并不看重。

该持股平台设立后，并不经营实际业务，而是认购目标公司发行的新股即目标公司通过增资方式实行股权激励；或创始股东受让部分股权给该持股平台即通过股权转让方式实行股权激励。

2. 有限合伙在私募基金中的应用。

有限合伙私募基金，是以《合伙企业法》为基础，采用了合伙制企业的组织形式，由至少一名以上普通合伙人（GP）和一名以上有限合伙人（LP）合伙组成，最多不超过50个合伙人，以合伙成立的基金规模为限承担责任的基金，是目前在私募股权基金和创业投资基金中较为常见的一种形式。我国有限合伙私募基金虽然起步较晚，但因其激励机制有效、收益分配灵活、避免双重纳税等特点备受追捧，发展迅速。

对于契约型产品，目前在有效实现管理人自有财产与管理财产进行隔离的法律为《信托法》及《证券投资基金法》，而私募基金难以适用《信托法》或《证券投资基金法》的风险隔离制度，而有限合伙基金经工商注册后以企业名义而非管理人的名义对外投资、收益分配，权属清晰，能有效隔离合伙企业与管理人资产混同的风险。

私募股权投资属于高风险投资方式，同样也有机会获得较高的收益。那么如何在最低风险的同时获得高收益，一直都是投资人梦寐以求的。尤其是如何能将投资风险降到最低，是投资人最关注的，而有限合伙制可以很好地解决这种情况。

首先，私募基金管理规定，普通合伙人必须以现金出资的方式与有限合伙人共同投资合伙企业，同时，根据合伙企业利润分配较为灵活的优势，普通合伙人可以获得超额投资回报。这样就充分考虑了对普通合伙人的激励，将有限合伙的收益进行了利益捆绑，这样的安排可以让基金管理人在投资时往往以追求基金绝对回报为目标，以最大的努力追求基金利润最大化。

而在追求高收益的同时，为了防止普通合伙人盲目追求高收益而不顾风险，有限合伙也充分考虑到了风险的控制。根据《公司法》规定，普通合伙人对合伙企业的债务承担无限连带责任。这样的制度安排，让普通合伙人将出于自身利益考虑谨慎投资，促使他认真谨慎地执行合伙企业事务，降低了基金风险。对有限合伙人而言，则具有风险可控的好处。

场景十三

股权如果要变更需要准备好哪些资料呢?

公司创立后,后面可能会有很多变数,其中一个就是股权的变更。那么股权变更需要准备哪些资料呢?下面王维卫会给大家带来答案。

王维卫有一家罐头加工公司——桃森罐头食品加工有限公司。这几年,他的公司发展非常快,销路也越来越广。不过王维卫并不满足于此,为了适应公司战略目标的提升和运营规模的扩大,王维卫觉得是时候进行股权激励了。

王维卫公司的运营总监和几个地区的负责人能力都非常强。留住这些人才对于公司未来的发展非常有帮助。人们都说人为财死鸟为食亡,王维卫担心别的公司出高价挖走这些公司的"命脉"人才。那么怎么办呢?之后王维卫召开董事会,在董事会上他表示公司要对关键人才实施股权激励。

公司规定工作满 5 年,而且在助力公司发展上有重大贡献的员工都可以获得一定的股权。不过,这个股权不是直接从公司分离,而是王维卫把自己手上用于股权激励的股份转移到持股平台名下,再分配到员工的名下。根据员工贡献的多少,股权的比例也会有变化。

不过,王维卫又担心直接赠送股权给员工,会导致员工不重视不珍惜,所以其决定让员工以低价购买持股平台下的股权。这样一来,员工成为公司的主人,那么他们不仅会卖力工作,而且会为公司未来的发展出谋划策,可谓一石二鸟之计。

如果进行股权激励,把王维卫手上的股份转移到持股平台,又卖给员工,那么自然就要进行股权变更登记。那么股权变更登记麻烦吗?股权变更登记需要准备什么资料呢?下面股权专家给出了详细的解释。

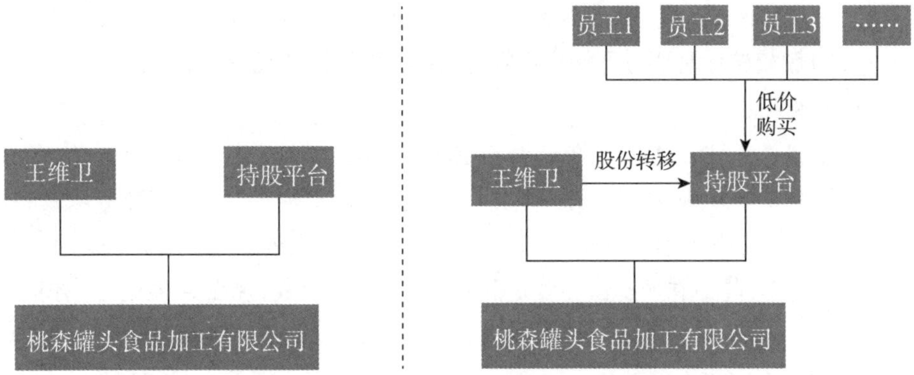

图5-11 场景十三:王维卫股权激励关系图

场景 TIPS:

一、公司股权变更需要提交的资料

1. 法定代表人签署的《企业变更(备案)登记申请书》(原件1份);

2. 经办人身份证明(复印件1份,验原件);

3. 公司关于变更事项的决议或决定(公司决定由法定代表人签署,盖公章)(原件1份);

4. 修改后的公司章程(由股东签署、加盖公章)或者公司章程修正案(由公司法定代表人签署、加盖公章)(原件1份);

5. 经公证、见证机构公证或见证的股权转让协议,划转股权的提交有权审批部门的划转文件(原件1份);

6. 向原股东以外的人转让的,提交新股东的主体资格证明(复印件1份,自然人身份证明验原件,单位资格证明加盖公章,注明"与原件一致");

7. 因股权转让而变更为一人(自然人)独资有限公司的,应提交一人有限公司承诺书。

二、股权变更所涉及的税务汇总,及避税方法

(一)对于股权转让的税务问题,需要理解以下两个概念

1. 持股主体,也就是我们常说的股权的所有者,可以分为个人、个体工商户、有限责任公司等公司制企业、合伙企业等非公司制企业四种形式;

2. 股权主体,即被投资的企业,可以分为上市公司、非上市公司、合伙企业。

(二)股权转让需要进行纳税申报,分别为印花税、增值税、所得税

1. 印花税。

根据相关法律法规,股权转让是需要转让方与受让方签订相关合同的,那么交易合同是需要缴纳印花税的。印花税是对签订股权转让合同的双方征收的,也就是说双方都需要缴纳印花说,税率为5‰,应征税额应为合同金额的5‰。

举个例子,某个有限责任公司是由AB两人出资组成,现在A要退出,将全部股权都转让给C,合同转让总额为20万元,那么A和C都需要缴纳印花税,税额为20万元*5/10000=100元。

2. 增值税。

按照相关法律法规,作为个人或企业的持股主体在转让其未上市公司或合伙企业的股权,无须缴纳增值税。转让上市公司股票,是否缴纳增值税,应根据转让主体的不同而有区别。如股票转让方是个人,免征增值税;如股票转让方是境内企业,应由转让方缴纳增值税。

税率:一般纳税人为6%,小规模纳税人为3%。以股票卖出价减去当初股票买入价的差额作为应纳税增值额计征。

如甲公司为一般纳税人,在股票市场减持其持有的乙上市公司股票。甲公司买入该股票花费资金1000万元;卖出股票收入资金1500万元。则甲公司需要缴纳增值税为:

增值税=(1500万元-1000万元)*6%=30万元。

3. 所得税。

众所周知,所得税是指对所有以所得额进行征税的总称。若在股权转让中,持股主体为企业,则为企业所得税,若是个人,则为个人所得税。与印花税不一样,所得税只对转让方进行征收。

(1)持股主体为企业,若符合条件的小型微利企业,按照20%的税率进行征收;若为高新技术企业,则按照15%的税率进行征收,除此以外的其他企业,按照25%的税率进行征收企业所得税。

(2)持股主体为个人的话,那么按照20%的税率进行征收个人所得税。

个人转让持有的公司股权,转让人是个人所得税纳税义务人,受让人是代扣代缴人。在支付转让款时,受让人应从支付的股权转让款中预先扣除代扣的个人所得税。个人所得税申报缴纳。在股权转让协议签订后5个工作日内,受让人须向税务机关报告股权转让情况,在次月向税务机关申报缴纳。受让人持税务机关开具的个人所得税完税凭证,到工商登记机关办理股权变动登记。如受让人未按规定代扣代缴个人所得税,税务机关可对受让人处以应扣未扣、应收未收税款50% 以上、3 倍以下的罚款。

(三)关于个税核定征收的问题

如股权转让双方约定的股权转让价过低或者零元转让,税务机关将进行核定征收。税务机关一般按转让股权所对应的公司净资产额,进行核定股权转让收入、以征收个人所得税。按税法相关规定,低价甚至零元转让公司股权,并不能免征个人所得税。

如张某为甲公司股东,甲公司实收注册资本 100 万元,其中张某出资 50 万元。张某与王某签订股权转让协议,将持有的甲公司股权全部无偿转让给王某,未向税务机关申报纳税。后税务机关核查发现张某无偿转让公司股权,不属于股权转让收入偏低有正当理由的情形,应该核定股权转让收入,按照转让股权所对应的公司净资产份额核定转让收入。在股权转让前,甲公司账上实收注册资本 100 万元,未分配利润 30 万元,资本公积金 20 万元,合计净资产 150 万元,税务机关核定本次股权转让收入为 150 万元 * 50% =75 万元。应缴纳个人所得税(略去股权转让相关合理费用):

个人所得税 =(75 万元 -50 万元) * 20% =5 万元。

场景十四

董事会可以超期服役吗？超期服役合法吗？

有一本书叫《我在雨中等你》，书以一条狗为主人公进行展开，为读者带来不一样的感人故事。在这个故事里，狗的主人丹尼是一个超强的赛车手。而今天我们的主人公罗佳曾经也是一名超棒的赛车手。

年轻人都喜欢追求速度与激情，在赛车中，毫无疑问，你可以领略这样激情的时刻，或许这就是罗佳喜欢赛车的原因。他说："握着方向盘，车子在跑道上快速奔跑时，那种感觉真的很好，仿佛身体是空的，脑袋是空的，什么烦恼都没有了。"但那是多年前的罗佳。很多时候，我们不是为自己而活，婚后的罗佳要考虑到经济来源，还要照顾到家人的感受。每次他去赛车时，他的妻子恩娜都担心他的生命安全。所以有时候的放弃也是为了另外一种成全。

从赛车事业中抽身后，罗佳和朋友一起开了一家公司——罗森赛车零部件制造有限公司，公司主要是专注赛车零部件的设计和改造。因为他有很多赛车朋友，所以公司生意还不错。最近几年，公司发展更迅猛，公司生产的悬挂系统、转向系统、制动系统等方面的部件甚至都出口到了国外。罗佳作为公司的董事长兼法定代表人为公司发展操碎了心。

近日，公司新加入了一个二股东，持股 16%，罗佳持股 25%，但新加入的股东王启却是个非常有心计的人。有人告诉罗佳，王启近日来频繁接触一些小股东，或许有什么动作。

原来董事会 3 年一换的换届马上到来，莫非王启想在董事会中安排自己的人吗？还是说王启想购买小股东手上的股权，然后等到总股权超过 25%，那么罗佳或许就不能连任公司董事长了。

其中有个小股东和罗佳关系比较好，后来主动告诉罗佳，原来王启居然暗示股东们到时候在改选时支持他。当然这种支持不会是白支持，自然有好处。很多小股东都动心了。

这个王启，其实最初罗佳不赞成他购买公司的股权。但当时有 3 个小股东要抛售手中的股权，而罗佳又没有余钱购买，再者王启出的价格也比较高。所以最后16%的股权落入了王启的手中。

王启其实以前也是赛车手，最初和罗佳关系还挺好。不过，最后两人因为观点不同而分道扬镳。在比赛中，王启是那种为达目的可以不择手段的人，和这样的人共事，总让罗佳惴惴不安。如果让他成为公司掌控人，公司的未来恐怕就没那么好了。

罗佳想，是否可以股东会暂时不提出改选提议，让董事会超期服役，这是否合法？

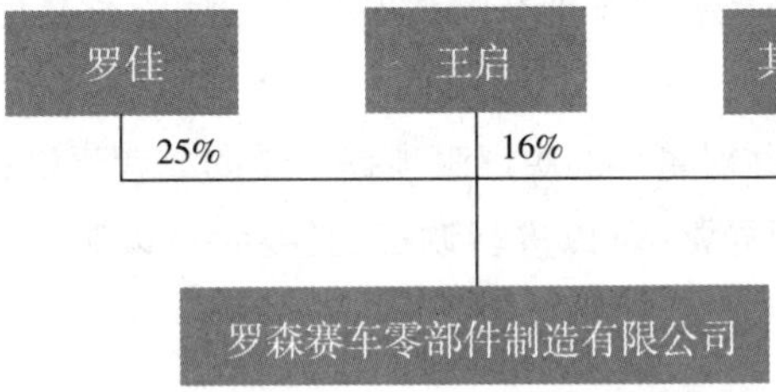

图5-12　场景十四：罗佳项目股权关系图

场景 TIPS：超期服役的董事会，是否合法？

《公司法》第45条规定："董事任期由公司章程规定，但每届任期不得超过三年。董事任期届满，连选可以连任。董事任期届满未及时改选，或者董事在任期内辞职导致董事会成员低于法定人数的，在改选出的董事就任前，原董事仍应当依照法律、行政法规和公司章程的规定，履行董事职务。"

所以超期服役的董事是不合法的，可向董事会、监事会、大股东提议召开临时股东会，进行董事的改选，但如未改选，如上描述，董事须继续履行职责。

补充提示

一、监事会相关规定

《公司法》第52条规定，监事的任期每届为3年。监事任期届满，连选可以连任。监事任期届满未及时改选，或者监事在任期内辞职导致监事会成员低于法定人数的，在改选出的监事就任前，原监事仍应当依照法律、行政法规和公司章程的规定，履行监事职务。

监事会（监事）向股东会负责并报告工作，行使下列职权：

1. 检查公司财务状况；

2. 对董事和高级管理人员执行公司职务时的行为进行监督，对违反法律法规、公司章程或股东决议的董事、高级管理人员提出罢免、解聘的建议；

3. 当董事和高级管理人员的任何行为损害公司利益时，要求其予以纠正；

4. 提议召开临时股东会会议，在董事会不按本协议规定履行其召集股东会会议的职责而且董事长或由多数董事推举的董事均不主持股东会会议时，召集和主持股东会会议；

5. 列席董事会会议，并对董事会决议事项提出质询或者建议；

6. 发现公司经营情况异常，可以进行调查，必要时可以聘请会计师事务所等协助其工作，费用由公司承担；

7. 向股东会会议提出议案；

8. 对侵害公司利益的董事、高级管理人员提起诉讼；

9. 公司法、公司章程规定或者股东会授予的其他职权。

二、有限责任公司董事会的设立

1. 董事会的组建。

（1）董事的产生。依据《公司法》第 37 条的规定，有限责任公司由股东会选举和更换非由职工代表担任的董事、监事，决定有关董事、监事的报酬事项；对于董事的选举股东以书面形式一致表示同意的，可以不召开股东会会议，直接作出决定，并由全体股东在决定文件上签名、盖章。

（2）人数。有限责任公司董事会的人员为 3 人至 13 人，为方便达成决策，董事会成员要求为奇数。

股东人数较少或者规模较小的有限责任公司，可以设 1 名执行董事，不设董事会。执行董事可以兼任公司经理。

（3）组成。董事可以由股东或者股东委派的人担任，也可以来自经营管理机构的执行董事，来自战略投资人的非执行董事和来自社会的独立非执行董事担任。

有限责任公司董事会成员中可以有公司职工代表，董事会中的职工代表由公司职工通过职工代表大会、职工大会或者其他形式民主选举产生。设立职工董事有利于维护职工的利益,实现公司的民主管理,但是可能造成管理障碍。由于法律对于设立职工董事没有做硬性要求,所以可以不设立职工董事。

(4)董事长的设置。依据《公司法》第44条第3款的规定,董事会设董事长1人,可以设副董事长。董事长、副董事长的产生办法由公司章程规定。

(5)董事任期。董事任期由公司章程规定,但每届任期不得超过3年。董事任期届满,连选可以连任。董事任期届满未及时改选,或者董事在任期内辞职导致董事会成员低于法定人数的,在改选出的董事就任前,原董事仍应当依照法律、行政法规和公司章程的规定,履行董事职务。

2. 董事会相关议事规则。

(1)董事会的召集和主持。《公司法》第47条规定了董事会的召集与主持规则,董事会会议由董事长召集和主持;董事长不能履行职务或者不履行职务的,由副董事长召集和主持;副董事长不能履行职务或者不履行职务的,由半数以上董事共同推举一名董事召集和主持。

(2)董事会的议事方式和表决程序。董事会应当对所议事项的决定作成会议记录,出席会议的董事应当在会议记录上签名。董事会决议的表决,实行一人一票。如果公司章程有不同规定的,按照公司章程规定执行。

3. 其他事项。

(1)设立董事会应作出有效的书面股东会决议。

(2)董事会的设立、职权等诸多内容均由公司章程规定。因此,设立董事会,需符合公司章程的规定,如公司章程没有作出相应的规定或者已有规定不适合目前董事会设立,应对公司章程作出修改,修改公司章程的权利由股东会行使。

(3)董事会设立后,应及时向市场监督管理局进行备案登记。

小 结

《公司法》中规定董事的任期不能超过3年,届满就要换届。所以在这里董事会想超期服役是不合法的。

场景十五

董事会一般由多少人构成？它的选任情况又怎样？

众所周知，有一定规模的公司都会设董事会，但是董事会的人数是不是有限制呢？董事会的选任情况又如何呢？王可也正为这事犯难。

王可特别喜欢音乐，他喜欢的范围也比较广，无论是古典音乐还是现代音乐抑或是DJ风他都非常喜爱。不过，上天却又不是公平的，在王可找到自己所爱时，却没有给他一副好嗓子。其实以前他想成为歌手，并为此努力了好久。人们都说，天才是1%的灵感加上99%的勤奋，王可信了，所以他很努力。

不过，他的努力都是无用功，他没有那英沙哑的嗓音；没有朴树的纯净音；也没有王菲的特色音；更没有张杰的张力。他的声音像鸭子叫一样，又像春天野猫的呜咽，虽然有特色，却是最糟糕的那种。

大家都对他报以同情的心理，有些人会安慰他，有些人说话很干脆，让他放弃音乐。最开始，王可不相信命运，为此浪费了一些钱，也浪费了一些时间，可是他还是没办法成为可以上台的歌手。

他自己在小区里举办过个人演唱会，不过反响可以用“糟糕透顶”四个字形容。听众都觉得别人唱歌要钱，他的歌声却是要命，有小孩子甚至听到他的歌声就哭。终于，梦想碎了一地，在无情的现实面前，他无能为力，只好放弃。

后来，他成了一个三流歌手的经纪人，虽然自己不能唱，至少还做着与音乐有关的工作。但说来也怪，他虽然没有夜莺的歌喉，嘹亮的高音，低沉的低音，但他却能辨音，还能根据听众的所喜创作出好的歌词和曲谱。而且在打造歌手方面他也很有自己的手腕，非常有能力。很快，三流歌手在他的帮助下晋升为一流歌手，每年能开几场演唱会，还能出几张专辑。

这个时候，有一个人联系了他，这个人王可有点印象，好像是做音乐的。后来王可知道，那人叫张力，原来想找他合伙开音乐制作公司。而且对方透露，他已经拉拢了20来个合伙人投资。王可觉得既然张力已经有20来个合伙人，为什么还找他。后来他细想，估计对方也是觉得自己在音乐方面有天赋。再加上，王可觉得当经纪人也比较累，什么都要管，所以他认为或许开音乐制作公司更好。

几十个人商量后打算建立一个现代企业的体制，然后大家一起参与经营管理。不过，王可知道，在这之前最好是成立董事会。目前公司有22位股东，而且股东们都想成为董事会的一员。那么董事会的人数有限制吗？还是说董事会想多少人都可以？

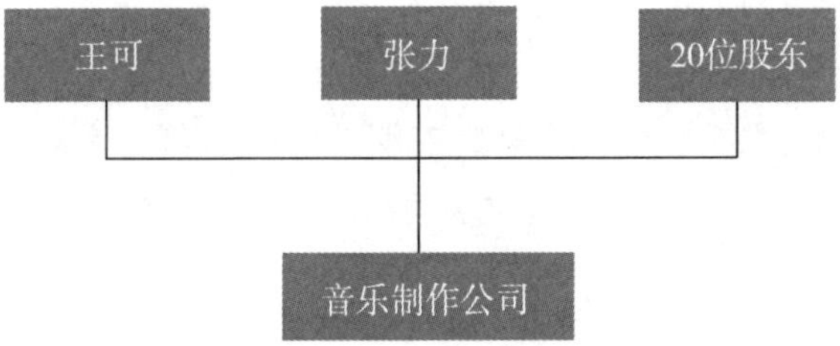

图5-13　场景十五：音乐制作公司股权关系图

场景TIPS：董事会人数和选任

董事会的人数取决于公司类型，即是有限责任公司还是股份有限公司。根据《公司法》第44条的规定，有限责任公司的董事会成员人数为3人至13人。《公司法》第50条规定，股东人数较少或者规模较小的有限责任公司，可以设1名执行董事，不设董事会。而根据《公司法》第108条的规定，股份有限公司设董事会，其成员为5人至19人。

若董事会人数超过法律规定的上限是违法的，股东可以申请撤销。

鉴于《公司法》关于董事的选任、罢免及补选等程序的规定相对简单，很大程度上依靠股东在公司章程中规定，而由于绝大多数股东对董事会制度建设的重视不够，甚至直接套用现有的公司章程模板，导致很多公司在出现董事会制度方面的争议时无据可依，甚至导致公司运营陷入僵局。

解决途径：在公司章程中对上述问题作出详细的规定，以弥补公司法规定简略的不足，具体如下：

1. 董事选任：(1)引入累积投票制以增加小股东参与董事选举的热情，避免选出的董事仅代表大股东的利益；(2)制定严格的董事候选人资格条件，避免股东提名的董事候选人存在良莠不齐的情况，这样不仅提高了董事选举的效率，也尽可能地避免将那些不具备董事资格的人选入董事会，从而给股东和公司的利益带来损失；(3)在董事会成立后，董事候选人由董事会提名，规模稍大一些的公司可以成立董事会下属的提名委员会，专门负责董事候选人的提名和对现有董事会成员资格的考察，同时处理由股东提出的董事人选的提案，在一定程度上保证董事提名的独立性和避免董事成为公司控制权之争的筹码。

2. 董事任期：(1)在公司章程中明确规定董事的任期；(2)明确规定董事能否连选连任和连任的届数。

3. 董事的罢免：(1)明确规定董事不称职或不尽职的情形；(2)明确规定在出现上述情形时股东(大)会罢免有关董事的时限和相关应急处理措施。

4. 董事的补选：在章程中明确规定董事人数不足多少时必须进行董事补选，另外须注意其最低人数的规定不能与公司法相关规定抵触。

小　结

由上可知，无论是有限责任公司还是股份有限公司，董事会的人数都不可能超过 20 人。有限责任公司董事会人数最多为 13 人，股份有限公司董事会人数最多为 19 人。而且董事会的人数一般为奇数，所以王可的 22 位股东不可能全部成为董事会成员。

场景十六

一家分公司出问题，其他分公司可能会被波及

人们都说，有多大能力办多大的事是正确的选择，不过王贺之却非要逞能。最后怎么样呢？也只能自食恶果。

王贺之是K市一家餐饮公司的董事长。他的店主打野味，而且做法也非常独特，吸引很多人前来品尝。有些人甚至愿意开车几个小时来K市，只为尝尝这远近闻名的佳肴。其中有两个人，一个来自文州市，另外一个来自上川市，他们是王贺之店里的常客，每个月总要来那么几次。

后来两人提议，何不在文州市和上川市开分公司，设立分店呢？因为这两个市人口多，人们消费水平也高，百姓都乐意花钱在吃上面。对于这个提议王贺之颇为心动，不过说实在话，王贺之知道自己兜里没那么多钱，他没办法同时开两家分公司。

说来也巧，这个来自文州市的张先生是银行工作人员。他听了王贺之的难处后表示，可以到他所在的银行贷款。不过在此前，张先生问王贺之"你可有不良记录?"王贺之摇摇头。张先生大笑"那就好办了，你有自己的公司又无不良记录，所以如果去贷款是可以很快下来资金的"。

王贺之思考再三，觉得这是不错的机会，所以花了几天时间准备好资料交给了张先生。张先生交给银行，按照流程审理了下，就下了100万元。

银行表示，这100万元，王贺之可以10年内还清，一年还10万元，另外再需要支付比较低的贷款利率。这样的条件按理说是非常合理的，对王贺之也非常有利。

贷款下来后，王贺之很快着手分公司的事情，在1年内两家分公司都建立好，并开始营业了。营业后，张先生高兴极了，因为他再也不用驱车赶去K市了。两家分店的生意也正如所料，生意特别好。不到两年的时间，王贺之居然把银行贷款全部还清。

这个王贺之是个急性子，不喜欢欠钱的感觉，所以贷款还清后他长长吐了一

口气。以前他总因为欠款问题夜不能寐,如今他终于能够睡好觉了。

但没过多久,文州市分公司因为管理不善出现资金问题,而总公司又没有多余的钱来填补,所以这个时候文州市分公司又向银行贷了 50 万元。

不过这次贷款就没上次那么顺利了,中间出现了纠纷。文州市分公司被法院起诉,法院冻结了文州市分公司的账户。更让人意外的是,法院还冻结了远在上川市的上川分公司的账户,现在两家公司正常运营都出现了问题。王贺之非常不明白,为什么一家分公司会波及另一家分公司的账户呢?

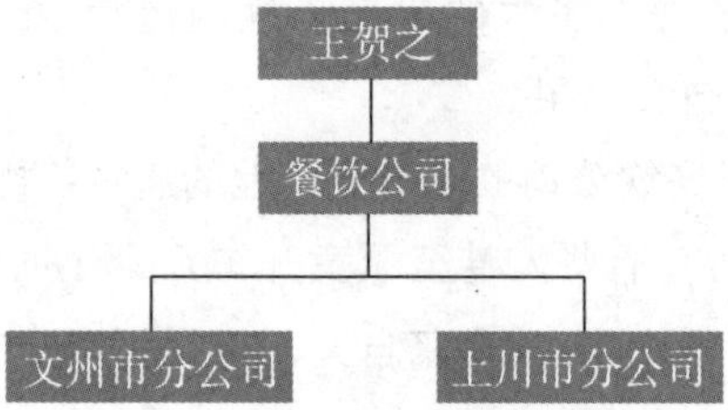

图 5－14　场景十六:王贺之项目组织架构图

场景 TIPS:文州市分公司账户被冻结,为什么上川市分公司的账户也会被冻结

这是由分公司的性质决定的。分公司不具有法人资格,其民事责任由公司承担。总公司与分公司相当于是一体的。所以,如果分公司欠债,总公司要负责偿还,其他分公司的钱也会被波及。

补充提示

一、分公司的独立诉讼主体

《最高人民法院关于适用〈中华人民共和国民事诉讼法〉的解释》第 52 条指出《民事诉讼法》第 48 条规定的其他组织是指"合法成立、有一定的组织机构和财产,但又不具备法人资格的组织,包括:……(五)依法设立并领取营业执照的法人的分支机构……"。据此规定,只要分公司是依法设立的、具有相应的授权并领取了营业执照即具有诉讼资格,可以作为原告、被告及第三人参加诉讼。

二、如何管理好分公司，避免法律风险

公司决定设立分公司的，应按期办理登记手续，使其规范运作；决定不设立的，也应尽快终止设立活动，撤销相关文件，清退相关人员，绝不能拖泥带水。因为在分公司设立过程中所产生的相关债权债务要由作为“发起人”的本公司来承担责任。一般来说设立分公司的，应当自决定作出或有关部门批准之日起30天内向公司(企业)登记机关申请登记。

分公司负责人的选聘。分公司负责人可以说是分公司的核心部分，其对分公司的整个经营运作起到很关键的作用，其个人的行为往往就是代表分公司的行为。所以在确定人选时要非常谨慎。对不熟悉的人，在任命之前，一定要对其个人资信作一个全面的调查了解。特别在有挂靠、承包性质的分公司中，对主动上门寻求合作者，更不能只听其片面之词，而应对事对人都进行详细调查，必要时也可要求其提供一定的担保，明确双方之间的权利义务，以防上当受骗。

规范分公司会计财务制度。由分公司会计人员做账，本公司财务部做汇总与财务分析。依照规定，本公司应直接负责对分公司员工的招聘。所以，要用好人事权，对于像会计等关键的职员，应由本公司统一指派或招聘、管理，使其能独立于分公司负责人，以免在财务上发生问题，损及公司利益。像震撼股市的郑百文公司倒闭事件，倒闭的原因之一即为分公司的财务制度不健全，呈现在账面上的逾期账款如同天文数字一般。

明确本公司对分公司的指挥流程与分公司向本公司的报告流程。虽说分公司是在本公司之外的区域相对独立的经营，但其作为本公司经营的一种延伸，其民事责任仍由本公司承担，所以双方不应各自为政，而应建立密切的联络机制，使本公司能对分公司进行有效的操纵，例如可规定对分公司大笔额的借贷等资金流动，明确应由本公司批复认可，否则由相应的人员承担不利后果。

场景十七

占股60%的张益达能否成为公司的董事长和总经理?

张益达30岁前无所事事,可以说是一事无成。他没有自己的事业,也没有家庭,整天浑浑噩噩。用他父亲的话说,他就是一副皮囊,活着等死。不过,张益达被父亲骂后,并没有什么改变,真正让他蜕变的还要从一件事说起。

其实张益达家里并不富裕,他长得也不怎么样。不过,30岁后不自量力的他居然喜欢上了一个女强人。这女人姓简,名希,是一家文化公司的董事长。简希有过一段失败的婚姻,所以为人特别谨慎,对于张益达的各种讨好根本不放在眼里。况且张益达还是一个不知好歹的人,他一没事业,二没长相,他凭什么去喜欢简希。别人都说他癞蛤蟆想吃天鹅肉。

但古话说得好,一个振作的男人背后总有一个让他振作的女人,而简希就是张益达命里的女人。其实,张益达这个人并不笨,脑子还是特别管用的,而且他毕业名校,只要振作起来,不愁不发达。

别人都说三十而立,他如梦初醒,感觉自己虚度了30来年的光阴。因此觉醒后的他更加勤奋,希望通过自己的努力迎来美好的明天。之前张益达是在一家制砖机公司上班,月入5000元,过着朝九晚五的日子。在工作中他只做自己的本职工作,其他工作从来不过问。但如今他态度发生了改变,为人更加谦和,更加努力上进,他想着日后或许自己可以开一家公司。

思维改变后,张益达一直在找创业的机会,他有几个老乡是3D打印设备的技术人员,他们邀张益达一起创业,创立一家3D打印设备的科技有限责任公司。不过几个老乡表示,他们只能以技术入股。这样说来,张益达就需要出资金。他考察了一下,3D打印设备在当下确实挺有市场的,不过成立一家公司需要80来万元,他根本没有那么多钱。

让人意想不到的是,这个时候简希居然给他打电话,并表示她知晓他要创立公司,而且她愿意借钱给他。张益达仿佛落水者抓住了救命稻草,感觉事情反转太快,一时间高兴得不知所以。

公司顺利开业后,张益达却没有时间管理公司,所以他把管理权下放给了其他股东。因为这个时候他要去给简希的制砖机公司调试机子。原来这便是简希借钱给他的条件。简希的公司接了一个大单,但是试样机却无法调试好,而简希知道张益达非常懂制砖机,所以才让他帮忙。

不过,张益达虽然懂制砖机,但还是被问题难住了,大概耗费了一个月的时间,他才把事情解决。解决了这件事情后,他回到公司,希望参与公司的管理。不过在3D打印设备方面,张益达不是能手。张益达认为自己是公司的控股股东,应该出任公司董事长和总经理。那么他可以同时兼任这两个职位吗?

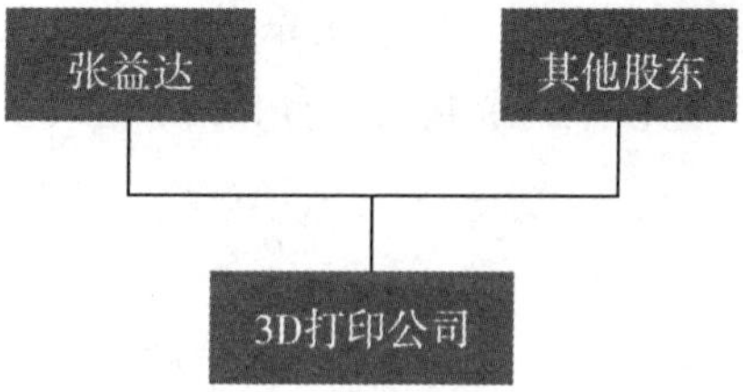

图5-15　场景十七:张益达项目股权关系图

场景 TIPS:公司大股东是否可以出任董事长和总经理?

法律上是完全可行的,《公司法》对此没有限制。有限责任公司的董事长由公司章程规定。股份有限公司的董事长由董事会以全体董事的过半数选举产生。有限责任公司和股份有限公司的经理都是由董事会决定聘任或解聘的,对身份没有特殊限制,大股东可以出任。

在我国的公司治理实践中,董事长的职位可谓举足轻重,特别是在有限责任公司,董事长的权力远大于其他董事的权力,所以董事长的职位往往成为各方股东均想占据的重要领地。但是根据《公司法》的相关规定,董事长的法定权力并不比其他董事多多少,只是具有股东会的主持权,董事会的召集和主持权,股份有限公司的董事长对董事会决议执行情况的检查权等有限的法定职权,也即董事长只是在股东会和董事会的主持上有特定的法定职权,其他的职权与普通董事一样。

一、从直接经营公司的角度出发

1. 对于股份有限公司来讲,虽然《公司法》直接规定董事长由全体董事过半数以上同意选举产生,但是其完全可以效仿中兴通讯的章程,在不违反《公司法》的前提下，对担任董事长的董事的任职资格提出更高的要求，例如必须在本公司全职担任董事或高级管理人员n年以上，持股比例必须占到1/10以上且取得股东资格n年以上等限制性条件，以保证董事长的职位不会旁落。

2. 对于有限责任公司而言，其可以直接在章程中规定，董事长由大股东委派的董事担任，或直接将董事长的名字写入章程。

二、从不直接经营公司的角度出发

在不能够取得董事长席位的前提下，尽可能取得副董事长的席位，并尽可能多地安排己方的董事，另外对董事长的职权作出详细且可量化监督的规定，例如董事长仅有权批准50万元以下的款项的权力，50万元以上的款项由董事会批准。

补充提示

董事长和总经理的职权区别

《公司法》明确规定董事的权利如下：

(一)董事的权利

1. 执行董事会议决定和决策公司日常事务的权力。

2. 出席董事会，对董事会议有决议权。

3. 对外代表公司行使权利。

(二)董事的义务

1. 当董事行为对公司造成损失时，该董事对公司负有连带损失赔偿责任。

2. 关心公司的经营业务活动。

3. 不得为自己其他同类业务公司的董事或经理。

4. 公司章程规定的其他义务。

从董事的权利中可以看出，股东大会的职权和董事会的职权从有关事项的内容来说是相同或相似的，这是难以避免的，因为这些都是有关公司经营管理的领域，但是不能因此就认为是职责不清，它们的区别主要在于是不同层次上行使权力，各自享有的权力是不同的，比如，同样是预算方案，一方是提出，另一方则是审议批准(普通股东是不具有提出预算具体方案的权利的)，其他各项也都有所区别。

公司的董事会由3人以上的董事组成,为了保证董事会的正常运作,也避免出现群龙无首的局面,董事会需要选举产生一个人作为董事会的领导人,这个人就是董事长。

董事长,顾名思义就是董事的老大,是股东利益的最高代表,理论上讲是公司管理层所有权力的来源。

董事长的权利不是由股东大会授予的,而是由《公司法》直接规定的。一般来说,董事长拥有如下几种权利:

1. 主持股东大会和召集、主持董事会会议;
2. 检查董事会决议的实施情况,并向董事会报告;
3. 签署公司股票、公司债券;
4. 由董事会授权董事长在董事会闭幕期间行使董事会的部分职权;
5. 提议召开临时董事会;
6. 除章程规定须由股东大会和董事会决定的事项外,董事长对公司重大业务和行政事项有权作出决定。

表面上看《公司法》中赋予了董事长至高无上的权利,但是董事长的职责具有组织、协调、代表的性质。董事长的权力在董事会职责范围之内,不管理公司的具体业务,一般也不进行个人决策,只在董事会开会或董事会专门委员会开会时才享有与其他董事同等的投票权。

理论上,总经理的权力都来源于董事长,只有董事长拥有召开董事会、罢免总经理的最高权力,但他从来不掌握行政权力,不能对公司的具体业务进行干涉。

接着我们来看总经理的产生和职权。

总经理(General manager)是一个公司传统意义上的最高领导人或该公司的创始人。但实际上,总经理所在的层级,还是会因公司的规模而有所不同。例如在一般的中小企业,总经理通常就是整个组织里职务最高的管理者与负责人。而若是在规模较大的组织里(如跨国企业),总经理所扮演的角色,通常是旗下某个事业体或分支机构的最高负责人。

股份公司的总经理是董事会聘任的,对董事会负责,在董事会的授权下,执行董事会的战略决策,实现董事会制定的企业经营目标,并通过组建必要的职能部门,组聘管理人员,形成一个以总经理为中心的组织、管理、领导体系,实施对公司的有效管理。

总经理的主要职责是负责公司日常业务的经营管理,经董事会授权,对外签订合同和处理业务;组织经营管理班子,提出任免副总经理、总经济师、总工程师及部门经理等高级职员的人选,并报董事会批准;定期向董事会报告业务情况,向董事会提交年度报告及各种报表、计划、方案,包括经营计划、利润分配方案、弥补亏损方案等。所以,总经理负责公司的具体管理,其实际权力要更多一些。

总经理可以分为董事总经理和一般总经理,董事总经理表示他既是董事会成员之一的董事,又是负责经营的总经理;而一般总经理,仅仅担任总经理职位,至多只能列席董事会,无法参与表决。

简言之,总经理只是一个组织内的职位名称而已。总经理的权力有多大,要参考其雇佣合约条款及工作范围。总经理位置有多高,要研究公司组织架构图,不少企业内部有不少于一个总经理。

综上,董事长是由董事会选举产生的,具有发起并主持股东大会、董事会会议,检查董事会决议的实施情况,并对公司管理层进行任命的权力的法人。

而总经理,是董事会聘任的,在董事会的授权下,执行董事会的战略决策,实现董事会制定的企业经营目标,并通过组建必要的职能部门,形成一个以总经理为中心的组织、管理、领导体系,实施对公司的有效管理,因此,总经理实际上才是公司的掌舵人。

场景十八

股东会如果想罢免总经理具体要怎么操作?

庞虎打拼了几十年,60 岁那年,他决定隐退。然后去远方,看看外面的大千世界。60 岁前,他每天忙忙碌碌,为生活、为公司打拼,如今终于隐退了心里还是有点小愉快。

但如果他隐退,公司怎么办呢? 他是一家有限公司的大股东,占股 30%。在隐退前,他就做好了打算,找一个能人担任公司的总经理,这样自己就可以放心地去环游世界了。

他看中了一个叫恩力的中年人。这人是他一个朋友推荐过来的,据说在多家公司当过总经理,能力那是没得说。庞虎也见了恩力几次,他长相不凡,浓眉大眼,一脸富贵相。更重要的是,见面时,他彬彬有礼,说到管理公司时头头是道。

庞虎第一次见恩力时,就非常肯定,这就是他要找的总经理。后来恩力果真成了公司总经理,董事会上还挑选了其他几个人担任重要职位,他们全权负责公司的运营,掌握公司的命脉。

就这样,庞虎非常放心地离开公司了。他以前就有周游世界的梦,所以他列了一个表,第一站他打算去法国,然后再把法国周边的国家都走一遍。在旅行中,他收获了很多,心情也特别好,在微信圈晒的照片也是满脸笑容。

走过欧洲后,他打算去中东一些国家,领略一下异域风情。吃喝玩乐和一些奇人异事以及不同的风土人情把他的心填满了,以至于他一时间都忘记了公司。

外出游玩几个月后,突然有一天,他心血来潮,在微信上问了恩力公司的情况。恩力最开始没回复他,他还特别高兴,以为他办事认真,上班时间不玩微信。过了 2 个小时,恩力回复了他,回复的内容无非是公司运转特别好,公司接了大单,公司未来 1 年都会很忙。恩力最后还说:“庞董,您就专心玩,放心公司,我们会打理好的。”

所以庞虎又开心地玩了 2 个月。走了几个月有点累,所以他打算先回国休息一段时间,之后再计划去美洲游玩。回国后,自然要回公司看看。他这人多少还有点心眼，他回国也没告诉任何人，更没告诉恩力，他想来个突然袭击，他认为这是检验员工是否认真工作的好方法。

哼着歌来到公司，结果进入公司后，他的心都凉了。公司前台没人，公司地面没有以前那么干净，角落里有些瓜子壳和卫生纸。公司里除了普通员工在懒散地工作外，几个管理人员居然不知所踪，而且恩力根本没来上班。后来他询问公司员工，才知道这恩力都好几天没来上班了。而且公司最近根本没接大单，看来这个恩力是一个满嘴谎言的人。后来他调查发现，原来恩力说的在好几家公司当过总经理都是骗人的，他在管理方面根本没有能力。

庞虎当下恼火，他想立即召集股东会罢免恩力总经理职位，他可以吗？怎么操作？

场景 TIPS：股东会罢免经理如何操作？

当然，作为30%的大股东确实有权召开临时股东会。但是如果公司章程没有授权股东会任免经理，股东会无权直接罢免经理，因此需要通过董事会或者执行董事来决定，让其召开董事会辞退经理，如果该经理同时也是公司的执行董事，那么可以召开股东会提议罢免这个执行董事兼经理。

补充提示

在经理兼任法定代表人的情形下，在罢免经理的同时还涉及法定代表人的更换，此时可以通过更改章程中关于确定公司法定代表人的条款以实现法定代表人的变更。

场景十九

股东会已经决议的事情还需要法定代表人签字吗?

万分置业有限公司是由万分集团全资控股的一家有限公司,公司发展多年,业务比较稳定。不过前 2 个月公司法定代表人王伟出了意外。

王伟是个非常有责任心的人,被任命为万分置业有限公司法定代表人后感觉自己身兼重任,所以总是特别拼命。每天,他总是第一个到公司,也是最后一个离开公司。或许不到 30 岁的他太希望别他人认可了,他不希望被质疑。在王伟的管理下,万分置业有限公司的发展可谓突飞猛进,各个项目都提前完成,而且赢得了顾客的好评。

出事前的几天,刚好公司接的一个大项目接近尾声,王伟长长叹息了一声,感觉如释重负。不过,虽然大项目搞定,但他并没有松懈。夜晚 12 点的钟声已经敲响,工业区内万籁俱寂,深夜的路灯都显得有些落寞。王伟关了办公室的灯,出了公司的大门,进入车子,准备回家。车子开出大约 1 公里时,他隐隐约约感觉前面躺着一个人。因为太累的缘故,他总觉得看不真切。一向小心谨慎的他觉得,这个时候还是把车停下来,去看个究竟最好。下车后,果真看到路边躺着一个男人,穿着破烂。王伟想,大概是哪个可怜的人喝醉了。

不过,待他走近后,并没有闻到酒味。在他来不及思索时,突然那人拿了一把刀架在他脖子上,顿时他七魂丢了六魄,完全弄不清楚发生了什么事。后来他才知道,原来这是个亡命之徒,来打劫的。大半夜只为等他,也是奇事。

原本打瞌睡的王伟,这时候很镇静。他表示自己车上有钱,他让那人放了他,他好上车去取。那人估计也是新手,没有抢劫的经验,拿刀的手不住地颤抖。劫匪答应他上车取钱,但他没那么蠢放了他。所以刀子还是架在王伟脖子上。王伟打开了车门,告诉劫匪包放在副驾驶上,让劫匪去拿。劫匪一边命令王伟不要动,一边去拿钱。王伟以为有机会逃走,所以准备抽身,他只 动,刀子就在他脖子上划了道口子。他只感觉热热的东西流了出来,最后一切都陷入混沌中。

这个时候万分置业有限公司的一个重要项目又出了问题。这个项目公司资金出现了问题，公司要进行贷款，不过贷款需要担保。项目公司希望万分置业有限公司能够为其担保。

经过股东会决议，通过了议题，并且准备由股东签字。但是王伟还在医院治疗，无法签字，如今只能盖集团公章，那股东会决议是否有效？

场景 TIPS：股东会作出决议是否一定需要法定代表人签字？

股东会作为公司的权力机构，通过股东行使表决权作出股东会决议体现股东会的意思表示。股东会决议是公司股东对公司治理的合意，依法应由股东签名、盖章，即由出席会议的股东或经股东授权的代理人签字确认即生效，并不需要法定代表人的签字。在法定代表人是公司股东的情况下，才一定需要其签字或盖章。

补充提示

关于表见代理，《民法典》第 172 条规定，行为人没有代理权、超越代理权或者代理权终止后，仍然实施代理行为，相对人有理由相信行为人有代理权的，代理行为有效。

场景二十

股东会召开居然没通知股东罗勇，那么这样的股东会作出的决议能被撤销吗？

罗勇一年前投资了一家主打心率测量等随身产品的随心智能科技公司。当时罗勇是一家外贸公司的总经理，刚做成了几个项目，拿到了 50 万元的提成。而随心智能科技公司那时因为资金流出现了问题所以在引资。罗勇作了一番调查，认为随心智能科技公司挺有前景的，所以就把自己的 50 万元购买了随心智能科技公司 10% 的股权。因为他自己任职外贸公司的总经理，所以他不参与随心智能科技公司的日常管理，但公司如果开股东会，他会参加，对重要决议也会发表自己的看法。

一年后，罗勇的眼光得到了证实，随心智能科技公司发展得非常好，他每年还能得到不错的分红。不过，此时的罗勇却想自己单干，他想开一家外贸公司。

开一家上档次的外贸公司并没有那么容易，首先资金就是个问题。所以罗勇想卖掉随心智能科技公司 10% 的股权。按照如今的市场价格，这 10% 的股价有 80 多万元。而且当时还真有个人想买这些股权。不过，这时罗勇收到公司的通知，称公司依据股东会决议变更公司章程，对公司股权转让作出了限制条件。这个限制条件规定，股权转让只能转给公司内部人士，而且转让股价要低于市面价格。

收到这个通知时，罗勇一脸茫然。首先，他作为公司股东，居然没收到公司要开股东会的通知。后来罗勇质问负责此事的小张，才知道，小张把通知送到了他之前的住址。而事实上，罗勇早在半年前就搬家了。小张只寄送了开股东会通知的信件，却没有电话联系罗勇。后来小张辩解，他打过电话，但是没打通，所以他就没打了。

无论如何解释，反正罗勇并不知道公司要开股东大会。另外，对于股东大会的决议，他也不认同。他认为公司之所以突然召开股东大会对股权转让作出限制条件，分明是一场有针对性的股东会。因为公司目前知道他要转让股权。

如果按照公司章程行事，那么他手上10%的股权就必须转让给公司其他股东，而且股价要低于市场价，那么一定就卖不到80万元。后来罗勇找到其他几个股东，表示股东会他没参加，股东会的决议也不太合理，所以应该撤销股东会的决议。不过其他几个股东表示，开股东会之前通知他了，至于没收到通知与股东无关，所以股东会决议依然有效。

罗勇十分气愤，那么这种情况，股东会决议到底有效还是无效呢？

场景TIPS：股东会决议中的哪些情形可以撤销？

《公司法》第22条第2款规定，股东会或者股东大会、董事会的会议召集程序、表决方式违反法律、行政法规或者公司章程，或者决议内容违反公司章程的，股东可以自决议作出之日起60日内，请求人民法院撤销。

股东依照前款规定提起诉讼的，人民法院可以应公司的请求，要求股东提供相应担保。

公司根据股东会或者股东大会、董事会决议已办理变更登记的，人民法院宣告该决议无效或者撤销该决议后，公司应当向公司登记机关申请撤销变更登记。

补充提示

公司制定章程时，一定要重视对通知送达条款的规定。通过明确各个股东送达的地址并约定送至该地址即视为送达，可以避免股东因其他原因更换地址导致送达不能的情况，也避免股东因为未收到召开股东会的通知而以召集程序违反《公司法》而请求撤销决议。

小　结

在这个场景中，首先股东大会的通知没有成功送达给罗勇。另外，股东会的决议也不太合理，因为股权除了可以转让给公司内部人士还可以转让给公司以外的人，而且股东会决议中规定股权转让价格要低于市场价也是不合理的，所以此次股东会的决议可以撤销。

场景二十一

表决权的数字表达原来大有文章

中国的文字博大精深，不同的文字表达的含义就全然不同。比如“二分之一”和“过半数”之间就有差别。最近张伟就碰到了这样的数字谜题。

2015年，张伟和几个朋友一起开了一家培训公司。这家公司张伟占了50%的股份，其他几个朋友合起来占50%的股份。公司成立后，制定了公司章程，章程中规定“对于一般的股东会决议事项，须经全体股东二分之一以上表决权通过，特别决议事项须经全体股东三分之二以上表决权通过”。

这几年公司的重大决议都是根据上述规定严格执行的。比如2017年，公司决定扩大市场，在北部开设分公司时，就有3/4的股东同意，因此该决议顺利执行。如今分公司也顺利开始营业招生，生意非常火爆。

2018年，后来总部要与另外一家培训公司合作，打算搞大型让利活动。对于这个决议最开始大家意见也不统一，没办法又通过股东进行表决，后来2/3以上的股东同意了该决议。让利活动最后也顺利举办，只不过因为双方准备不充分，然后让利力度不够，最后活动搞得不是很成功。

每次公司有重大决议时，都会按照公司章程的规定办事，也因为有此规定省去了很多麻烦。2019年，公司又有了一次决议。

3月，芳草碧如天，可是对张伟来说，却乱如麻。原来公司其他几个股东要求更换一个董事。而事实上，张伟却并不愿意更换。为什么呢？因为这个董事曾经是他的恩人。

张伟年轻的时候并没有这么沉稳，他是一个不管未来，只求眼前利益的小混混。经常和别人约架，经常被揍得鼻青脸肿。而且他特别逞能，被伤害了还以胜利者自居：“让暴风雨来得更猛烈些吧！”被揍时，他总这么说，边说还边笑。别人算是怕他这股狠劲。有一次，他又和别人打架了，那次张伟不知道哪里来的力量，以一敌三，还占上风。那次如果不是有人制止他，他可能会把别人打得见不到第二天的太阳。而那个制止他的就是这个董事李海。

李海是过来人,曾经也不学好,但那时已经回头是岸了。他说教了一番,张伟也听进去了,从那以后他就一直和李海要好,发誓不再混日子了。张伟开公司后还让李海成为公司的董事,一来是为私心,二来他也觉得李海能力强,能够促进公司的发展。

不过,这李海的运作方式是稳扎稳打式,而其他几个股东喜欢激进式,他们希望通过什么“妙方”快速促进公司发展,最好让小孩一天能长大。再者,其他几个股东总觉得李海和张伟太过要好,所以想踢李海出局。于是便有了更换李海的股东会。在股东会决议上,表决结果是50对50,双方对决议的效力争执不下。其他几个股东认为,该决议已经达到1/2的表决权,应该是有效的。而张伟却无法认同,他想知道此处的“以上”是否包含本数,如果对于一般决议恰好只有50%的表决权同意的情况下,该股东会决议是否有效呢?

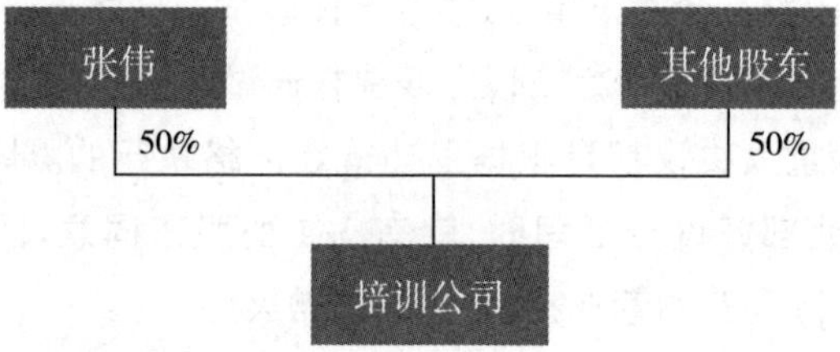

图5-16 场景二十一:培训公司股权关系图

场景TIPS:表决权“过半数”与“二分之一以上”的含义一样吗?

依据《民法典》第1259条,民法所称的“以上”“以下”“以内”“届满”,包括本数;所称的“不满”“超过”“以外”,不包括本数。依据本条可知,“二分之一以上”应该是包括本数的,而“过半数”是不包括半数的。由此带来的后果就是如果规定“一般决议由二分之一以上表决权通过”,那么50%的表决权即可通过决议,必然会导致另一方持股50%的股东亦可以自行作出与之前决议相反的决议,这样就会陷入新决议不断推翻之前旧决议的恶性循环,最终造成公司股东会机制失灵、公司经营管理发生严重困难。

因此在公司创立之初,就不应该设计五五分的股权结构。如此设计将导致任何一方都无法单独作出有效的股东会决议,如果股东会机制长期失灵,最终的结果只能是司法解散。而且在审判实践中关于50%表决权所作决议是否有效的问题,存在两种截然相反的裁判观点,既有法院认为决议有效,也有法院认为决议无效。所以我们在制定公司章程时应当避免“二分之一以上”的表述，而采用“过半数”的表述更不容易引起争议。

补充提示

公司法中众多条文中规定了“过半数”或“三分之二以上”之类的条文，现总结如下：

一、过半数的情况

1. 公司为公司股东或者实际控制人提供担保的，必须经股东会或者股东大会决议。前款规定的股东或者受前款规定的实际控制人支配的股东，不得参加前款规定事项的表决。该项表决由出席会议的其他股东所持表决权的过半数通过。

2. 有限责任公司的股东向股东以外的人转让股权，应当经其他股东过半数同意。

3. 发起人应当在创立大会召开15日前将会议日期通知各认股人或者予以公告。创立大会应有代表股份总数过半数的发起人、认股人出席，方可举行。创立大会行使下列职权：(1)审议发起人关于公司筹办情况的报告；(2)通过公司章程；(3)选举董事会成员；(4)选举监事会成员；(5)对公司的设立费用进行审核；(6)对发起人用于抵作股款的财产的作价进行审核；(7)发生不可抗力或者经营条件发生重大变化直接影响公司设立的，可以作出不设立公司的决议。创立大会对前款所列事项作出决议，必须经出席会议的认股人所持表决权过半数通过。

4. 股东大会作出决议，必须经出席会议的股东所持表决权过半数通过。

5. 董事会会议应有过半数的董事出席方可举行。董事会作出决议，必须经全体董事的过半数通过。

6. 上市公司董事与董事会会议决议事项所涉及的企业有关联关系的，不得对该项决议行使表决权，也不得代理其他董事行使表决权。该董事会会议由过半数的无关联关系董事出席即可举行，董事会会议所作决议须经无关联关系董事过半数通过。出席董事会的无关联关系董事人数不足3人的，应将该事项提交上市公司股东大会审议。

二、2/3 以上的情况

1. 股东大会作出修改公司章程、增加或者减少注册资本的决议，以及公司合并、分立、解散或者变更公司形式的决议，必须经出席会议的股东所持表决权的2/3以上通过。

2. 股东会会议作出修改公司章程、增加或者减少注册资本的决议，以及公司合并、分立、解散或者变更公司形式的决议，必须经代表 2/3 以上表决权的股东通过。

3. 上市公司在一年内购买、出售重大资产或者担保金额超过公司资产总额30% 的，应当由股东大会作出决议，并经出席会议的股东所持表决权的 2/3 以上通过。

4. 公司有《公司法》第 180 条第 1 项情形的，可以通过修改公司章程而存续。依照前款规定修改公司章程，有限责任公司须经持有 2/3 以上表决权的股东通过，股份有限公司须经出席股东大会会议的股东所持表决权的 2/3 以上通过。

场景二十二

董浩想约束公司高管，却不知道什么职位是高管

董浩如今是一家网络公司的老总，公司成立后，性子急的他就想通过一系列方法来约束公司高管，让高管明确自己的权利和义务。他认为这样不仅有利于促进公司发展，而且权责明确，以后出现问题也好追究各自的责任。

原来几年前，董浩和朋友一起合伙开过一家网络公司，因为是第一次创业，所以在很多方面董浩还是比较茫然的。公司运营后，招了一些人，比如财务人员、技术人员、人事部经理等。董浩这个人比较随和，大家上班后，仿佛都像一家人，工作氛围比较好。

在上班的时候，很多员工喜欢串门，比如技术部的老王就老喜欢跑到财务部美女小高那里瞎聊；人事部主管也喜欢到小高那里串门。这个时候，公司另外一个合伙人小陈就不乐意了，他认为公司工作环境虽然宽松，但是如此毫无纪律，根本就不像一个公司。所以小陈就跟董浩说："我觉得，公司还是需要有一些规章制度，用这些章程来约束员工，让员工明白自己的职责，让他们上班时有上班的样子。"

董浩没创业以前，就是在一家网络公司做技术员。那时他们公司的老总蒋总就是一副高高在上的样子，员工如果私底下聊天，蒋总会公开批评。在蒋总的高压下，员工总觉得透不过气，不过大家为了保住饭碗，都会努力工作，生怕惹蒋总不开心，然后被问责。当时公司业绩虽然不错，但是员工的幸福感很低，所以后来慢慢很多人离职了。那时候董浩就发誓，以后自己要是开公司了，一定会为员工提供一个欢乐的氛围。

所以很自然，董浩一口否决了小陈的提议。董浩是公司的大股东，占股 80%，所以很多大事是他说了算，小陈也毫无办法。还别说，公司的员工在董浩的手下干活都非常快活，大家都说董浩是他们见过最开明的老总。董浩被夸得喜滋滋的。

可是后来出现了一件事情，让董浩改变了这种看法。有一次，公司开发一个

新软件，时间比较紧，顾客让公司在一个月内完成。董浩因为特别想和对方合作，所以答应了下来。不料，项目接下来了，员工们的散漫态度没有变，而且有一次董浩问技术部一个人项目进展时，他居然说不知道。当天董浩刚好心情不好，所以就发火了。后来这个项目没有按时完成，刚起步的项目居然就这么毁了。从那以后，董浩就觉得，创办公司一定要在章程中对各高管的权利和义务给予明确的规定，不然一盘散沙，毫无章法，公司只能倒退。

所以，董浩就想在章程中对公司的股东、董事、监事、高级管理人员的权利义务都作出明确规定，以起到约束效果，使公司更好地发展。

场景 TIPS：哪些职位属于公司的高管？

《公司法》第216条中对高管作出了如下定义：“高级管理人员，是指公司的经理、副经理、财务负责人，上市公司董事会秘书和公司章程规定的其他人员。”从中可知，《公司法》对于哪些人员属于公司的高级管理人员也并没有作出明确的规定，可以由公司章程进行具体规定。如今的公司大多具有复杂的管理结构、职能部门。比如在网络公司，一些专业的技术人员同样也会对公司的重大经营决策产生重大影响，也应当属于公司章程规范的对象。

因此，我们建议在公司章程中应当对《公司法》中没有明确规定的事项，结合自己公司的实际情况，作出更为具体而符合自身的规定。一般来说，可列为公司高级管理人员包括：公司的财务负责人、合规负责人、核心业务负责人、核心技术的负责人等。除采用列举的方式详细规定公司章程的约束对象，公司还可以对其作出概括规定，如董事会认为的其他重要人员等，从而使得该条款具有较强的灵活性，以适应公司治理结构的变化。

场景二十三

想设置针对公司高管的勤勉义务要怎么做?

王猛是一家外贸公司的控股股东。不过说实话他除了会说 hello/fine 等简单的英语外,其他都不会。中央广播电视总台中国国际电视台(CGTN)主播刘欣与美国福克斯商业频道(Fox Business Network)主播 Trish Regan 在"跨洋对话"中表现得非常出色。王猛看了部分视频,看着王欣晏然自若地说着英文,他骨子里就感觉这姑娘真厉害。

其实以前,王猛做的并不是外贸生意,他做的是布料买卖,赚的是辛苦钱。后来他一个发小张北邀请他一起开外贸公司。他发小是北外的研究生,英语八级,而且还考了高级翻译,可谓一个人才。张北以前在一家外贸公司当经理,工资也还算可以,但他们老板是个特别严肃的人,特别喜欢防着人,把员工当贼一样,受不了气的张北就辞职了。辞职后,他不想跟着别人干,想自己创业。

在张北眼里,王猛是个特别靠谱的人,所以他邀请他一起合伙开外贸公司。王猛也知道,这个时候的张北刚好结婚,在老家市区买了一套房,又买了车,所以所剩无几,他要的是自己的钱。王猛这些年做布料生意赚了钱,而且他发现开外贸公司好像也是不错的出路,所以就答应了张北。

在出资方面,王猛出了大部分,张北出小头,一个占股 80%,一个占股 20%。因为王猛对公司什么都不懂,所以公司由张北全权管理。在这期间,张北招募了几个经验丰富的外贸人员,还招聘了一个会计,又招了一个外贸经理。张北自己则负责管理公司大小事务,闲的时候他也会帮忙接业务。不过大多时候,他在车间跑,负责监督好产品的质量。

公司开了,王猛这个时候觉得自己是局外人,因为自己什么都不懂,又管理不了,感觉非常烦恼。恰巧这个时候,公司发生了一件非常痛心的事情。公司中有一个业务主管叫李佳,他居然私自接单,然后把单子放到别的公司做,然后从中拿较高的佣金。事情暴露后,李佳还狡辩说:"谁让公司给的提成点太低,别的公司给的都是 5 个点,可我们公司只给 1 个点。这完全是剥削劳动力。"但事实上,公司给的底薪比较高,而且公司还给业务员提供部分顾客,所以提成确实低了点,但也情有可原。

事情发生后,王猛觉得应该在公司章程中对高管、员工的忠实义务和勤勉义务进行具体规定。关于忠实义务,在《公司法》中有规定,但关于勤勉义务还没有规定。所以王猛想求助律师,对于勤勉义务应该如何在章程中规定?

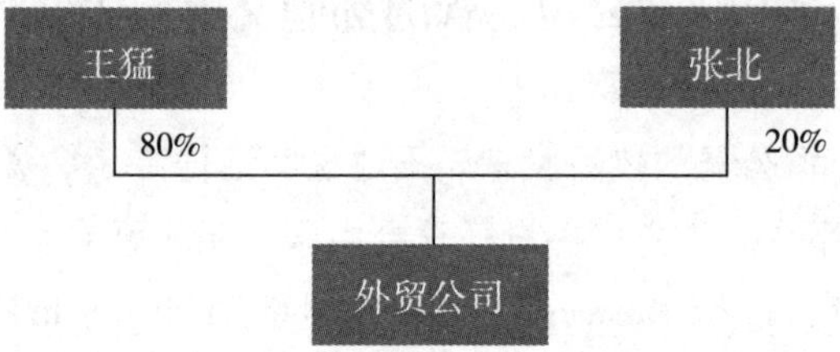

图 5-17 场景二十三:外贸公司股权关系图

场景 TIPS:公司董事、高管的勤勉义务具体有哪些?公司章程该怎么设计?

《公司法》第 147 条规定:"董事、监事、高级管理人员应当遵守法律、行政法规和公司章程,对公司负有忠实义务和勤勉义务。董事、监事、高级管理人员不得利用职权收受贿赂或者其他非法收入,不得侵占公司的财产。"此为忠实义务,但并未详细规定高级管理人员应如何尽到勤勉义务,因此我们确实应该在公司章程中对勤勉义务进行明确,以督促高级管理人谨慎、尽责履行公司职务,在其违反公司章程规定的勤勉义务的情形下,公司有权对其进行追责。

在总结了多家上市公司的章程中关于公司高级管理人员勤勉责任的条款后,我们建议在公司章程中可以将如下情形列为高级管理人员违反勤勉义务的情形:

(1)高级管理人员拒绝执行公司股东会、董事会所作决议;

(2)股东会要求高级管理人员列席股东会并接受质询的,高级管理人员拒绝列席股东会或接受质询;

(3)违反岗位职责,致使公司错失重大商业机会;

(4)违反岗位职责,致使泄露公司商业秘密;

(5)其他违反本岗位职责,致使公司利益受到损失的情形。

股东纠纷

在公司的运营和后期的合并分立与清算当中，股东之间的纠纷矛盾可谓兵家常事。股份的转让、高管的任选、利润的分配、决策的决议等一系列的事件都可能是引发各股东之间纠纷矛盾的导火索。那么在通晓自身权利的前提下，如何利用股权的分配，达到最小的纠纷碰撞便是重中之重。解决好股东之间的纠纷矛盾，是公司长远发展的前提要件。明白股东自身的权利，懂得如何在纠纷中占据有利主动的位置，便能在这场博弈之中赢得胜利。

场景一

签订了股权转让协议，但股权受让人没办理登记，享有股东资格吗？

在现实生活中，因为各种因素的影响，出现股权转让的事情也是常事。不过，很多时候，股权转让后，股权受让人因为忙或者其他因素没有及时去办理工商变更登记，因此引起的矛盾也是非常多。刘学磊就因为没及时办理工商变更登记，结局就不尽如人意了。

刘学磊是互联网方面的奇才，大学期间他就自主开发软件，后来创业，还获得了一部分融资。不过，后来他把重心放在学习上，公司疏于管理就不了了之了。成功毕业后，他投入互联网行业中，在互联网浪潮中，他挖掘到了第一桶金。

有了这个钱，他开了一家互联网公司，成为真正的创业者。公司发展渐渐步入正轨，逐渐强大。这个时候刘学磊并没有在"一棵树上吊死"。用他的话说就是多方面发展。所以后来他打算收购别的公司股份。

当时，胜利互联网创业公司的合伙人周某打算转让手中 20% 的股份。最开始，刘学磊认为胜利互联网创业公司或许处于下坡路，不然周某不会转让股权。

为了进一步探清胜利互联网创业公司的虚实，刘学磊多方打听，才知道，原来周某家中有难，需要现金周转，不得已周某才转让股份。胜利互联网创业公司其他股东虽然想收购周某手上的股份，但奈何心有余而力不足，现金流不够，只能看着肥羊落入他人之手。

刘学磊了解了详情后，就毫不犹豫地同周某签订了股权转让协议，以 300 万元的价格收购了胜利互联网创业公司 20% 的股权。协议签订后，胜利互联网创业公司的股东名册也进行了变更，刘学磊代替周某成为胜利互联网创业公司的股东。

成为胜利互联网创业公司的股东后，刘学磊希望尽快了解公司各方面的事情：第一，他对公司的人事进行了了解；第二，他希望了解公司的账目情况。

不过，这个时候出现了问题。公司其他股东认为，刘学磊虽然同周某签订了股权转让协议，但是刘学磊并没有办理工商变更登记，所以其他股东认为刘学磊还不是真正意义上的股东，他无权查阅公司账目。

原来，刘学磊同周某签订股权转让协议后，要两边公司跑，要处理的事情非常多，忘记去办理工商变更登记。再者说，他以为公司股东名册已经变更了，他认为工商变更登记就不那么重要了。所以就一直拖着没去办理。

场景 TIPS：股权已转让，股权受让人未办理登记，享有股东资格吗？

《公司法》对股东资格确认进行了原则性规定，第 32 条第 2 款规定，“记载于股东名册的股东，可以依股东名册主张行使股东权利”。《公司法》第 73 条规定：“依照本法第七十一条、七十二条转让股权后，公司应当注销原始股东的出资证明书，向新股东签发出资证明书，并相应修改公司章程和股东名册中有关股东及其出资额的记载。对公司章程的该项修改不需再由股东会表决。”以上表明，股东名册具有证明股东资格的作用，因此通过股权受让方式取得股东资格的投资者，有权要求公司在股东名册之中进行记载，以便于确认自己的股东资格。

“股权转让”实质上是在公司内部产生的一种民事法律行为，是双方之间的意思表示，应受我国《民法典》所调整。根据我国《民法典》第 502 条规定，依法成立的合同，自成立时生效，但是法律另有规定或当事人另有约定的除外。而我国现行《公司法》中，仅规定“记载于股东名册的股东，可以依股东名册主张行使股东权利”，目前没有对于有限责任公司股东转让股权必须要在办理工商变更登记手续后才能生效的相关规定。显然，在我国，股东名称的工商登记属于宣示性登记，即登记本身并不能创设股东资格，其只是对已经存在的股东资格予以确认。但是，未经登记就没有对外的效力，建议让公司配合进行登记。因此，股权转让的效力应该于公司变更股东名册时生效。

小 结

这个场景中，刘学磊因为忙以至于没有去办理工商变更登记。但他确实同周某签订了公司股权转让协议，而且胜利互联网创业公司股权名册也进行了变更，所以从公司变更股东名册时股权转让的效力就已经产生了，因此他有权查阅公司账目。当然，刘学磊不能忽视工商变更登记的作用，如果有时间还是需要及时办理好工商变更登记。

场景二

隐名股东如何确认自己的股权?

2000 年,张凡是 A 市的一名公务员,月薪不高也不算低,如果一个人开销马虎过得去,但一家子开销就有点难。所以张凡想再做点别的事情,以分担经济压力。这个时候,他的朋友小李刚好准备开公司,但是资金不足。于是,张凡就向自己的妹妹借了 2 万元入股小李的公司。小李答应给张凡 10% 的股份。

不过,因为张凡是公务员,不能经商,所以在公司名册上和工商登记上都没有张凡的名字。而这 10% 的股份也是张凡和小李的口头约定。最开始有人就劝张凡,说口头约定不靠谱,日后就怕小李会赖账。

但张凡非常信任小李,所以他义无反顾地借钱投资。在之后的 10 年,公司发展蒸蒸日上,由之前的年产值 300 万元,慢慢发展到如今的年产值 1500 万元。

在这 10 多年间,小李也如约给张凡 10% 的分红。到了 2019 年,张凡退休了。退休后的张凡无事可做,闲不下来的他就想要回之前 10% 的股权,并参与到公司管理当中。

不过,这个时候,小李就不乐意了。小李认为,最初张凡只借给他 2 万元,如今公司估计 1800 万元,10% 的股权就是 180 万元,张凡得不到这么多的股权,最多只能给他 2% 的股权。

其实,这件事情的导火线是因为“996 工作制”的事情。小李其实具有管理才能,这 10 多年把公司管理得井井有条,不过,他这个人比较自私,喜欢占便宜,特别喜欢占员工的便宜。2019 年,他想在公司推行“996 工作制”。

什么意思呢? 意思就是员工上午 9 点上班,晚上 9 点下班,中午和傍晚休息 1 个小时,一天工作时长超过 10 个小时。而且采取单休制度。这样的工作制一执行,就让员工特别反感,大家消极怠工的情绪慢慢就出来了。

张凡十分反对小李的这种工作制度,但是小李却振振有词,认为这种工作制度有利于公司的发展。张凡见说不动,所以才想要回自己的股权,然后通过董事会投票决定是否采取“996 工作制”。

后来,“996 工作制”因为违反《劳动法》只能放弃。但在这个过程中,张凡也看出了小李在公司当中的“独裁”地位,他认为,如果自己不要回 10% 的股权,不分掉小李的股份比,公司恐怕日后难以发展。公司其他股东也对小李看不惯,也统统支持张凡的做法。

张凡同小李协商无果,最后张凡只能去法院起诉小李。那么张凡作为隐名股东,他最后能要回自己的股权吗?

场景 TIPS:隐名股东可以通过诉讼确认股权吗?

隐名股东可以起诉确认股权,但是若要变更工商登记和股东名册,则要其他股东半数以上同意。《最高人民法院关于适用〈中华人民共和国公司法〉若干问题的规定(三)》第 24 条规定:“有限责任公司的实际出资人与名义出资人订立合同,约定由实际出资人出资并享有投资权益,以名义出资人为名义股东,实际出资人与名义股东对该合同效力发生争议的,如无法律规定的无效情形,人民法院应当认定该合同有效。前款规定的实际出资人与名义股东因投资权益的归属发生争议,实际出资人以其实际履行了出资义务为由向名义股东主张权利的,人民法院应予支持。名义股东以公司股东名册记载、公司登记机关登记为由否认实际出资人权利的,人民法院不予支持。实际出资人未经公司其他股东半数以上同意,请求公司变更股东、签发出资证明书、记载于股东名册、记载于公司章程并办理公司登记机关登记的,人民法院不予支持。”

小　结

在这个场景中,张凡是隐名股东,但他在 2000 年确实投资了 2 万元给小李的公司,小李也承诺给 10% 股权。N 年过后,张凡想拿回自己的股权,而且公司其他股东也都同意,所以张凡有权利获得自己 10% 的股权。

场景三

隐名股东想转让股权，该怎么做呢？

2010 年，身为公安局局长的李开富与朋友王某约定，李开富以王某的名义，出资 100 万元，同甲乙丙三人共同创建阿尔法有限公司。王某向李开富出具收条，载明：收到李开富支付的阿尔法有限公司注册资金 100 万元。阿尔法有限公司注册资金是 1000 万元，所以王某作为显名股东，占有公司 10% 的股份。

李开富因为是国家公职人员，所以他不便直接掌管阿尔法有限公司，因此，公司一切事务由王某代为管理。从 2010 年到 2015 年，李开富每年可以从阿尔法有限公司处得到 60 万元的分红。

2017 年，李开富离开了公安局，脱去了公职人员的身份，他就可以真正地下海经商。不过，这个时候，李开富并不看好阿尔法有限公司，反而把目光看向了互联网新零售行业。

想要创业，自然要有资金。虽然之前几年，李开富从阿尔法公司总共得到了 400 余万元的分红，但这些钱有的被他用掉了，有的借给了别人要不回来了，有的给他妻子拿去投资了，目前所剩不多。这个时候，李开富就想到了自己在阿尔法有限公司的 10% 的隐名股权。

从 2010 年到 2017 年，7 年时间内，阿尔法公司估值从之前的 1000 万元摇身一变到如今有 5000 万元，而他 10% 的股份至少也有 500 万元。李开富想，如果把这些股权卖了，那么自己就有钱创业了。

最开始，李开富与王某商量，他认为，第一要通知王某，如果王某有能力买自己的股权最好。但王某表示，他目前没有能力购买他的股权。无奈之下，李开富又咨询了公司其他三个股东甲乙丙，甲乙丙都表示没有资金再购买这 10% 的股权。

这个时候，李开富就只能公开转让手上的股权。不过因为他不是显名股东，所以没办法用自己的名字公开转让。李开富想，如果有人也同意成为隐名股东，那么就无须通过烦琐的手续成为显名股东。最后，张某有意购买这 10% 的股权，不过张某却并不乐意成为隐名股东，他只想成为显名股东。

无奈之下，李开富与王某商量，希望自己能成为公司的显名股东。最后在甲乙丙的一致同意下，阿尔法公司变更了公司股东名册，工商登记也变更了，都登记了李开富的名字。如此一来，事情才圆满解决。

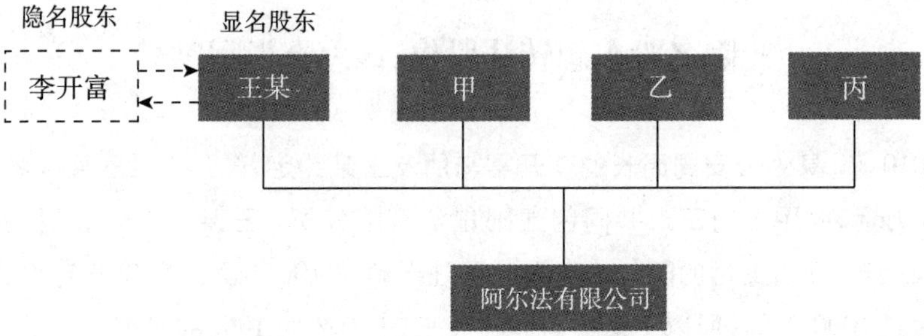

图 6－1 场景三：阿尔法有限公司股权关系图

场景 TIPS：隐名股东股权怎么转让？

隐名股东，是指实际向有限责任公司出资或认购出资，但基于规避法律规定或其他原因，对其股东身份并未进行工商登记及公司内部记载，从而不具备股东资格形式特征的出资人。因为股东名册上并未有隐名股东登记，所以其行使股东权利需要通过显名股东，存在较大风险。根据《最高人民法院关于适用〈中华人民共和国公司法〉若干问题的规定（三）》第 24 条规定，隐名股东显名化需要经过半数以上股东同意。隐名股东权利的转让主要通过转让协议来完成，受让人成为新的隐名股东。

下面介绍隐名股东要转让股权的三种方式：

第一，隐名股东先经过半数以上股东同意成为显名股东，之后按照股权转让的流程进行转让；

第二，如果受让人也愿意成为隐名股东，则由隐名股东与受让人签订股权转让的协议，并由该代持的显名股东签字确认，并可以由受让人和显名股东重新签订代持协议；

第三，受让人与显名股东直接签订股权转让协议，并经过半数以上股东同意成为新的股东。

小 结

在这个场景中,李开富是隐名股东,他要转让自己的股权,可以先让自己成为显名股东再转让。如果受让人不介意成为隐名股东,那么他就可以直接与受让人签订股权转让协议。

场景四

想把股权无偿转让给没有血缘关系的人，怎么做？

三川市龙门山五金厂自从1995年创办以来，工厂规模越做越大，到了2009年，工厂开始做起了国外的单子。2018年，工厂承接了国外一个数额巨大的定制件加工项目。合同约定龙门山方面要在1年内完成项目标的，并且完全达标，提前2个月完成可以按照约定增加奖励100万元，逾期1周未完成则要承担违约责任，支付违约款500万元。公司控股股东杨总认为，这是个不错的机会，可以让公司在国外扬名，所以杨总不假思索就把项目接了下来。

项目接下来后，第一就是需要制定样品，一旦样品做成功了，之后就好办了。不过，试做样品期间就出现了问题。技术员工发现，工厂现有的设备制作出的样品完全和顾客要求的不一样。无论他们怎么调试，样品还是会有部分瑕疵。问题一出现，杨总赶紧召集股东以及技术骨干开大会。

在大会上，技术骨干提出了问题，表示工厂设备在某个地方出现问题，多次调试还是无法解决问题。公司股东们则一再强调要技术骨干再多试。同时，公司还提出预备方案，如果公司设备实在无法达标，那将采取外加工的形式。但问题又来了，在签订的合同中，顾客明确要求不能外加工。

怎么办呢？这时杨总表示，如果实在不行，那就只能购置新的设备了。不过公司这几十台设备是前几年刚买的，如果一次性又重新购买几十台新设备，那将是一笔不小的费用。

这时，一向沉默寡言的技术精英老肖开口了："我有一个亲戚，是知名大学的教授，他在机械方面是权威，要不请他来调试看看？"

还能有什么办法呢？股东们都露出了死马当活马医的无奈神情。原来老肖口中的亲戚是一位资深教授，叫赵立建，在业内很有权威。不过，他为人谦和，态度和蔼，并没有教授的架子。老肖头天晚上同他商量后，他第二天下了课没吃饭就来了三川市龙门山五金厂。

杨总说先要宴请他,让他酒足饭饱后再检查设备,但赵立建教授摇摇头。赵立建50岁上下,戴着一副眼镜,退下西服的他穿上了三川市龙门山五金厂的工作服,拿上了扳手、尺子等工具就开始进入工作模式。

6月的天,虽然太阳已经西下,但是气温毫无下降的势头,接近40度的高温,使得车间像一个大蒸笼。赵立建检查设备时,汗流浃背,工作服内的背心都已然湿透了。好在功夫不负有心人,在忙碌了大概1个小时后,他查出了问题所在,其他设备也存在同样的问题。找到了问题的症结后,其他的技术员工一同协作,很快几十台设备的问题就都解决了。

问题解决后,工厂就日夜加工进行生产,终于踩着交货期的尾巴完成了任务,避免了违约情况的发生。工厂和杨总都特别感谢赵立建,杨总更表示要拿出1%股权无偿送给教授。那么赵立建教授能够无偿得到这个股权吗? 股东对外转让股权可以无偿吗,需要注意什么?

场景TIPS:股东对外转让股权可以无偿吗,需要注意什么?

理论上可以,但是平价或低价甚至无偿转让存在风险,当个人转让股权存在以下不合理情形时,主管税务机关可以核定股权转让收入:(1)转让价格低于股权对应的净资产份额的,尤其是被投资企业存在价值较大的固定资产或无形资产的;(2)平价或者亏损转让的;(3)低于相同或类似情形下被投资企业同一股东或其他股东股权转让收入的;(4)低于被投资企业可比的其他企业股权价格的;(5)不具有合理性的无偿转让。

如果明显偏低的转让价格是基于以下情形,则被视为具有正当理由:(1)提供有效文件证明低价转让是由于国家政策调整导致被投资企业生产经营受到重大负面影响;(2)受让方系转让方的配偶、父母、子女、祖父母、外祖父母、孙子女、外孙子女、兄弟姐妹以及对转让方承担直接抚养或者赡养义务的抚养人或者赡养人;(3)员工持有的不能对外转让股权的内部转让。

小 结

在这个场景中,赵立建帮助三川市龙门山五金厂发现设备问题所在,帮助工厂渡过难关,避免公司违约。在这样的场景下,杨总用1%的股权答谢赵教授无可厚非。但是赵教授和杨总没有血缘关系,而且双方不是抚养与赡养的关系,同时,赵教授又不是公司的员工,所以这个股权无偿转让可能存在一定的难度。因此,杨总如果要答谢赵教授,或许可以用现金的方式。

场景五

作为公司股东,发现公司出现问题后,可以查账吗?

很多人创业时,兴致非常高,但是公司一旦成立就成为甩手掌柜。黄瑾就是这样的典型人物。

三年前黄瑾与两个怀揣技术的朋友李德和张立仁合伙,投资成立了汉京国际科技有限公司。三个人中,黄瑾出资 50 万元,李德和张立仁分别出资 20 万元和 30 万元。这样一来,黄瑾就成为公司最大的股东,占股 50%。按理说,黄瑾是大股东,是控股的股东,他应该参与公司的日常经营管理,并应该对公司的发展起至关重要的作用。

然而黄瑾在公司成立后,完全对公司置之不理,他把公司的一切事务都交给李德和张立仁。李德和张立仁在管理公司上有自己独到的方法,用了不到 2 个月的时间,汉京国际科技有限公司就已经步入正轨,并且开始接了大项目,所以黄瑾对另外两个股东更加信任。最初,他还会时不时去公司晃悠下,后来发现两个股东能力突出,而且认为他们值得信任,所以就干脆公司也不去了。

黄瑾其实从性格方面来说不适合经商,他骨子里有书香气,平时喜欢看书、画画。不去公司去干嘛呢,那就宅着看看文学书籍,看看电影。无聊的时候,就背着画夹,去野外写生。那笔下可以是灵动的人物;可以是灿烂的野花;还可以是蓝天白云,只要他兴致好,画什么都可以。

他感觉自己像《月亮和六便士》中的主人公思特里克兰德一样,但事实上他们又不一样,因为他无法为了画画而抛弃妻子,他总还是受到世俗的约束。但无论如何,他的日子还是非常潇洒的,做自己喜欢的事,公司有专人管理,他只要等着分红即可。

第一年,他从公司分到了 55 万元,第二年分到了 45 万元。这些钱,足够他开销。他原本打算,第三年的分红下来,他自己出资开一个画展。但让人意外的是,每年的 12 月底都是分红的时间,可是第三年公司另外两个股东却迟迟不说分红的事情。

后来,黄瑾就主动问了其中一个股东李德,没想到李德支支吾吾,大意是公司现在处于亏损中,完全没有盈利。黄瑾这个时候就纳闷了,明明公司业务多,前景好,前两年都盈利不少,怎么突然之间说就不盈利了。他把这个事情和妻子说了,妻子认为另外两个股东一定在捣鬼,所以建议黄瑾去查账。

那么问题来了,黄瑾一直都当甩手掌柜,之前完全都不管理公司,那么他有权利查账吗?

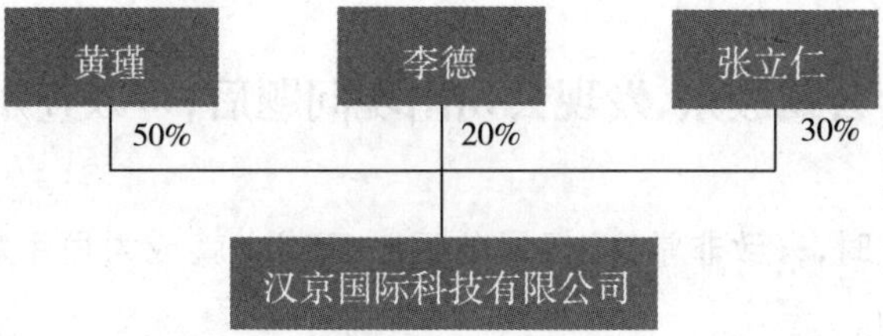

图6-2 场景五:汉京国际科技有限公司股权关系图

场景 TIPS:公司股东可以查阅公司账目吗?

查账权是股东所享有的知情权中的一项重要内容。《公司法》第33条规定:股东有权查阅、复制公司章程、股东会会议记录、董事会会议决议、监事会会议决议和财务会计报告。

股东可以要求查阅公司会计账簿。股东要求查阅公司会计账簿的,应当向公司提出书面请求,说明目的。公司有合理根据认为股东查阅会计账簿有不正当目的,可能损害公司合法利益的,可以拒绝提供查阅,并应当自股东提出书面请求之日起15日内书面答复股东并说明理由。公司拒绝提供查阅的,股东可以请求人民法院要求公司提供查阅。

上述内容只是法律中的规定,而实践中,股东可以在章程中对股东知情权的行使进行具体约定,比如约定公司的经营管理者要定期递交经营过程的账目,并对知情权行使的时间和形式范围进行详细约定,还可以约定对经营管理者不履行知情权相关义务时的处罚措施。

小 结

黄瑾作为汉京国际科技有限公司的大股东,虽然他平时并不管理公司事务,但他的股东身份不变。作为股东,当公司经营出现问题时,他有知情权,这个知情权允许他进行正常的查账。

场景六

新法定代表人已经选定，前法定代表人不愿意交出公章，奈何？

时间在推进，今非昔比，对于一个公司的法定代表人来说，地位不可能是永存的，上一秒或许你还是公司的法定代表人，下一秒，也许你就什么都不是了。

王有良毕业于名牌大学，成为A村大家口中的人才。前几年，王有良在外地工作，是一家金融公司的总经理，年薪百万元，更成为A村老人口中的杰出青年代表人物。

2015年，A村也发生了翻天覆地的变化，当地老人的剪纸艺术发扬光大，赢得了全国多地市民的喜爱。这时候A村村长王光发就想成立一家公司。他的提议是，召集村里走出去的有出息的人回村投资，王有良就是其中一个。

除了王有良外，A村还有一些有头有脸的人物，比如毕业于清华的王俊，现在是深圳一家科技公司的董事长；比如经常飞往世界各地的外贸公司董事长王晴颜，比如没读过什么书，但是家产过千万的王继光……

这些人听说要成立公司，作为有代表性的他们当然要露脸。所以最后，王有良、王俊、王晴颜、王继光再加上另外几个村民共同成立了王氏剪纸艺术有限公司。

在资金上，王俊和王晴颜出大头，分别出资100万元和80万元，王继发和王有良紧跟其后，分别出资60万元和40万元。如果单单从出资额上来说，公司的法定代表人无疑会是王俊。不过王俊作为科技公司的董事长，无暇顾及剪纸艺术公司，所以他婉拒。

最后，公司开了股东大会，大家一致推荐王有良担任公司法定代表人。就这样，王有良辞去了金融公司总经理的职位，担任剪纸艺术公司法定代表人，代表法人管理和行使职权。

不过，王有良虽然曾经任职金融公司总经理，但是他把之前的经营理念生搬硬套到剪纸艺术公司。甚至有一次，他还以个人名义同一家商贸公司签订合同，导致公司受损。

公司其他股东对王有良的一些行为颇为不满，其中性格耿直的王俊更是同王有良当面辩驳。不过，王有良却坚持认为自己的管理没有问题。无奈之下，公司召开了临时股东会议，公司全体股东都出席，会议上，除了王有良外，其他全部股东都同意重新选定王晴颜成为新的法定代表人。

可是这个时候，王有良却拒绝交出公司公章。也不承认王晴颜是公司的新法定代表人。如果遇到这样的情况，公司该怎么办呢？

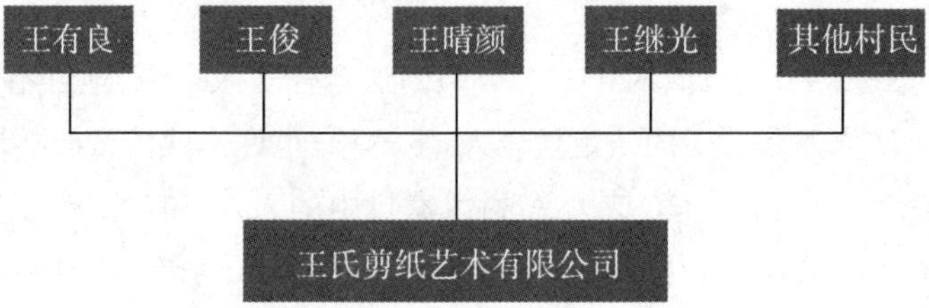

图 6－3 场景六：王氏剪纸艺术有限公司股权关系图

场景 TIPS：前法定代表人不愿意将公章交出，怎么办？

一般情况下，股东人数较少的公司中法定代表人都是实际控制人，都掌握着公章。但是规模稍大的公司就会有多个股东，法定代表人不能一个人说了算，这时候公章就不适合由其单独保管，万一出现纠纷，就不能及时控制公章。为了防患于未然，公司自身应建立一整套适合自身运作机制的印章与证照管理制度，包括专人保管制度、使用建档制度、使用报批制度、保管使用负责制等，能够在一定程度上分散公司高层人员掌控公司印章与证照的权力。

小 结

在此案中，公司可以“公司证照返还纠纷”为案由起诉王某，要求返还公司的公章。在起诉时要提供证据证明王某已经没有权利保管公章，可以提供股东会召开通知、股东会决议、股东会签到表、会议记录等一套文件，以及公司章程等证据。

除了起诉，还可以尝试重新申请刻制公司印章或重新申请颁发公司营业执照。一般的处理方式是先刊登遗失公告，然后再向工商部门重新申请刻制或颁发。具体各向当地工商部门咨询处理流程。

场景七

有限责任公司只承担有限责任吗？有例外情况吗？

很多人以为有限责任公司只需要承担有限责任，于是很多人就以为这是个漏洞，想“大干”。结果聪明反被聪明误。那么有限责任公司除了承担有限责任外，有例外情况发生吗？下面小王就会告诉你真相。

小王大学毕业时23岁，在就业与继续深造的问题上他没有过多的犹豫，而是选择了前者。他最开始在一家猎头公司工作，他为人豪爽、大胆、有想法，所以入职猎头公司也算是不错的选择。在这家公司他不仅收获了事业，还认识了几个好兄弟。

因为公司提供住宿，所以他们几个就住在了一家公寓里，朝夕相处，感情也非常好。或许在别的公司总有钩心斗角，但在这里，大家年龄相仿，性格类似，所以很和睦。在猎头公司工作了2年，他们的人脉拓展了不少，能力也是突飞猛进。

其实，做事业讲究的除了资本外，还需要能力和人脉。而这几个年轻人现在差的就是资本了。不愿久居人下的他们打算自己开公司。那么资金怎么来，他们决定几个人合伙，大家共同出资。

除了小王外，这个兄弟团还有五个人，这样六个人共同分担创业资金，资金问题就解决了。他们最终成立的公司就叫兄弟同行猎头有限责任公司。六个兄弟在成立公司时共同出资20万元，大家约定日后大家共同进退，有事互相商量，不能因为任何事情影响公司发展或者影响兄弟之间的感情。

公司成立后，六个股东都非常开心，当晚开晚会狂欢。庆祝过后，大家就开始正式进入工作状态，每个人都铆足了劲儿，希望为公司出力，加速公司的发展。

不过，真正成立公司后，他们才发现创立一家公司容易，可是经营一家公司就没那么容易了。因为是新公司，所以和那些经营多年的猎头公司比，他们还是没办法形成强有力的竞争力。有几次他们就败给了几家老猎头公司。

小王性子比较急，当公司举步维艰时，他认为最大的问题是公司广告力度、知名度还没打开，所以他提议大力推广公司。小王认为经营公司和艺人是一样的道理，艺人出镜次数多，知名度上去了就火了，而公司想要火，也需要进行线上和线下推广。

小王具体采取的措施是线上发公司广告，全面介绍公司。另外，公司居然还赞助一些活动，这些活动赞助费昂贵，小王认为有必要这么做。线下，他就通过地推、口口相传的方式推广公司。不过小王的一系列措施，具有很大的风险。比如要赞助一些知名活动，费用少则几十万元，多则几百万元，这些钱哪里来，只能向外借。最开始他向银行贷款，后来又向个人贷款……仅仅一年的时间，公司就欠下外债600万元。

这个时候，其他几个股东开始担忧了，他们认为小王的这种做法会害了公司。不过小王给出了解释，他认为，公司是有限责任公司，股东只需要承担有限责任，而大量借款促进公司发展，万一成功了呢！万一不成功，大不了宣布公司破产即可！

那么小王的想法是正确的吗？有限责任公司真的只需要承担有限责任？

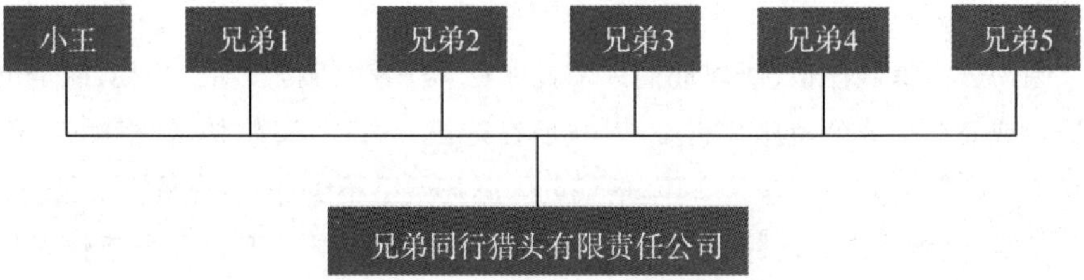

图6－4　场景七：兄弟同行猎头有限责任公司股权关系图

场景 TIPS：有限责任公司什么情况下要承担连带责任？

根据《公司法》的规定，目前我国公司有两种形式：一是有限责任公司，二是股份有限公司，这两种公司都是对外承担有限责任的。《公司法》第3条第1款规定：公司是企业法人，有独立的法人财产，享有法人财产权。公司以其全部财产对公司的债务承担责任。有限责任公司的股东以其认缴的出资额为限对公司承担责任；股份有限公司的股东以其认购的股份为限对公司承担责任。

有限责任是一个基本的原则，目的是使公司能够最大限度发挥主观能动性，活跃市场经济。但是，很多公司利用有限责任这个“保护伞”，恶意欠债，造成市场上诚信缺失，风气不好。是不是借着“有限责任”，别人就拿他们没办法了呢？其实不然，公司股东滥用公司法人独立地位和股东有限责任，逃避债务，严重损害公

司债权人利益的,应当对公司债务承担连带责任。哪些行为会导致股东对公司债务承担连带责任呢?主要有以下几种:

(1)公司与股东财产混同:股东账户频繁用于公司结算;随意挪用公司资金等。

(2)公司组织机构混同:关联公司之间在组织机构和人员上存在严重的交叉、重叠,公司之间董事的相互兼任。

(3)公司业务混同:关联公司之间从事相同的业务活动,在经营过程中彼此不分。

综上,公司经营者应当谨慎注意以上几种情形,合规经营,避免承担连带责任。

小结

一般来说,有限责任公司只需要承担有限责任。但是在上述场景中小王不断地借款,虽然借款是为了给公司打广告,但他有恶意欠债的嫌疑。像他这种情况,股东就需要承担连带责任。

场景八

委托他人参加股东大会，委托书该如何写？

小王、小李、小赵以前是一家传媒公司的同事，三人兴趣爱好相同，所以关系特别要好。在传媒公司工作了 5 年，三人不是亲兄弟胜过亲兄弟。一天下班后，小王约小李和小赵一起到路边摊撸串。当天，小王被老总无辜训斥，当时小王还以为自己工作中做错了什么事情。可是，老总的训斥毫无根据，他乱说一通和自己完全无关的事情。

事后，小王才知道，原来老总感情生活出现了问题，他无处发泄，刚好碰到小王来报告新项目的进展，就这样被当枪使。其实，小王也不是小气的人，如果偶尔被训斥一次也就算了。关键是这个老总是老板的小舅子，能力没有，脾气还特别大，而且还爱抢功劳，员工谈成的项目，理应获得提成，但他总要插一脚，总要分点羹。因此，公司很多人是敢怒不敢言。

小李、小赵知道小王心情不好，也尽力安慰。不过小王叫他们撸串的目的可不在此。他抿了一口小酒，双手抱在胸前，之前略带微笑的脸变得严肃起来："兄弟，难道我们就一直在这公司受气?"对面两人知道小王话里有话，所以示意小王继续说下去。

这个时候小王又抿了一口酒，他很淡定地说："我们开公司去吧！"

没想到小李、小赵早有此意，只不过一直没提出来，看来三人果然是心有灵犀。都有此意的三人抱作一团，哈哈大笑，自此达成开公司的统一战线！

他们三人在能力方面各有千秋，小王在文笔上略胜一筹；小李则在运营上很有一套自己的法则；而小赵在关系网上有优势，所以他们的结合无疑会让公司逐步走向成功。

2015 年，他们三人的诚信传媒有限公司创立。在出资上三人约定金额同等，大家有事共担有福共享。一个公司的发展，其创始人是关键，而他们之间一团和气，自然很快就让公司发展起来了。

公司虽然发展壮大了，但是如何在已有的基础上进一步促进公司的发展，这成为迫在眉睫需要解决的问题，所以公司决定召开临时股东会议。然而，这个时候小王远在美国，他的弟弟在美读书，后来娶了当地的新娘。

没办法出席临时股东会议的小王决定，委托公司里自己比较得意的骨干小吴代替他参加股东会议。不过代替股东参加股东会议可不是口头的事情，它需要有委托书。那么这个委托书怎么写呢？委托书要明确授权事项吗？委托书要明确委托期限吗？

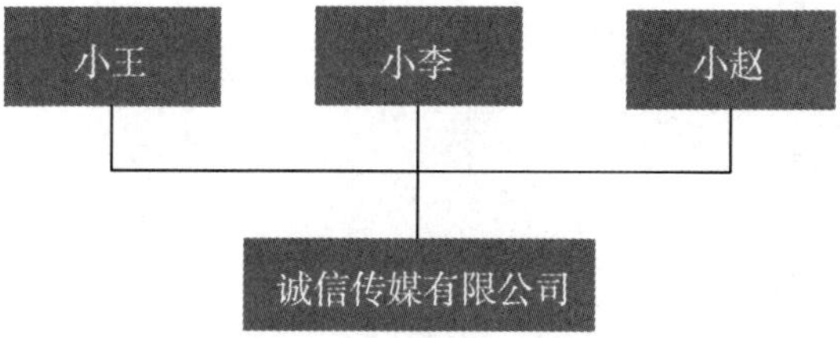

图 6－5　场景八：诚信传媒有限公司股权关系图

场景 TIPS：让他人代替股东参加股东会议，如何正确拟定委托书？

有限责任公司召开股东会议，股东可以委托代理人出席，代理人应当向公司提交股东授权委托书，并在授权范围内行使表决权。作为委托人，第一，应该在委托书中明确委托的事项，避免因为授权不明而造成代理人超越代理权限。如“授权事项”可以写：代为选举公司董事、代为选举公司监事。除上述授权事项外，被委托人无权代表委托人作出任何行为或决定。第二，委托人应当明确委托的期限，期限不能过长，最好是限定在具体召开股东会议的那几天，每次会议单独授权。第三，委托人应当对审议事项提前了解，对于具体的审议事项，尽可能在委托书中载明投票意愿，避免因代理人不忠实履行其投票意愿而产生纠纷。

《公司法》第 22 条第 1 款、第 2 款规定：公司股东会或者股东大会、董事会的决议内容违反法律、行政法规的无效。股东会或者股东大会、董事会的会议召集程序、表决方式违反法律、行政法规或者公司章程，或者决议内容违反公司章程的，股东可以自决议作出之日起 60 日内，请求人民法院撤销。

作为其他几个股东来说，要仔细审查参会代表的授权权限（授权事项、授权期限、投票意愿），避免代理人无权出席股东会议，或超越其授权权限参与股东会议及对股东会议决议事项进行投票，导致股东会决议无效。

小 结

小王因为弟弟结婚无法准时出席临时股东会议,这个时候他让小吴代替其出席股东会议。那么在拟定委托书时小王要拟定委托的期限,这个委托时间最好就是股东会议当天。在委托事项上也要明确,不能含糊,这样就不会出现越俎代庖的事情。

场景九

公司收入股东没有入账反而予以支配，这样的行为构成职务侵占罪吗？

李明与其妻苟某是山东青岛一家物流公司的老板和老板娘。当初成立物流公司时，李明出资80万元，因为还有20万元缺口，所以他妻子苟某把自己私下的20万元存款拿了出来，这才成立了明光物流公司。

李明虽然一直在做生意，但是没有多大成就，更没有积蓄，他出资的80万元中有34万元是借的。他都不敢告诉妻子，怕妻子唠叨他无能。开物流公司前，他就从服装厂、装潢公司撤资，撤资款刚好46万元，这些钱加上借的34万元，刚好80万元。

之前，他是个三心二意的人，做生意完全没有定性，特别喜欢跟风，看别人做什么生意做得好他也跟着做。结果总是做不长，总是亏本。如今，他打算一心一意做物流。

公司不大，人员不多。他自己是公司法定代表人，是公司董事长，有时候忙时，他还是搬运工，不忙时他就是业务员，负责跑业务。而妻子则是公司管理人员，负责公司大小事务的管理。另外公司还有4个司机，以及几个搬运工和1名会计、1个出纳。

李明这人平时不苟言笑，特别严厉。只要他在公司，其他人就感觉特别不自在。所以会计小刘和出纳小琴偶尔会抱怨老板没有人情味。有一次，当会计小刘正说着李明的不是时，刚好被李明听见了。李明这暴脾气，当然当场发飙。他责骂会计上班不认真做事，喜欢八卦，他说要扣她10天工资。

小刘刚从大学毕业不久，哪里经得起老板这么发难，当场哭泣，泪流不止。这个时候，李明更加火大，骂得也更加难听了，甚至还说："爱干不干，不干滚蛋。"

小刘一听这话，觉得在公司也没法待下去了，而且老板这人也太不好相处，所以就干脆辞职了。不过小刘也不是好惹的，辞职后他居然向有关部门举报老板李明存在职务侵占的行为，也因此李明被刑事拘留。

原来,在一次业务中,李明收到顾客给的40万元运输款。李明没有把这40万元全部入账,而是把34万元用于偿还先前筹备设立公司时所欠的债务,真正入账只有6万元。

当警察破门而入时,李明还一头雾水,被拘留后,李明妻子苟某立即赶到现场,并对事情作了详细说明。首先,他妻子说这公司的股东就是他们夫妻俩,而且34万元运输款没有入账用于偿还债务她是知晓的。

那么,李明将公司收入不入账而予以支配的行为构成职务侵占罪吗?他应该承担刑事责任吗?

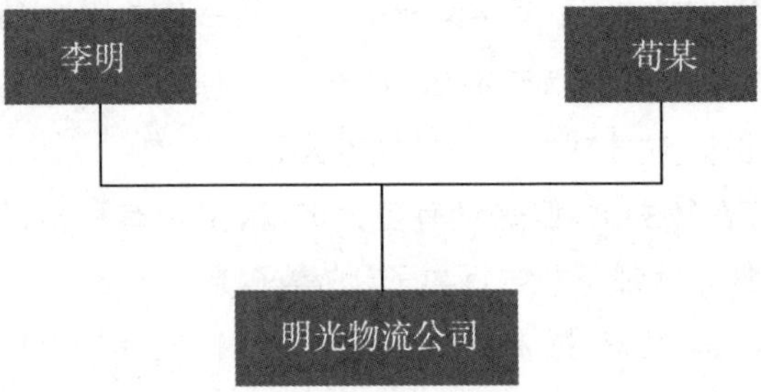

图6-6 场景九:明光物流公司股权关系图

场景TIPS:股东采取收入不入账的方式支配公司财产是否一定会构成职务侵占罪?

根据《刑法》第271条规定,职务侵占罪是指公司、企业或者其他单位的工作人员,利用职务上的便利,将本单位财物非法占为已有,数额较大的行为。

本案中该公司的股东只有李明和苟某夫妻二人。基于李明与苟某的特殊关系,李明在公司的生产经营活动中,利用职务上的便利将公司的货款收回后未上账而予以支配,从形式上看其行为侵占了公司的财产,但其作为公司的法定代表人,有权对公司的财产进行处置,且李明将该款用于偿还成立公司时所借的欠款,亦经苟某认可,故此行为本质上并没有损害公司的利益,也没有侵犯另一个股东苟某的权益,公司财产亦为夫妻共同财产。

综上我们应知道股东侵占自己公司的财产,不构成职务侵占罪。但是,只要公司还有其他股东,哪怕所占股权份额很少也有可能会构成犯罪。所以,公司的收入一定要入账,公司与个人的财产千万不能混同,要妥善处理公司的经营风险。

小 结

本案例中,李明并没有私自占有34万元运输款,而是用于偿还先前成立公司时的欠款。而且公司股东只有他和妻子,他妻子对这笔款项的去处也非常清楚,所以李明不构成职务侵占罪,无须承担刑事责任!

场景十

股东会作出的决议，股东签名有造假，那么协议无效吗?

如今合伙企业非常常见，不过合伙企业的弊端就是各股东之间容易出现分歧，不利公司的发展。立思奇公司是G市一家比较大的珠宝设计公司。公司设计的珠宝新颖，立意也奇特，所以消费者非常喜欢。不过，立思奇公司有四位股东，他们分别是陈萍、龚义、陈鸿、苏雅。从2009年公司创立开始，四位股东之间就一直磕磕绊绊，总闹些小矛盾。

为了防止日后矛盾激化，2010年，公司在章程中约定，股东会对特别事项的决议须通过2/3以上的股东表决同意，才可执行。有了这个章程约定后，确实减少了经营过程中不少的分歧。

在这四人中，龚义、陈鸿是表兄弟，关系非常好，有什么决议他们都意见统一；苏雅则是笑面虎，哪边人多就站在哪边的立场说话；而陈萍性子直又急，嘴巴也比较毒，想法也很奇特，所以她不受其他几位股东的待见。陈萍认为其他三位股东有意排挤他。

比如，有一次陈萍想到一个好的策划方案，这个方案执行起来也容易，就是一个促销的活动，让利给消费者。在陈萍眼里，赚钱虽然很重要，但是顾客满意度，顾客好感也十分重要。刚开始，另外三个股东也同意执行这个方案，可是方案执行到一半，他们又开始否决，认为这个方案完全赚不到钱。此时，陈萍一肚子气，但有苦难言，只能打碎牙齿往肚子里吞。

还有一次，公司招募设计总监，刚好陈萍的堂妹就是学珠宝设计的。所以陈萍力荐自己的堂妹，而且堂妹的各项条件都符合公司要求。不过，其他三个股东得知那是陈萍堂妹时，又给予否决了。按理说，招募设计总监这是人事部的事情，股东可以不插手，但是其他三个股东如此针对她，让陈萍感觉超级不爽。

2017年，公司年会时，心情郁闷的陈萍喝了很多酒。她酒量不好，酒品也不怎么样，很快就喝醉了。喝醉后，她完全没有了平时的隐忍，整个人就像一个泼妇，不仅咒骂其他三个股东，甚至还揪住龚义、陈鸿的衣领不放，还朝他们吐口水。

有些好事者则在背地里议论，说陈萍可能是假装喝醉，然后故意发酒疯。龚义、陈鸿听后，也十分生气，但在陈萍来道歉后，他们也假装不在意，可背地里却在想着解散公司。

原来龚义、陈鸿、苏雅三人又成立了另外一家珠宝公司，所以他们急于解散立思奇公司。陈萍知道后，自然是不同意，要知道，立思奇公司还处于上升空间，未来情景也大，而且陈萍所有心血都放在了公司上面。2018 年 1 月，公司作出《关于同意解散公司的股东会决议》，该决议上有四个股东的签名，但是陈萍的签名系伪造。2018 年 6 月，陈萍以其对立思奇公司解散一事并不知情，《股东会决议》上签名系伪造为由，要求法院确认股东会决议无效。此种情况下股东会决议是否必然无效呢？

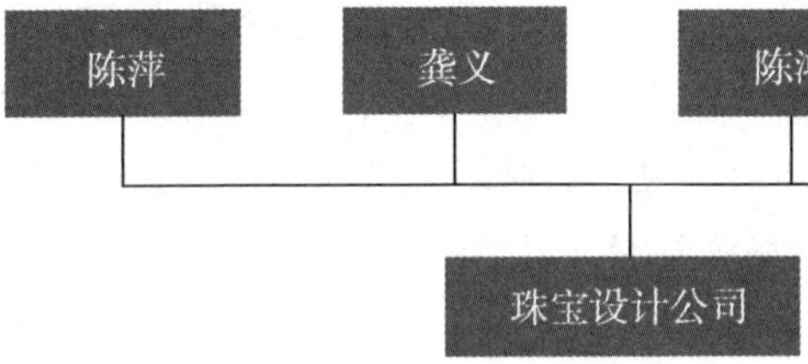

图 6－7　场景十：珠宝设计公司股权关系图

场景 TIPS：股东会作出的决议中股东签名系伪造的，该决议是否必然无效？

根据《公司法》第 22 条规定，公司股东会的决议只有在其内容违反法律、行政法规的情况下，才可认定为无效。而对于股东会的会议召集程序、表决方式违反法律、行政法规或公司章程的情形，《公司法》仅赋予股东可自决议作出之日起 60 日内行使撤销权。需要特别注意的是，《公司法》关于可撤销决议部分中规定的 60 日的起算点是“自决议作出之日起”，60 日是不变法定期间，区别于诉讼时效，不适用诉讼时效关于中止、中断、延长的规定，无须对股东知道与否或应当知道与否的主观状态进行考量。

本案中，陈萍主张股东会决议上签名系伪造，属于股东会的会议召集程序、表决方式上存在瑕疵的问题，陈萍以此为由请求确认该股东会决议无效是没有法律依据的。另外在实质上，陈萍的股权比例仅占 25%，在其他三位股东均同意的情形下，股东会的表决比例（75%）也已超过 2/3，决议的表决方式合法。虽然股东会决议存在程序瑕疵，但未在法定期间（自决议作出之日起 60 日）内撤销的，所以该决议是合法有效的。

场景十一

有限公司增资扩股时，原股东对其他股东放弃认购的增资份额是否有优先认购权？

很多公司发展到了一定程度希望上市，黔峰有限公司也是一样。为了促进公司上市，黔峰有限公司在股东大会上决议增资扩股 2000 万股引进战略投资者，引进新的资金，新的股东。其原有股东大林公司、益康公司、盛达公司均同意增资扩股，且放弃认购的增资份额总计 1500 万股，转由新引进战略投资者认购。

另外一股东捷安公司也同意增资扩股，但主张按其比例享有 500 万股的优先认购权，且不同意引入战略投资者并主张对其他股东放弃认购的增资份额主张优先认缴权。

对于捷安公司的主张，其他股东纷纷反对。

原来大林公司、益康公司、盛达公司、捷安公司分别占黔峰有限公司 32%、23%、20%、25% 的股份。在公司决议增资份额后，前三个股东都希望增加新的战略投资者，来为公司注入新的血液，促进公司进一步发展。不过股东们也都想好了，新引进的战略投资者一定不能影响股东们的控股权。

而捷安公司的想法是，希望通过这次增资扩股计划，为自己赢得更多的股权。首先，捷安公司认为自己按股权占有率享有 500 万股的优先认购权，而且其还想购入其他股东放弃的 1500 万股。这样一来，毫无疑问，捷安公司将会成为黔峰有限公司最大的股东，其股权占有率一定会超过大林公司，直接控股。

这个捷安的负责人姓徐，是一个又矮又胖的男人。在管理公司和寻找项目方面，小徐确实出类拔萃。不过他这个人私心太重，为人小气又喜欢一意孤行。

比如公司有次举行发布会，本来是大林公司负责人林总接受采访，可小徐把各大媒体都吸引到自己旁边，然后自己出尽风头。在公司的重大决策上，他也代表公司胡乱发言，引得其他几大股东非常不开心。

有时候公司的一些活动，小徐也喜欢自作主张，完全不经过董事会。虽然说他执行的一些活动都有益公司的发展，但毕竟他只占公司 25% 的股权，他没有权利独自开展活动。

其他股东认为，如果在这次增资扩股的行动中，小徐享有2000万股的优先认购权，那么他成为黔峰有限公司的掌舵人，到时候其他股东就完全没有话语权了。自此，矛盾就这样产生了。那么捷安公司作为原股东对其他股东放弃认购的增资份额是否有优先认购权呢？

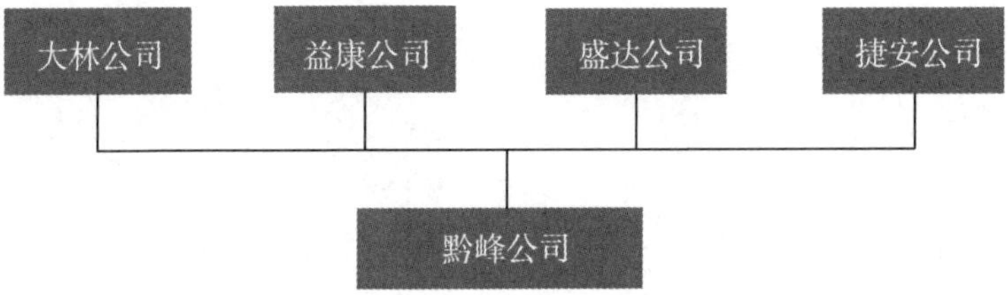

图6－8 场景十一：黔峰公司股权关系图

场景TIPS：原股东对其他股东放弃认购的增资份额是否有优先认购权？

根据《公司法》第34条的规定，在有限责任公司新增资本时，原股东有权优先按照其实缴的出资比例认缴出资。但是，部分原股东放弃其优先认缴出资的权利时，其他股东是否享有同等条件下的优先认购权的问题，《公司法》尚未作出相关规定。公司决定增资扩股引入新的投资者，往往是为了公司的壮大和发展。因此当公司发展与公司人合性发生冲突时，则应当突出保护公司的发展机会，此时若基于保护公司的人合性而赋予某一股东的优先认购权，该优先权行使的结果可能会削弱其他股东特别是控股股东对公司的控制力，导致其他股东因担心控制力减弱而不再谋求增资扩股，从而阻碍公司的发展壮大。

小　结

综上，捷安公司对其他股东放弃的新增出资份额没有优先认购权。

其　他

场景一

一批物料就能抵服装公司30%的股权，不知道是福还是祸

刘鑫从父亲手里接管了服装辅料厂的生意。作为一个生意新手，他的很多做法不成熟。他父亲为人严苛，谨小慎微，做生意几十年从来没有亏过本。不过刘鑫却是马大哈的性格，做生意也太过随性。比如，他父亲以前从来不会给供应商赊账，虽然他千叮咛万嘱咐刘鑫，接管公司后一定也要这样做，不然，之后要账会非常困难。

不过，刘鑫把父亲的话当耳边风，左耳进，右耳出，完全没当回事。张平是一家服装厂的老板，以前和刘鑫家的公司没有合作过，但刘鑫这人喜欢别人吹捧他。当张平在朋友酒桌上偶遇刘鑫时，顺带夸了他几句，刘鑫就飘飘然了。

一来二去，刘鑫和张平慢慢地接触多了起来。熟悉之后，张平就开始在刘鑫那拿服装辅料。第一次、第二次，张平都没有赊账，货款都及时支付了。不过到了第三次，张平就开始赊账了。

他每次赊账前，都会夸刘鑫年轻有为，夸他年纪轻轻就掌管百来人的公司。就这样刘鑫也就欣然地把辅料赊给了张平。不过赊到第三次的时候，刘鑫也开始着急了。这个时候他父亲也发现了这个问题。

原来这张平，虽然有一家大的服装厂，但为人并不怎么样，夸夸其谈，经常赊货款。以前他就想在刘鑫父亲那赊货，但都被刘鑫父亲拒绝了。圈内很多人不喜欢和张平做生意，偶然间他认识了刘鑫，这才有了后面的故事。

三次货款，总共金额是50来万元。刘鑫催了1年，都没有下文。每次张平只是一句话："再缓缓。"对于这样老赖一样的人物，刘鑫毫无办法。

刘鑫这时才想起父亲之前交代不要赊货的事，真乃不听老人言吃亏在眼前。可木已成舟，一切都无法挽回。怎么办呢？无奈之下，刘鑫的父亲就教了刘鑫一个办法，那就是让债权转为股权。

刘鑫几经波折找到张平，说明来意。最开始张平持反对态度，可是货款又无法偿还，加上自己名声不好，生意也难做，所以最后，他才勉强答应。按照约定，刘

鑫拥有平之服装公司30%的股权，这些股权刚好抵掉50万元的货款。

平之公司加入新股东后，居然起死回生，生意一年比一年好。5年后，公司总资产居然超过5000万元。这样一来，刘鑫30%的股份就有1500万元。仅仅5年，从50万元到1500万元的转变，这自然是一种成功。

当然，刘鑫是幸运的。因为债权转为股权，债权人是需要承担风险的。

图7-1　场景一：债转股

场景TIPS：债权转为股权，债权人将承担哪些风险？

债权转为股权后，原来的还本付息就转变为按股分红。对债权人而言，债转股意味着放弃了原有的债权固定收益（利息），放弃了对原有债权抵押担保的追索权，而由此换得的股本收益权能否真正得以保证，相当程度上取决于债转股后企业的经营管理状况能否有根本的改善，取决于自己的股东权利能否确保落实。如若把握不当很有可能陷入既不是债权人，又不像股权持有人的尴尬境地。应该看到这中间是存在着一系列不确定因素的。

小　结

在这个场景中，刘鑫最初轻易信任他人，导致货款要不回来。后来无奈之下，他从债权人转变为平之服装公司的股东。好在公司后期发展迅速，5年间资产迅速猛增，不然他也会面临一定的风险。所以在考虑从债权转为股权前，一定要考虑目标公司的现状、发展前景等问题。

场景二

只要你有能力,通过股权质押就可以渡过难关

欧阳锋是 A 市的青年才俊,他年纪轻轻就下海经商,并创建了一家互联网公司,成为 A 市的传奇人物。不过天有不测风云,欧阳锋的一次意外,导致公司其他股东纷纷要卖出股权。

其实,欧阳锋的成功并不是偶然,他要承担巨大的压力。作为年轻人,解压的方式可能是借酒消愁。欧阳锋也不例外,没事的时候,他喜欢邀请好兄弟小酌几杯。不过,喝酒真的会坏事。作为公众人物,他的一言一行都受大家关注。有一次醉酒后,他耍酒疯,居然抱着街边的一个美女又亲又吻。这一举动自然少不了媒体的热闹,此事一经报道,欧阳锋的形象大打折扣,公司生意也一落千丈。公司小股东这个时候也起哄,纷纷表示要卖掉手中的股权。

欧阳锋酒量不好,醉酒后喜欢发酒疯,可这么多年一直又改不掉喝酒的毛病。虽然每次叫了很多朋友一起,让大家照顾他,但那次终究还是惹出了祸端。从那以后,欧阳锋决定滴酒不沾。但他又不希望自己辛苦打下的江山付诸东流。所以他想找银行贷款或者找人借钱,然后买下小股东手中的股权。

有一个叫十三太保的人和欧阳锋是生意上的合作伙伴,他看中欧阳锋的公司,想借钱给欧阳锋。不过,这钱当然不能白借,怎么办呢?他希望欧阳锋每个月支付他一定的利息,当然这个利息和当时的银行利息一样。另外,为了确保稳妥,十三太保还要欧阳锋拿出担保物,而这个担保物就是欧阳锋公司的股权。

有了担保物看似稳妥了,但十三太保又担心公司股价以后浮动太大怎么办?最后两者商议,十三太保按照市场价的 60% 借钱给欧阳锋,同时如果日后股权跌到了质押价的 70% 时,十三太保有权卖掉股权。就这样,十三太保借了 200 万元给欧阳锋。这个就是股权质押。其实股权质押也存在一定的风险,这其中的危机不可忽视。

场景 TIPS:股权质押是什么?为什么说股权质押的风险不可忽视?

股权质押是权利质押的一种。但由于股权的特殊性,既区别于常规动产、不动产的质押,又区别于其他如汇票提单等权利质押。股权质押一般是非上市股份公司和有限公司向银行贷款时出具的,具有方便的优点,但同时也有风险,其中风险有:

1. 公司的经验情况不清楚。虽然股权质押是担保物权,具有优先受偿权,但由于股权的特殊性,导致该权利是以股权所在公司持续经营的基础上,因为很多公司尚未建立起制度化的信息披露制度和财务公开制度,银行很难知道其经营状况,如果质押后,公司经营不善或者老板转移公司财产,那么股权价值将大打折扣,如果股价大跌甚至破产,银行将面临不能受偿的风险。

2. 质押的股权很难估值。一般银行估值方法主要是按照市值和净资产计算两种方法,但对于有限公司和非上市股份公司来说,现阶段没有频繁的股权交易,按市值很难参考计算;而按净资产计算,其准确性和及时性在很大程度上依赖于企业财务报表的质量,而且通常也不向公众披露,其准确性较差。

3. 质押的股权价值波动警戒机制缺失。如果有警戒机制,银行可以在股权价值下跌的情况下要求企业补充担保或者将股权及时卖出,降低自己的风险。

4. 基于有限责任公司具有较强的人合性,若通过行使质权取得股权会破坏公司内部的人合性。法律规定对于质押而言,可以通过折价、拍卖、变卖三种方式实现质权,但这三种途径无论是法律上还是实务操作上,容易出现无人问津的情况,从而导致股权失去原有的价值。

小 结

在这个场景中,欧阳锋通过股权质押帮助公司渡过了难关。不过对于十三太保来说,这中间还是有一定风险的。

场景三

父亲离世，有人说公务员儿子不能继承父亲的股份

李家是A镇的大户，经商多年，资产丰厚。李家第四代掌门人李山是个重情义的人，他掌管家族企业笑哈哈饮用水公司后也不忘帮助家族其他人。所以再三考虑后，他把七大姑八大姨以及叔叔舅舅等都叫来公司帮忙，并且承诺大家，在公司干满3年，而且表现勤恳的会分配部分虚股，再干满3年，虚股就变成实股。

李山的这一做法赢得了亲戚们的肯定，他的亲戚们也都乐意帮他干活。但是唯独李山的儿子李广是个例外。李广身高一米八，仪表堂堂，按理说是笑哈哈饮用水公司未来理想的掌舵人，奈何李广心思完全不在生意上。用他自己的话说："我根本不是做生意的料。"

李广沉静内敛，和女孩子多说几句话都会害羞，而他父亲李山则风趣健谈。两父子简直在性格上真是天差地别。李广虽然对生意不上心，却是块读书的料，整天捧着书看也不觉得累，一路顺风顺水念到研究生，后来还考了公务员，成为教育局的科员。

李山刚开始也对儿子特别失望，但慢慢地也看开了，所以就随他去了。笑哈哈饮用水公司在李山和其他人的努力下，发展壮大，市场不断扩大，在全国都有了名气。此时，李山的很多亲戚也拿到了实股，只不过还是由李山代为管理。

李山认为笑哈哈饮用水公司有了上市的实力，但在公司准备上市时，传来噩耗，李山居然在一次应酬中喝酒中毒身亡。李山一直是笑哈哈饮用水公司的主心骨，他的离世，无疑导致笑哈哈饮用水公司发展快速下滑，而且公司上市的事情也自然延后。

这个时候，李广作为李山的独子，他自然应该继承父亲的股权。不过此时公司其他握有股权的亲戚却反对了。大家都说："第一，李广是公务员不能继承股权；第二，李山曾经和李广吵架时，说以后股权不给他继承。"

原来有一次，李山想让儿子来公司上班，但是李广置若罔闻，导致李山一时说了气话，被亲戚们听到了。亲戚们以为这是阻止李广继承公司股权的法宝。不

过,姜还是老的辣,李山早就立有遗嘱,遗嘱中明确说明,如果自己有个三长两短,他的儿子李广是唯一继承人。

李广把遗嘱拿出来后,亲戚们哑口无言。这个时候阻止李广继承的唯一借口就是李广是公务员,大家认为公务员是没法继承公司股权的。最后,无奈之下,李广一纸诉状告到了法院,法院经过审理确认了李广的股东身份。那么公务员能否继承股东身份呢?

场景 TIPS:公务员能否继承股东身份?

《公司法》第 75 条规定:“自然人股东死亡后,其合法继承人可以继承股东资格;但是,公司章程另有规定的除外。”因此继承人只要证明自己是合法的继承人,被继承人是该公司的股东即可取得该公司的股东身份,前提是公司在被继承人死亡前在公司章程中没有有关股权继承的限制性规定。根据《公务员法》第 59 条第 16 项的规定,公务员不得有下列行为:违反有关规定从事或者参与营利性活动,在企业或者其他营利性组织中兼任职务。本案中,李广是作为原股东的继承人继承股份的,在实务中对于公务员是否可以继受成为公司股东分歧较大。

但我们认为,虽然《公务员法》规定公务员不得从事或者参与营利性活动并不得在企业或者其他营利性组织中兼任职务,但这只是行政法领域的管理性强制规范,法律也并未规定违反此项规定必将失去股东身份的后果。而且我国法律也未明确排除公务员可以基于离婚、继承等合法原因取得合伙份额和公司股权的权利,因此公务员合法取得合伙份额和公司股权后,可通过合法转让等方式对其财产予以处分。

小 结

在这个场景中,李广是李山的唯一合法继承人,他虽然是公务员,但也有权利继承父亲的合法遗产。当然,李广继承遗产后可以有两种做法:第一是辞去公务员职务,任职公司;第二是将公司的股权合法转让,继续做公务员。

场景四

想要快速合法上市,“借壳上市”是不错的方法

借壳上市其实是资本市场中很常见的形式,比如顺丰控股、分众传媒、360 等都是借壳达到了上市的目的。为什么要借壳上市呢? 为什么不通过公司自己的努力去上市呢? 很多人可能不明白其中的道理,兴隆科技股份有限公司的许士林也不明白。

兴隆科技股份有限公司是 A 市的一家实力企业。许士林在公司工作了 10 年,这 10 年间,他见证了公司一步步发展壮大。不过兴隆科技股份有限公司团队结构并不完善,公司也没有健全的股东大会、董事会、独立董事等。整个公司都由实际控股人王总掌控。虽然王总兢兢业业,但一人独大的公司很难继续滋生“生命力”。

王总一直有个愿望,就是希望公司能够上市,但是王总又想独揽大权,于是公司虽然有发展,但想要上市还是很难。后来,王总因为心力交瘁,会议上突发脑梗身亡。他的儿子王毅成为公司掌权人。

王毅和他父亲不一样,他做事不会一板一眼,也能够与时俱进,他之前就劝父亲建立健全的团队结构,但被父亲拒绝了。所以他掌权后,第一件事就是建立了一支分工明确、能力强大的团队。同时,为了激发员工的工作热情,王毅还实施了股权激励计划。计划中明确表示,在公司工作 8 年以上,能力突出的可以获得 1% 到 5% 不同份额的虚拟股,继续工作 2 年后,虚拟股就可以变成实股。

很显然,许士林就在股权激励计划名录内。这一壮举也让他对公司产生了更大的热情,工作也更加卖力了。后来许士林了解到,原来董事长王毅一直在准备“借壳上市”。

其实之前,王毅的父亲就申请过几次上市,但是几次都被拒。拒绝的理由有的是因为公司团队结构不完整;有的是因为主营业务和高级管理 3 年内发生了重大变化……

不过,如今兴隆科技股份有限公司在王毅的管理下,也已经达到了上市的要

求。但为了确保万无一失，王毅还是决定“借壳上市”。

昌盛科技股份有限公司与兴隆科技股份有限公司业务相仿，但昌盛科技股份有限公司上市后多年亏损，最后董事会决定转让股权。王毅此时就看中了这个机会，他打算买下亏损的昌盛科技股份有限公司壳子来达到自己上市的目的。

许士林想不明白？为什么兴隆科技股份有限公司不自己上市呢？当然，兴隆科技股份有限公司借助昌盛科技股份有限公司的壳子最后也成功上市，许士林还获得了公司2%的实体股权，身家更是到了千万元。所以至于为什么要借壳上市，他也不想去管了。那么到底为什么要借壳上市呢？

场景TIPS：为什么很多公司上市要借壳？自己不能直接上市吗？

所谓借壳上市，是指非上市公司通过收购、资产置换或其他合法方式获得上市公司的实际控制权，将原上市公司资产、业务进行必要处置或剥离后，再将自己所属业务“装进”已上市公司并成为其主营业务，从而实现未上市资产和业务间接上市的行为。这样该非上市公司就可以以上市公司的身份增发股票，从而得以进行融资等其他资本市场活动。借壳上市最大的优点是周期快，减少交易成本，交易迅速，快速实现上市。众所周知，IPO周期较长，面临更严苛的审核，因此通过“借壳”实现上市是很多企业会采取的曲线救国方式。

小 结

这个场景中，兴隆科技股份有限公司借壳成功上市是明智之举，最后也促进了公司进一步发展。

场景五

有限合伙企业欠了钱，该告公司还是合伙人？

随着中国二胎、三胎政策的开放以及居民消费水平的提高，儿童玩具业务前景一片大好。所以近些年来很多商家看中了儿童玩具项目。文琳的公司就是一家儿童玩具制造企业。

文琳是70后，小时候家里条件差，根本没有余钱买玩具玩。那时候她就特别羡慕邻家一个小女孩——向真。因为向真的父亲是一个商人，他们家有钱，每次市面上有什么好玩具，向真都能第一时间玩。

为了有玩具玩，文琳甚至都非常讨好向真，因为向真一高兴，她不喜欢的玩具就会给文琳。文琳那时候最喜欢芭比娃娃还有机器人。

她没想到，20多年后，自己会是儿童玩具制造公司的老板，而且她们公司生产的玩具款式多，很多还是高科技产品，所以市场面比较广，很多的经销商到她们公司进货。

其中，南来儿童玩具贸易有限公司更是成为文琳公司的老顾客，经常从公司拿货。因为是老顾客，一来二去彼此之间有了信任，所以南来儿童玩具贸易有限公司慢慢地就开始拖欠款项。

说来也巧，南来儿童玩具贸易有限公司的老板就是文琳小时候特别羡慕的向真。因为有了这层特别的关系，所以文琳也特别相信南来儿童玩具贸易有限公司，从来没有去催过款。就这样越欠越多，最后欠款总额达到了300万元。这个时候董事会就有意见了，说文琳拿公司的钱做私情，再加上，当时公司也出现了资金周转不灵的情况，所以文琳就派人到南来儿童玩具贸易有限公司要账。

刚开始，向真表示让缓几个月，几个月后一定还款。不过几个月过去后，向真还是没有还款的意思。这时，她又要求再多给几个月的期限。就这样一拖再拖，拖了一年多，南来儿童玩具贸易有限公司一分都没还。不仅如此，现在文琳给向真打电话她不接，发微信她不回，去她公司又见不到她人。无奈之下，文琳决定起诉，让法院强制南来儿童玩具贸易有限公司还款。

不过这个时候，文琳不知道是起诉对方公司还是对方合伙人，因为对方是有限合伙企业。

场景 TIPS：有限合伙企业，诉讼是以对方合伙人为主体还是以合伙企业为主体呢？有限合伙企业有诉讼主体资格吗？

有限合伙企业是有诉讼主体资格的，《民事诉讼法》第 48 条规定：公民、法人和其他组织可以作为民事诉讼的当事人。法人由其法定代表人进行诉讼。其他组织由其主要负责人进行诉讼。

《最高人民法院关于适用〈中华人民共和国民事诉讼法〉的解释》第 52 条规定，民事诉讼法第 48 条规定的其他组织是指合法成立、有一定的组织机构和财产，但又不具备法人资格的组织，包括：……依法登记领取营业执照的合伙企业。

小 结

这个场景中，南来儿童玩具贸易有限公司虽然是有限合伙企业，但也是具有诉讼主体资格的。

场景六

股权激励凝聚人心，百年老字号起死回生

王氏第四代传人的亲兄弟三人共同成立了王氏骨科医疗股份有限公司，经过几十年的发展，王氏骨科名气和规模也越来越大，经济效益也很好。

不过，王氏骨科在机遇面前也遇到越来越多的问题和挑战，从前几年开始走下坡路，甚至一度陷入危机之中。

首先是第四代传人渐渐老去，而第五代传人人员增多，达到十几位。兄弟之间矛盾重重，利益之争逐渐白热化。还有个别成员打着王氏旗号偷偷自设门头，不过医术不佳，影响了王氏骨科的声誉。另外，当今的医疗科技日新月异，王氏固守祖宗的“偏方”不思改进，闭门造车，不去吸收新的技术和人才，自然面临被历史淘汰的危险。

王氏第四代传人王诚至和几个有见识的兄弟认识到家族企业的危机，决定对公司制度进行改革，先从股权入手，改进公司激励机制。

首先，“王氏骨科”以前是第四代传人“王氏三兄弟”为主的几个王氏成员直接持股，当年员工并不多，但是随着人员变动，王氏内部成员增多，而且又有许多高校的学者和毕业生进入公司担任要职，股权结构以及股东信息必然要随之变化，而这些变化已经不适应新的形势。另外，企业变更信息也带来诸多麻烦。

王诚至等人在咨询专业律师以后，认识到在王氏骨科医疗股份有限公司以外搭建一个员工持股平台不失为一种很好的办法。他们获悉员工持股平台有两种主要的形式，即公司制和有限合伙制。公司制的持股平台，持股公司是由员工共同出资成立有限责任公司或股份有限公司，这个公司设立的唯一目的就是受让母公司的股权，进而实现员工间接持有母公司的股权。这种形式一是税非常高，涉及双重征税的问题，另外该形势不适合公司，王氏家族大多数人反对。比较来看，有限合伙制优势比较明显。有限合伙制是指员工通过一个合伙企业间接持股，税率也比较低，有利于维护“元老”权利，也有利于调动新人和外来人才积极性。于是，王氏家族为团结激励全体员工，设立了一个有限合伙企业“健骨堂”。

该有限合伙企业的合伙人分为普通合伙人和有限合伙人。普通合伙人可由王氏骨科医疗公司的实际控制人王氏第四代传人和第五代核心成员来担任。普通合伙人执行事务,对外代表合伙企业,承担的是管理职能,一般担任执行事务合伙人。

在这里,虽然普通合伙人是承担无限连带责任的,但是由于持股平台一般不进行业务经营,因此有限合伙企业"健骨堂"的风险较低,从而普通合伙人的风险也就相应较低。

有限合伙人作为出资方他不参与企业管理,所以股东不直接持有公司股权,也不能通过有限合伙企业"健骨堂"来控制母公司"王氏骨科医疗股份有限公司",只享受经济收益。有限合伙人不执行合伙事务,不对外代表有限合伙企业,所以可以保证企业发展的情况下,普通合伙人也就是"王氏家族"通过较少的出资控制合伙企业。

对于有限合伙人来说,也是由王氏家族成员和外来员工担任,并在后期有员工进入该持股平台后再依据合伙协议把相应份额进行配置。

接下来王氏让"健骨堂"成为王氏骨科医疗股份有限公司的股东。"健骨堂"入股的方式有两种:一种是增资,另一种是股权转让。王氏骨科医疗股份有限公司主要采取将其持有的股权转让一部分给"健骨堂"的方式入股。这样,一个简单的持股平台就算搭建完成了。百年的老字号又重新焕发了生机。

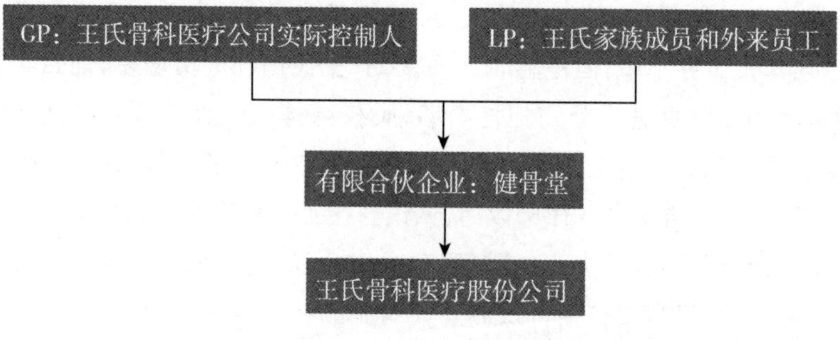

图 7-2 场景六:王氏骨科医疗股份公司股权激励关系图

场景 TIPS:如何设立一个持股平台公司,有哪些注意事项?

合伙企业作为持股平台,相对于公司而言,在税收方面有优势,转让股权时按个人所得税 20% 计;并且由于有限合伙企业的特点,若公司实际控制人担任唯一普通合伙人,则可以少量的出资完全控制合伙企业。

公司作为持股平台,相比较合伙企业,公司的相关法律法规更健全,未来政策风险更小,税负一般相对较高,但如果有合理的税收筹划,实际税负可能会低于合伙企业。

相比较股份有限公司,有限责任公司的股东可以对分红权、表决权进行自我约定,而股份公司的股东人数可以突破50人。自然人信托其实与个人股权代持比较接近,委托人给受托人授权可以依双方签订的信托协议来约定;信托公司就比较正规,受信托法严格约束,分散的实际股东情况下,信托公司作为法律上的股东表决权就比较集中。

小结

如果企业想设立一个持股平台公司,那么要根据公司的实际需要决定好持股平台的形式。

场景七

大学教授也有茫然的时候

当年，由陈可辛导演的电影《中国合伙人》热播，剧中佟大为、邓超、黄晓明的表演也是可圈可点。三个年轻人合伙创业，成就了一番事业。该电影播出后，国内很多年轻人激情澎湃，有了创业的热情，就连中关市西北大学教授王方毅也有了创业的想法。

王方毅作为学校资深的教授，月收入1万多元，但是他是家里的顶梁柱，父母身体不好，孩子又要上学，妻子又是全职太太。所以1万多元的月收入，生活也是捉襟见肘。他觉得是时候通过创业来改变自己的困境了，于是他和自己的两个好朋友李军和张德商量一起合伙创业。2014年，国家大力支持互联网的发展，互联网未来情景一片大好。所以三人一致同意建立一家互联网公司。

公司注册资金大概50万元，三个合伙人，王方毅出资18万元，李军和张德各出资16万元，按照出资认股的话，大家分别占有的股份比为36%、32%、32%。

这18万元哪里来的呢？当然是王方毅借的。他妹妹和姐姐听说他要开公司，分别借了他9万元。而王方毅也表示，日后公司如果发展得好，将会给姐姐和妹妹一定的分红。不过，钱刚给了王方毅，王方毅刚准备出资，结果他妹妹家就出事了。原来这9万元，是他妹妹背着他妹夫从他妹夫公司偷偷挪用出来的，后来会计查账，查出了问题。王方毅知道后，赶紧把钱还给了他妹妹，并且严厉批评了妹妹。

没有了妹妹的9万元，该怎么办呢？如果不出资，是不是就没法得到36%的股份？后来王方毅咨询了专业律师了解到，虽然大部分是按照实际出资额认股的，但是也有其他的认股方式。但他作为大学教授，即使公司成立后，他也没有太多时间去管理。另外，如果日后他后悔了，缴纳的相应注册资金，验资后又能撤回吗？这一些的问题，困扰着他，让这个教授也茫然了！

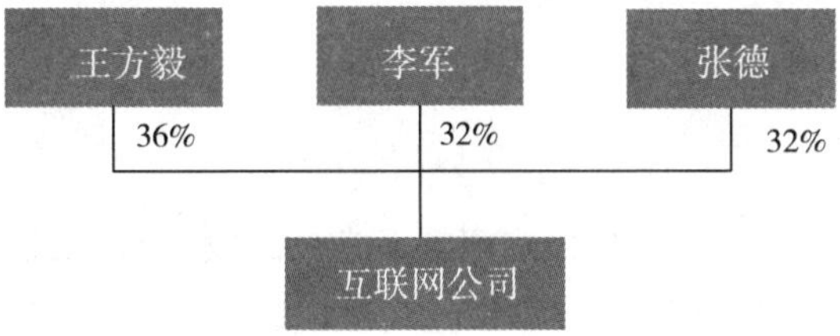

图 7-3 场景七：互联网公司股权架构图

场景 TIPS：如果要占股份，必须按比例出资吗？是不是不出资就无法获得相应比例股权？如果缴纳相应注册资金，可否在验资后撤回？

第一，根据《公司法》的规定，股东在公司章程当中认缴的或者已经实缴的出资额决定了该股东在公司享有的股权比例。所以，如果你想在公司拿到36%的股权，那么就要根据这一比例来认缴或者实缴出资。

第二，股份比例与分红权和表决权没有必然联系。在没有特殊约定的情况下，股权比例=分红比例=表决权比例。但是，根据《公司法》的规定，也可以出现不同的情况。

(1)有限责任公司中，股权比例可以不同于分红比例。需要注意的是，《公司法》第34条规定，在有限责任公司中，一般情况下按照实缴的出资比例进行分红，如果要另行约定分红比例，则需要全体股东同意。

(2)有限责任公司中，股权比例可以不同于表决权比例。需要注意的是，有限责任公司股东表决权是按照股东出资比例确定的，而且是按照股东认缴出资比例确定的，这与分红权中依据实缴出资比例有所不同。同时，在有限责任公司中，股东之间完全可以通过公司章程的条款设置表决权，实现"同股不同权"，而《公司法》规定修改章程只需要2/3以上的表决权通过即可，不需要全体股东同意。

第三，如果马上实缴出资有困难，可以认缴出资，但一旦实缴，则不能抽回，否则构成抽逃出资，这是法律禁止的，情节严重将构成犯罪。构成抽逃出资的行为有以下几种：

(1)制作虚假财务会计报表虚增利润进行分配；

(2)通过虚构债权债务关系将其出资转出；

(3)利用关联交易将出资转出；

(4)其他未经法定程序将出资抽回的行为。

小　结

一般来说，合伙企业都是按照出资额多少分配股权的，除非有协议另外规定。同时，如果想要占股，必须实缴出资，而且实缴出资后，一般不能抽回。